BLACK SABBATH

Este livro teve seus últimos ajustes feitos no inverno de 2022. Há 52 anos, o Black Sabbath lançava seus dois primeiros discos: *Black Sabbath* e **Paranoid**. Há exatos cinquenta anos, em 1972, lançava seu álbum clássico *Vol. 4*, considerado por muitos fãs um dos melhores da banda. Em 2012, há dez anos, a banda se reuniu com Ozzy, com quem não gravava desde 1978, para fazer seu último disco, *13*, lançado em 2013. Há cinco anos, em 2017, Geoff Nicholls, que foi tecladista do Black Sabbath por 25 anos (entre 1979 e 2004), deixava este mundo, vítima de um câncer de pulmão aos 68 anos.

Esta coleção celebra a vida com paixão em volume máximo
e os muitos aniversários do rock.

BLACK SABBATH

DAVID TANGYE E GRAHAM WRIGHT

NA ESTRADA COM O BLACK SABBATH: MEMÓRIAS EXTRAVAGANTES DE DOIS ROADIES

Belas Letras

Copyright © 2016, David Tangye e Graham Wright.
Título original: *Black Sabbath – The Thrill of It All*

Publicado mediante acordo com os autores.

Nenhuma parte desta publicação pode ser reproduzida, armazenada ou transmitida para fins comerciais sem a permissão do editor. Você não precisa pedir nenhuma autorização, no entanto, para compartilhar pequenos trechos ou reproduções das páginas nas suas redes sociais, para divulgar a capa, nem para contar para seus amigos como este livro é incrível (e como somos modestos).

Este livro é o resultado de um trabalho feito com muito amor, diversão e gente finice pelas seguintes pessoas:
**Gustavo Guertler (*publisher*), Eduardo Alves (tradução),
Celso Orlandin Jr. (capa e projeto gráfico), Mariane Genaro (preparação),
Ligia Cantarelli (revisão) e Danielle Sales (edição).**
Obrigado, amigos.

Fotos: cortesia dos autores

Nota da edição: Optou-se por preservar os relatos da maneira como foram escritos no texto original. Porém, não compactuamos com determinadas ideias, comportamentos e situações aqui retratados.

2022
Todos os direitos desta edição reservados à
Editora Belas Letras Ltda.
Rua Antônio Corsetti, 221 – Bairro Cinquentenário
CEP 95012-080 – Caxias do Sul – RS
www.belasletras.com.br

Dados Internacionais de Catalogação na Fonte (CIP)
Biblioteca Pública Municipal Dr. Demetrio Niederauer
Caxias do Sul, RS

T164b	Tangye, David
	Na estrada com o Black Sabbath: memórias extravagantes de dois roadies / David Tangye e Graham Wright; tradutor: Eduardo Alves. - Caxias do Sul, RS: Belas Letras, 2022.
	223 p.: il.
	ISBN: 978-65-5537-138-3
	978-65-5537-211-3
	1. Memórias inglesas. 2. Heavy metal (Música). 3. Black Sabbath (Conjunto musical). I. Wright, Graham. II. Alves, Eduardo. III. Título.
22/20	CDU 820-94

Catalogação elaborada por Vanessa Pinent, CRB-10/1297

Gostaria de agradecer a todos que ajudaram na produção deste livro — em especial à minha adorada mãe, às minhas irmãs e à minha família, pelo apoio e encorajamento.

Créditos especiais para Geoff "Luke" Lucas, Keith Jefferson, Spock Wall, Les Martin e Albert Chapman. Obrigado, Luke, pelas ótimas lembranças e pelo constante apoio. Obrigado ao Keith pelas notas sobre o Mythology e o Earth, e pelas ótimas fotos. Obrigado, Spock, pela ajuda generosa quando ela foi necessária. Agradecimentos adicionais a David Roberts, Ian Walsh e Ben Davies-McChesney, o *webmaster* do blacksabbath.co.uk.

David Tangye

Gostaria de agradecer os seguintes membros da equipe do Black Sabbath pela ajuda que proporcionaram na criação deste livro: Geoff Lucas, Keith Jefferson, Spock Wall, Les Martin e Albert Chapman. Também sou grato a todos os outros membros da equipe que trabalharam conosco durante nossos anos com a banda. Agradeço ainda a Jim Ward e ao pessoal da Fields Farm.

Um muito, muito obrigado à minha esposa, Mikki, e aos nossos dois filhos, Daniel e Bryan, que me apoiaram de corpo e alma durante os dois anos que levei para escrever este livro.

Gostaria de deixar uma dedicatória pessoal aos meus falecidos pais, Albert e Mary Wright, que sempre me encorajaram em tudo a que me dediquei.

Graham Wright

SUMÁRIO

INTRODUÇÃO 11
PREFÁCIO 13

1 CUMBERLAND GAP 17

2 PINGENTE DE TORNEIRA 30

3 JIMMY UNDERPASS AND THE SIX-WAYS COMBO 43

4 MAGIA MALÉFICA? NÃO TENHO NADA
A VER COM ISSO, MEU CHAPA! 55

5 PARANOICOS NOS ESTADOS UNIDOS 66

6 SÓ VAMOS DAR UM PULINHO NA
AUSTRÁLIA E VOLTAMOS JÁ, JÁ 79

7 MULAS DE CARGA NA STRADELLA DRIVE 92

8 MATANDO-SE PARA VIVER 102

9 NÃO HÁ NADA MELHOR DO QUE A NEVE! 117

10 O NECROTÉRIO DA MAUDE 130

11 SABOTADOS 138

12 A ENTRADA DO ARTÍFICE 150
13 CASA DE CAMPO DAS ATROCIDADES 163
14 RÉPLICA DE MÁSCARA DE TRUTA 178
15 MIAMI 1976: A AGONIA E O ÊXTASE 188
16 A NEVASCA ANTES DA TEMPESTADE 200
17 "TEMOS UM POSITIVO PARA A BOSTA!" 209
18 CAMARADAS DE PEDIGREE 225
19 VAN ALIEN! 237
20 A CASA NA COLINA EM BEL-FIM 248
21 EPÍLOGO 261
22 O FIM 268
23 O FIM DO FIM (GRAHAM WRIGHT) 269

BLACK SABBATH

INTRODUÇÃO
O "verdadeiro" *Spinal Tap*!

omo vai se tornar óbvio quando você ler as histórias incríveis deste livro, David Tangye e Graham Wright são as pessoas mais aptas a escrever uma obra sobre os bastidores do Black Sabbath. Os dois fizeram parte da equipe e compartilharam o estilo de vida rock 'n' roll da primeira e maior banda de heavy metal de todos os tempos — e, agora, preparam a cena para os relatos surpreendentes que virão a seguir. Este, então, é o verdadeiro Spinal Tap[1]!

Depois de uma longa espera, chegamos, enfim, à era digital! A primeira edição deste livro se chamava *How Black Was Our Sabbath: An Unauthorized View from the Crew* [Quão negro era o nosso Sabbath: um ponto de vista não autorizado da equipe, em tradução livre] (Pan Books). Com frequência, nos perguntamos por que a editora acrescentou o "não autorizado" ao título. Afinal de contas, as histórias contadas no livro vieram de pessoas que, de fato, estiveram presentes na época dos eventos! Até mesmo Ozzy Osbourne aprovou o livro.

Nossa história sobre a banda começa em sua origem, em 1969, e vai até a saída de Ozzy Osbourne de sua formação em 1979. Mas, com o renascimento do Black Sabbath ao longo da década passada, agora acrescentamos uma espiada pelos bastidores das turnês mais recentes pela Inglaterra e Europa, graças ao envolvimento que Graham voltou a ter com eles.

Diferentemente de outros volumes sobre rock 'n' roll, este livro não um texto jornalístico com divagações sobre os fatos envolvidos na história do Black Sabbath. Aqui você vai ler um relato do ponto de vista de pessoas que vivenciaram o que estava acontecendo na época e vai ter a chance de ver algumas fotos surpreendentemente espontâneas.

E, após terminar este livro, visite o site www.blacksabbath.co.uk, onde poderá ver mais fotos empolgantes e ler mais informações sobre o Black Sabbath.

David Tangye e Graham Wright, dezembro de 2016.

---

1 Spinal Tap é o nome da banda fictícia retratada no filme *Isto é Spinal Tap*, de 1984. A expressão significa punção lombar, um tipo de procedimento médico na qual é coletado material da medula espinal. (NT)

PREFÁCIO

Era início de novembro de 1975, e o Black Sabbath estava em turnê pela Alemanha. Eles tinham feito um show matador em Ludwigshafen. Agora estavam em Düsseldorf e se sentindo de bom humor quando desceram para tomar o café da manhã no Intercontinental Hotel.

O restaurante elegante estava cheio de executivos ingleses e norte-americanos usando ternos. Enquanto a comitiva do Sabbath estava sentada ao redor de uma das mesas como peixes fora d'água, como sempre, a atenção deles foi atraída por um carregador do hotel que entrou no restaurante transportando uma lousa com moldura de madeira e um sininho preso a ela. O nome de alguém estava escrito com giz nela, e rapaz o anunciava em voz alta, tocando o sino ao mesmo tempo.

Tony Iommi se levantou e deixou a mesa. Alguns minutos depois, o carregador voltou para o restaurante com a lousa e o sininho, dessa vez exibindo o nome Harry Bollocks escrito em giz.

— Chamando o sr. Bollocks — anunciava ele cheio de importância, em um inglês imperfeito. — Sr. Hairy Bollocks...[2]

Essa foi uma típica pegadinha de Iommi. Apesar de sua grande dedicação, das muitas horas passadas sozinho tocando guitarra, não havia nada que o líder não oficial do Black Sabbath gostasse mais do que uma boa pegadinha.

E assim o dia começou com umas boas risadas e parecia que iria terminar da mesma maneira. O promotor local tinha convidado a banda para uma festa em um lugar chamado Why Not Club, localizado em um bairro dilapidado de Düsseldorf, não muito longe do centro da cidade.

O baterista do Sabbath, Bill Ward, deixou essa passar, mas Tony, Ozzy Osbourne e o baixista Geezer Butler estavam a fim de um pouco de di-

---

2 O nome *Harry* é pronunciado da mesma maneira que *hairy*, peludo ou cabeludo, e *bollocks* é uma gíria para testículos. (NT)

versão e foram à festa com três membros da equipe: Dave Tangye, Geoff "Luke" Lucas e Albert Chapman. Acompanhando-os estavam os integrantes da banda de abertura do Sabbath, Streetwalkers, liderada pelo ex--vocalista do Family, Roger Chapman. O baterista deles era o exuberante Nicko McBrain, que mais tarde viria a trabalhar com a Pat Travers Band e, mais conhecidamente, com o Iron Maiden.

A noite, regada a champanhe, estava indo bem até mais ou menos as 22h30, quando um tumulto irrompeu na entrada do salão onde a festa acontecia. Dave Tangye se lembra disso vividamente: "Nicko McBrain, no meio da confusão, estava sendo socado de todos os lados. Nunca descobrimos o que causou a briga, mas havia tantas pessoas batendo no Nicko que tivemos que fazer alguma coisa.

"Albert e eu fomos até lá e o tiramos do meio da encrenca. De repente, um sujeito de macacão com listras amarelas e pretas acertou um soco na lateral do meu rosto. Optei por não retaliar, e de imediato o apelidamos de Bumble, como a abelha mamangava, que em inglês se chama *bumblebee*.

"As coisas se acalmaram durante algum tempo, enquanto retomávamos de onde tínhamos parado com o espumante, mas uma atmosfera pesada ainda pairava sobre o clube. Ozzy já não estava nem aí. Ele cambaleou até uma mesa onde um casal de lésbicas estava se beijando e se acariciando, abaixou as calças e mostrou a bunda para elas. Em seguida, foi tropeçando até o banheiro — e eu o segui, só por precaução. Quando ele saiu de lá, alguém se chocou contra ele de propósito. Ozzy desferiu na pessoa um golpe, que não passou nem perto.

"Logo em seguida, Bumble avançou contra nós, obviamente querendo me acertar de novo. Para impedi-lo, desferi uma sequência de dois socos, e ele caiu como um saco de bosta. E foi então que o tumulto irrompeu.

"Pessoas eram arremessadas por todos os lados. Albert as golpeava a torto e a direito; Big Luke pendurou um sujeito em um gancho para casacos; alguém atingiu Geezer com uma cadeira; Tony estava, como sempre, bem no meio da confusão — ele gostava de trocar uns socos — e Ozzy saiu correndo para se esconder. Acho que ele voltou para ver como as lésbicas estavam se saindo.

"Foi um lance bem Velho Oeste. Literalmente tivemos que abrir caminho para fora do clube aos socos, visto que multidões hostis não paravam de chegar. Devia haver umas vinte pessoas tentando nos acertar; estávamos em menor número, e tenho certeza de que eles tinham planejado isso.

"Quando por fim chegamos ao pé da escada, alguém sacou uma "pistola a gás" e atirou na boca de Albert Chapman, que fez um tremendo estrondo. Essas pistolas disparavam projéteis de plástico rígido, e ela abriu um buraco bem abaixo do lábio inferior de Albert, arrancando-lhe um dos dentes.

"Assim que chegamos do lado de fora, corremos até o ponto de táxi na praça central com aquela multidão nos perseguindo e todos pulamos para dentro dos táxis. Pedi ao motorista que nos levasse ao Intercontinental Hotel. Ele começou a berrar em alemão de um jeito desvairado, sacou uma pistola Luger de baixo do painel do carro e a apontou para o meu rosto.

"De repente, havia viaturas por todos os lados — nunca ficamos tão felizes em ver um policial. Fomos enfiados na traseira de uma van e levados à delegacia local, onde Albert teve a chance de limpar o rosto. Havia um médico lá que nos examinou, e a polícia foi muito legal conosco. O promotor apareceu para explicar que tínhamos sido atacados no clube e, depois de a banda distribuir alguns autógrafos para os policiais que nos prenderam, fomos postos em liberdade.

"Foi apenas mais um dia na estrada com o Black Sabbath..."

Dave Tangye e Graham Wright, os autores deste livro, fizeram parte de uma equipe de técnicos dos bastidores mais conhecida como roadies do Sabbath e, durante muitos anos, foram as pessoas mais próximas dos músicos, tanto dentro quanto fora dos palcos.

O Black Sabbath foi a banda que colocou o "peso" no rock. Os verdadeiros padrinhos do metal. Eles teriam adorado girar o botão de volume do amplificador até o onze, muitos anos antes de o mundo ouvir falar em *Spinal Tap*.

Em 1980 já tinham vendido mais de 22 milhões de álbuns e dez milhões de singles em todo o mundo. E com consecutivas gerações de fãs e músicos de rock descobrindo o impressionante poder da banda em sua melhor forma, a influência do Sabbath segue trovejando, cheia de vigor, século 21 adentro.

CAPÍTULO 1
CUMBERLAND GAP

Ozzy sempre dizia que o lugar era um buraco. E, de fato, não havia nada muito agradável a respeito das intermináveis fileiras de casas geminadas decrépitas construídas para acomodar os operários e trabalhadores das metalúrgicas à medida que a Revolução Industrial ganhava ímpeto após a Primeira Guerra Mundial.

No entanto, o subúrbio de Aston, Birmingham, pode reivindicar grande fama por três motivos. Ele é o lar do molho HP Sauce e do Aston Villa FC, além de ser o local de nascimento do heavy metal.

Ali, entre fábricas, ruas secundárias imundas e pubs locais, cercados pelos grandiosos edifícios e jardins de um passado mais abastado, os quatro integrantes do Black Sabbath emitiram os primeiros barulhos da vida deles.

Anthony Frank Iommi veio ao mundo no dia 19 de fevereiro de 1948, seguido de William Thomas Ward no dia 5 de maio. John Michael Osbourne chegou a tempo do Natal, no dia 3 de dezembro, e o bebezinho inquieto que era Terence Michael Butler nasceu no ano seguinte, no dia 17 de julho de 1949. Os garotos que iriam se reunir para revolucionar o mundo do rock foram criados a poucas ruas de distância uns dos outros, mais próximos ainda do que os Beatles em Liverpool.

Depois de abandonarem a escola aos quinze anos, Tony, Bill, Ozzy e Terence (conhecido como Geezer[3]) foram individualmente atraídos pela música, a grande força que os iria reunir como Black Sabbath e iria permitir que fugissem de Aston assim que tivessem tempo e dinheiro.

---

3 *Geezer* é uma gíria depreciativa para uma pessoa idosa, geralmente excêntrica, algo como *velhote*, ou simplesmente para um homem, algo como *cara, sujeito*. (NT)

A primeira grande explosão do pop britânico estava transformando a vida dos adolescentes ao redor do país. Todas as cidades tinham seu próprio movimento, lideradas por Liverpool com o estilo *merseybeat*[4] dos Beatles, Gerry and the Pacemakers e The Fourmost. A cena de Londres estava crescendo, graças a bandas como The Rolling Stones e The High Numbers, mais tarde rebatizada de The Who — e Birmingham não estava ficando para trás. Ela tinha seu *brumbeat* e uma comunidade inteira de jovens músicos que, no futuro, viriam a ganhar importância em bandas como The Moody Blues e The Move. Qualquer jovem com bom ouvido para música ficava fascinado. Havia bandas surgindo por toda parte.

A maioria não podia se dar ao luxo de se dedicar à música em tempo integral e tinha que arrumar empregos regulares. Tony, Bill, Ozzy e Geezer não eram exceção, embora obviamente estivessem torcendo para que a sorte e o destino os livrassem do mundano.

Ozzy costumava brincar que seu primeiro emprego no ramo musical foi testando buzinas de carros na indústria de automóveis local. Era a fábrica de acessórios automotivos Lucas. Sua mãe, Lillian, trabalhava lá e conseguiu uma vaga para ele. Ozzy também foi empregado por um encanador, um ferramenteiro e um agente funerário. Foi mecânico e pintor de casas, e também rejeitado pelo exército.

Mas seu emprego favorito, de longe, foi no abatedouro Digbeth. Um amigo de escola cuidou das apresentações. Ozzy, então, passou por um ritual de iniciação no trabalho: foi jogado pela canaleta de "sangue e tripas", onde as vísceras eram descartadas.

Depois de se recuperar desse choque inicial no novo ambiente, Ozzy parecia gostar de matar até 250 animais por dia. Ele descreveu a atividade como seu "ponto forte" — e isso com certeza explica a maneira casual com a qual ele mais tarde viria a matar suas próprias galinhas. Mas até mesmo Ozzy tinha seus limites, e depois de alguns meses de fedor e ratos enormes e nojentos, o aprendiz de Príncipe das Trevas abandonou o

---

4 O estilo conhecido como *beat* era uma fusão de rock, blues e pop. O *merseybeat* se refere às bandas desse estilo nas cercanias do rio Mersey, próximo a Liverpool, e o *brumbeat* se refere às bandas da cidade de Birmingham. (NT)

abatedouro. O lugar mais tarde foi reformado e hoje é o lar dos estúdios e escritórios da banda UB40.

Em 1966, Ozzy viria a ter seu primeiro gostinho da prisão, cumprindo seis semanas de uma sentença de três meses em Winson Green pelo não pagamento de uma multa de 25 libras recebida por arrombar a loja de roupas Sarah Clarke. Enquanto esteve na prisão, ele se esforçou bastante para evitar os sujeitos "barra-pesada" que aliviavam suas frustrações sexuais nos prisioneiros mais fracos. Um detento tentou fazer avanços inapropriados para cima de Ozzy, mas ele escapou ao golpear a cabeça do agressor com um penico. Ele costumava usar seu talento natural para a comédia para fazer amigos. Ozzy fez a primeira tatuagem em Winson Green: seu nome nos nós dos dedos. Pouco depois de ser solto, também foi visto exibindo carinhas sorridentes nos joelhos à mostra.

O restante da banda teve primeiros empregos menos exuberantes. Bill Ward começou fazendo entregas de carvão pelas ruas de Birmingham. Geezer Butler — sempre astuto quando o assunto é dinheiro — trabalhava no departamento de contabilidade de uma fábrica local em Aston, onde era constantemente repreendido por sua falta de pontualidade. Tony Iommi foi trabalhar como aprendiz de caldeireiro, período este em que teve as pontas de dois dedos da mão direita decepados por uma guilhotina. É improvável que eles gostassem dos esforços diários exigidos por seus empregos.

Essa foi uma época de grandes mudanças e agitações sociais. De repente, os rapazes passaram a manter os cabelos longos, imitando seus novos heróis musicais da época, como os Beatles e os Stones. Os *mods* e os roqueiros ganhavam as manchetes e aterrorizavam a respeitável sociedade com pancadarias impressionantes em cidades litorâneas da costa sul da Inglaterra. Foi a partir das gangues de motociclistas do final da década de 1950 e início da década de 1960 que os roqueiros surgiram. Usavam jaquetas de couro, cintos de couro com tachinhas e calças jeans, exibiam topetes carregados de brilhantina e curtiam rock 'n' roll. Os *mods*, o grupo muito mais estiloso com seus cabelos curtos penteados para trás e ternos de tecido *mohair*[5], corriam pelas ruas com suas Lambrettas ou Vespas e se dedicavam ao soul, incluindo o "Northern soul" britânico. Apoiavam

---

5 *Mohair* é tecido produzido com um fio semelhante à lã, retirado do pelo da cabra angorá. (NT)

ESSA FOI UMA ÉPOCA DE GRANDES MUDANÇAS E AGITAÇÕES SOCIAIS. DE REPENTE, OS RAPAZES PASSARAM A MANTER OS CABELOS LONGOS, IMITANDO SEUS NOVOS HERÓIS MUSICAIS DA ÉPOCA, COMO OS BEATLES E OS STONES.

bandas como The Who e The Small Faces e ficavam ligados nos sons que vinham da gravadora Tamla Motown. Aos fins de semana, lotavam clubes que permaneciam abertos a noite toda, tomavam montes de anfetamina na forma de tabletes, como Black Bombers e Purple Hearts, e saíam correndo feito lunáticos, dançando ao som do soul tocado por bandas cover até, por fim, apagarem nas primeiras horas da manhã de segunda-feira.

Ozzy mais tarde afirmou ter sido um *mod*. Hoje é difícil imaginá-lo com cabelos curtos, elegantes ternos de tecido mohair e camisas Ben Sherman.

A paisagem voltou a mudar em 1967 com o advento do movimento hippie e o uso de drogas, sons e imagens psicodélicos. Garotos começaram a deixar crescer seus cabelos tigelinha, outrora considerados tão ousados, e a ostentar cabelos bem longos ou desgrenhados. A disponibilidade e o uso difundido de maconha e LSD resultaram em uma atitude mais séria e experimental em relação à música. Havia um sentimento de que qualquer coisa era possível e a crença predominante era "faça o seu próprio lance".

Para algumas pessoas, incluindo o falecido incrível guru da guitarra, Jimi Hendrix, o ácido se tornou um estilo de vida. Ele o tomava todos os dias, de acordo com John "Upsie" Downing, o técnico de guitarra que o acompanhou no lendário festival Woodstock. Apesar do fato de Upsie estar na folha de pagamento durante quatro meses, Hendrix nunca conseguia lembrar seu nome. Ele apenas costumava chamar Upsie de "cara". Upsie mais tarde foi gerente de turnês do ELO e da turnê de divulgação de *Blizzard of Ozz* do Ozzy em suas primeiras excursões pelo Reino Unido e pelos Estados Unidos. Felizmente, eles não estavam tão chapados a ponto de esquecer com quem estavam conversando.

Ainda que o psicodelismo tivesse uma influência bastante positiva no desenvolvimento da música contemporânea, alguns grupos foram um pouco mais além. O Hawkwind — autoproclamados senhores do tempo — era uma experiência audiovisual completa, com seus efeitos sonoros rodopiantes e jogos de luzes criados por dois projetores com discos coloridos giratórios presos na frente. Tão impressionante quanto era sua sensual dançarina Stacia, que cabriolava pelo palco fazendo topless.

No entanto, os futuros integrantes do Black Sabbath não tinham ambições tão extravagantes. Foi simplesmente um caso de afinar, ligar e formar uma banda.

A história deles começa de fato no final da década de 1960 na cidade inglesa fronteiriça de Carlisle, em Cúmbria — ou Cumberland, como costumava ser conhecida. Esse era o lar de uma banda chamada Mythology, anunciada como "A resposta de Cumberland a The Jimi Hendrix Experience".

Os membros fundadores do Mythology eram Neil Marshall (baixo), Mike Gillan (vocal), Frank Kenyon (guitarra) e Terry Sims (bateria). Eles tinham bons contatos locais, constavam das listas da agência CES Entertainments e mais tarde da Border Entertainments, ambas de Carlisle. Também tinham o apoio de Monica Linton, a promotora que agendava seus shows.

Ao final do primeiro ano juntos, eles eram uma banda popular e respeitada no circuito de clubes do Norte, assim como na Alemanha e na Suécia. Após uma de suas curtas turnês europeias, em dezembro de 1967, Mike Gillan decidiu sair. O Mythology recrutou um cantor de Newcastle chamado Rob e começou a ensaiar com ele. Uma semana depois, Frank Kenyon também saiu, para mais tarde se juntar à emergente banda de Carlisle, Timothy Pink.

A saída de Frank deixou a banda em crise — eles tinham shows agendados para o final de janeiro. A CES entrou em ação, contatando outras agências à procura de um novo guitarrista. Isso valeu a pena. Alguém em Birmingham conhecia um guitarrista chamado Tony Iommi. Ao que parece, ele tinha declarado que a cena musical nas Midlands estava "moribunda" e que estava interessado em ampliar seus horizontes.

Tony era um jovem em busca de novas experiências. Poucos músicos amadores tinham empresários ou orientação na época, portanto ficavam bastante felizes em viajar e se afastar dos lugares de sempre para ver como as outras pessoas viviam. Ele se sentia frustrado por não ser capaz de encontrar uma banda em Birmingham que se encaixasse em seu estilo, e a oportunidade de se juntar a um grupo estabelecido em Carlisle deve tê-lo interessado.

Tony já tinha tocado com diversas bandas nas Midlands. Uma foi o The Rocking Chevrolets, que fazia covers de clássicos norte-americanos de Chuck Berry, Bo Diddley e Eddie Cochran. Ele também tinha tocado durante algum tempo com The In Crowd, The Birds e The Bees e, por fim, um grupo chamado The Rest, que se especializava em blues de doze compassos.

Ao chegar em Carlisle, Tony estava acompanhado do vocalista do The Rest, Chris Smith. Eles tinham viajado juntos e fizeram uma audição impressionante. Neil Marshall do Mythology ficou com a tarefa desagradável de contar ao recém-escolhido vocalista, Rob — que sequer tinha se apresentado ao vivo com a banda —, que seus serviços não seriam mais necessários. Neil apenas disse: "Você ouviu os rapazes no ensaio. Seríamos loucos se os rejeitássemos". Rob fez as malas e voltou para Newcastle.

E então Tony Iommi e Chris Smith se juntaram a Neil Marshall e Terry Sims na segunda formação do Mythology. Eles passaram as poucas semanas seguintes fazendo shows ao redor de Cúmbria, angariando cada vez mais fãs com suas apresentações de blues-rock. Embora tenham sido a força vital da cena underground do final dos anos 1960, a maioria das bandas locais só fazia covers desleixados de canções de rock e sucessos da época, portanto o Mythology foi recebido como um grupo particularmente progressista. Sua arma secreta era Tony Iommi, que estava aprimorando suas habilidades como guitarrista a uma velocidade fenomenal. Ele era um guitarrista com um dom natural, mas seguia praticando, melhorando, tentando alcançar a perfeição. Sua influência no Mythology foi enorme.

O grupo estabeleceu residência e quartel-general em um apartamento em Compton House, no centro da cidade de Carlisle, ao lado de uma escola técnica. Eles passavam os dias procurando músicas para tocar como covers, ouvindo gravações de John Mayall and the Bluesbreakers, Buffalo Springfield, Cream e Art, uma banda psicodélica que teve vida curta e que se transformou no bem-sucedido Spooky Tooth. Tony aprendia depressa os acordes e os riffs, a banda ensaiava as músicas e eles logo os encaixavam no set.

O DJ local, Keith Jefferson, que se tornou um amigo íntimo, relembra: "Quando o Mythology começou a procurar por acomodações, eles passaram pelo menos uma noite dormindo na van deles no Bitts Park. À primeira vista, pareciam bem esquisitos. As botas deles eram decoradas com flores desenhadas com giz azul e os cabelos eram espetados, mas não demorei muito para descobrir que eram sujeitos legais.

"No apartamento de Compton House, eles ocuparam um espaçoso cômodo no sótão, além de um quarto e um banheiro no primeiro andar. Nunca causavam problemas, mas, em algumas ocasiões, voltavam para casa de madrugada e tocavam música alta. Não é de se estranhar que isso incomodasse a filha da senhoria, Amber, que morava no anexo do edifício. Bem cedo numa certa manhã, Amber ligou todas as televisões e os rádios do térreo e do primeiro andar, o que fez com que todos saíssem de seus quartos, se perguntando o que estava acontecendo. Ela lhes disse que esse espetáculo iria se repetir cada vez que ela fosse acordada quando eles chegassem. Daquele dia em diante ela não voltou a ouvir nem um pio."

Em meados de fevereiro de 1968, o baterista Terry Sims decidiu dar o trabalho como encerrado. Tony e Chris convocaram Bill Ward — o ex--baterista do The Rest —, e metade da banda que iria se tornar o Black Sabbath estava formada. Por enquanto, contudo, essa era apenas a formação clássica do Mythology.

Bill Ward fez sua primeira apresentação com a banda no sábado, 17 de fevereiro de 1968, no Globe Hotel na Main Street, em Cockermouth. Neil Marshall ainda se lembra vividamente da performance de Bill, não por conta de sua atuação, mas porque ele ficou tão encolhido atrás de sua bateria que parecia ter se enterrado no meio dela.

O Mythology tocou pela região durante a primavera. Fizeram um show particularmente memorável no Clockwork Orange, em Chester, no dia 4 de maio, abrindo para uma banda chamada The Rain. Esse era um grupo liderado por Gary Walker, do antigo Walker Brothers, que agora cantava além de tocar bateria. A banda principal ficou tão impressionada com a potência da banda de abertura que não ficou muito a fim de "tocar depois daquilo". O Mythology os chutou devidamente para fora do palco e recebeu apenas 20 libras por seus esforços.

Keith Jefferson compartilhou outra de suas lembranças favoritas daqueles shows em clubes: "Na metade de um show, Neil, Tony e Chris tinham acabado de se afastar até a lateral do palco, deixando Bill fazer seu solo de bateria. Ele estava começando a se empolgar quando as cortinas foram abertas e uma senhora desmazelada apareceu. Sem dúvida era alguém que tinha uma ligação com o gerente da casa. Ela logo começou a censurar os rapazes por causa de Bill: 'Eles não gostam de solos de bateria por aqui. Parem com isso agora mesmo!'. Bill seguiu tocando enquanto o restante da banda perdia a compostura em ataques de riso. Obviamente, aquela mulher furiosa com sua roupa de lã e meia-calça não estava muito acostumada a ver jovens cabeludos usando jaquetas de camurça e couro".

No início do verão de 1968, os dias do Mythology estavam contados, mas eles não faziam ideia do que o futuro lhes reservava enquanto seguiam tocando. Keith se lembra do primeiro de dois desentendimentos com a polícia: "A banda estava se aproximando do fim de uma curta turnê pelo norte da Inglaterra quando, em Hartlepool, a van detonada da banda os deixou na mão, e uma substituta teve que ser encontrada naquele mesmo dia. Eles compraram uma antiga van de uma empresa ferroviária, mas, visto que era um sábado e os cartórios estavam fechados, não conseguiram obter um comprovante de pagamento do imposto veicular — mesmo que tivessem dinheiro de sobra para obter um, o que não era o caso. O sempre engenhoso Neil pensou que o rótulo de uma garrafa de cerveja Newcastle Brown Ale talvez servisse; então, decidiu inseri-lo devidamente no suporte de plástico no para-brisa como uma medida temporária.

"Tudo correu bem no show em Hartlepool e eles se dirigiram aos seus alojamentos. Acordaram na manhã seguinte para encontrar a van cercada pela polícia, que arrastou os rapazes até a delegacia local para um interrogatório. O motivo da presença policial foram as máscaras de gás que a banda tinha comprado em uma loja de segunda mão e largado dentro da van em plena vista. Os tiras estavam convencidos de que tinham se deparado com algum tipo de célula terrorista.

"Neil, como líder da banda e a pessoa cujo nome constava nos documentos, foi detido por conta do comprovante de imposto falso. Sua audiência foi realizada em Hartlepool depois de o Mythology ter se separado, e ele teve que ir e voltar de Carlisle de carona para poder estar presente."

Maio de 1968 foi um mês memorável para a banda. Eles conheceram um aluno da Leeds University que estava visitando familiares em Carlisle e compraram um pouco de maconha com ele. Mais tarde, esse aluno foi preso em um pub local e ajudou um certo sargento George Carlton em suas investigações. Esse policial era uma "figura" respeitada, conhecida e temida tanto no centro da cidade quanto ao redor dela. Era das antigas, conhecia bem as ruas, sabia o que estava acontecendo em sua jurisdição e sua palavra era lei. Ele conversava e fazia amizade com as pessoas, sabia para quem pedir informações e ficava de olho na Gretna Tavern e em outros lugares de encontros e bares.

O sargento Carlton tinha servido na Guarda Escocesa e tinha uma postura militar inconfundível. Raramente era visto sem o quepe e o bastão embaixo do braço. Era conhecido por ser severo, mas justo, e com frequência oferecia um "cascudo" em vez de uma noite atrás das grades. O Mythology recebeu uma visita dele no apartamento da Compton House e eles foram parar no tribunal, acusados de posse de drogas. Por causa disso, apareceram em todos os jornais locais, e a história também foi noticiada em alguns jornais do país.

Os réus foram apresentados em detalhes aos leitores como: Anthony Frank Iommi (20), músico, Park Lane, 67, Aston, Birmingham; William Thomas Ward (20), músico, Witton Lodge Road, 15, Erdington, Birmingham; Neil Martin Marshall (24), músico, Malleyclose Drive, 36a, Carlisle; e Christopher Robin Smith (19), músico, Woodland Farm

Road, 11, Erdington, Birmingham. Os quatro se declararam culpados de posse de resina de cannabis em Carlisle no dia 27 de maio de 1968, e cada um foi multado em 15 libras. Neil Marshall foi colocado em liberdade condicional por dois anos, e Iommi, Ward e Smith receberam uma sentença condicional de dois anos cada. A polícia foi citada afirmando que "todos os quatro tinham sido muito prestativos e cooperativos, e não esconderam nem negaram o crime. Tinham sido presos como resultado de uma batida de rotina após a acusação de outra pessoa, um mandado tinha sido obtido e uma busca realizada em um cômodo da Compton House, Compton Street, Carlisle, onde todos os quatro residiam na época".

O sargento Carlton não foi muito severo quando prendeu o Mythology. Na verdade, demonstrou-se bem legal durante a situação: deu bastante apoio a Neil e aos rapazes, os ajudando após suas audiências no tribunal. Amber, a filha da senhoria deles, confirma que ele foi "maravilhoso", além de acrescentar que a banda ficou "arrasada" com a batida. Posse de maconha era considerado um crime grave naquela época, e o Mythology sofreu as consequências. Os trabalhos começaram a diminuir à medida que os cancelamentos chegavam aos montes. Isso os deixou com pouco dinheiro e, com relutância, depois de fazerem o último show no Queen's Hotel, em Silloth, no sábado, 13 de julho de 1968, eles se separaram.

Keith Jefferson gravou o show com um gravador de rolo. Único registro existente de quaisquer das apresentações da banda, ele contém nove faixas que incluem alguns dos maiores sucessos imortais do blues, como "Steppin' Out", "Dust My Blues", "Morning Dew" e "Spoonful".

Tony Iommi e Bill Ward retornaram a Birmingham enquanto, ao que parece, Chris Smith ficou para trás para se casar com uma garota local e começar uma família. Neil Marshall se juntou a uma banda chamada Smokey Blue e ainda vive em Carlisle.

De volta a Birmingham, uma banda chamada Rare Breed estava se dando muito bem no circuito de shows. Geoff "Luke" Lucas, o gerente de turnês deles na época, lembra que o set tinha como base músicas hippies como

"My White Bicycle" do Tomorrow, além de covers de canções norte-americanas descoladas como "Light My Fire" do The Doors. O Rare Breed, liderado pelo guitarrista solo Roger Hope, contava com Geezer Butler na guitarra base. O restante da formação era composta de Mick Hill (baixo), Tony Markham (bateria) e John Butcher (vocal).

Butcher recebeu uma oferta melhor e saiu da banda, o que fez o Rare Breed procurar um substituto. Em pouco tempo, eles viram um anúncio que tinha sido deixado com Pete Oliver da Ringway Music Store, um local de encontro popular para músicos em ascensão no shopping Bull Ring Centre. Ele dizia "Ozzy Zig precisa de banda" e afirmava que o cantor possuía o próprio sistema de som. Ozzy Osbourne conseguiu a vaga com o Rare Breed, mas não chegou longe o bastante para se apresentar ao vivo com eles. O grupo se desmantelou poucos dias depois.

No entanto, o anúncio de Ozzy continuou exposto na Ringway Music, onde chamou atenção de Tony Iommi. Ele entrou em contato com Bill Ward e juntos foram até o endereço do cantor na Lodge Road, 14, Aston, com alguns receios. Tony tinha conhecido um "Ozzy" quando estudava na Birchfield Road Secondary School em Perry Barr, Birmingham, e ele e Bill estavam torcendo para que não fosse o mesmo sujeito. Quando estudou naquela escola, Tony tinha estado um ano à frente de Ozzy, que tinha sido alvo das gozações e pegadinhas de Tony. Apesar de todos os quatro integrantes do Black Sabbath terem crescido em um ambiente de classe operária, Tony e Ozzy vinham de lados opostos.

Tony, alto e atraente mesmo em idade escolar, era de uma família rica o bastante para que tivesse condições de reconstruir a vida quando a guerra e, mais tarde, o racionamento, chegaram ao fim. Eles gerenciavam um empório em Park Lane, que era um pouco como a loja do personagem Arkwright, interpretado por Ronnie Barker, no seriado *Open All Hours*, embora não ficasse "sempre aberto"[6]. Tony Iommi pai também trabalhava em uma empresa de laticínios local.

Os pais de Ozzy não foram tão afortunados. Lillian, que tinha um emprego na fábrica da Lucas, e o pai de Ozzy, Jack, que trabalhava com

---

6 Neste seriado, Arkwright era um vendedor insistente que não desistia até o cliente comprar alguma coisa. (NT)

engenharia, tinham uma grande família para sustentar. Moravam em uma casinha geminada de dois quartos com Ozzy, três irmãs, Jean, Gillian e Iris, e dois irmãos, Tony e Paul. Com um orçamento limitado, Lillian e Jack não tinham dinheiro para que Ozzy vestisse roupas elegantes, e ele diferia um pouco dos outros alunos. A política do parquinho sendo como sempre foi, e crianças sendo crianças, os meninos maiores atacavam os menores e implicavam com Ozzy e sua aparência. Ele foi muito ridicularizado na escola, mas conseguiu usar seu senso de humor para evitar o pior. Tony desde então afirmou que "odiava" Ozzy na escola e que costumava bater nele. Albert Chapman, um colega de sala de Tony, diz que Ozzy não era escolhido por nenhum motivo especial. Ele era maltratado como parte da rotina "normal" da escola, onde os garotos mais velhos implicavam com os mais novos. Ele costumava tomar chutes nas "partes baixas", mas isso também acontecia com outros meninos. De acordo com Albert, Ozzy era "meio que uma peste".

Quando Ozzy abriu a porta da frente de sua casa para Tony Iommi e Bill Ward, Tony ficou desanimado. Era de fato a mesma pessoa. Mas, depois de um desconforto inicial, a atmosfera logo se tornou cordial. Ozzy apresentou Bill e Tony para Geezer Butler, que morava com a família na Victoria Road, 88, e que estava interessado em encontrar uma banda nova depois do término do Rare Breed.

A animosidade ficou no passado — pelo menos durante alguns anos —, e os quatro rapazes que viriam a encarar muitas dificuldades das quais sairiam vitoriosos se reuniram. Mas não se chamavam Black Sabbath. Ainda não.

CAPÍTULO 2
PINGENTE DE TORNEIRA

le nunca mencionou ter sofrido bullying na escola, muito menos reclamou sobre isso. Ozzy sempre fazia de tudo para fazer as pessoas rirem, se esforçava para que gostassem dele, enquanto seguia se dedicando ao importante negócio de fazer música.

Tony Iommi pode ter sentido remorso sobre sua antiga implicância com Ozzy, mas eles não estavam mais na escola, e sim no mundo dos adultos, tentando montar uma banda.

Ozzy, claro, ficou no vocal e tinha a enorme vantagem de ter o próprio sistema de som: um amplificador Triumph de 50 watts com um microfone e duas caixas de som tipo torre. Tony e Bill se mantiveram em suas antigas funções como guitarrista e baterista respectivamente, enquanto Geezer trocou a guitarra base pelo baixo, convertendo sua Fender de seis cordas em um baixo de quatro cordas ao simplesmente trocá-las.

A banda se consolidou de imediato e, quando Ozzy e Geezer sugeriram que contratassem o antigo braço direito do Rare Breed, George "Luke" Lucas, como gerente de turnês, a concordância foi unânime.

Luke, bonito e com um diploma do ensino médio, era um mulherengo que assomava acima dos outros com seus 1,92 m de altura. Era um dos roadies descontraídos das antigas, capaz de fazer qualquer coisa. Trabalhava duro, era cheio de energia, metódico e minucioso ao extremo em tudo o que fazia, motivo pelo qual costumavam implicar com ele. Era um verdadeiro trunfo.

O primeiro amigo de Luke foi Geezer: "Geezer, um sujeito adorável, que gostava de umas boas risadas, era bastante despreocupado na maioria das vezes. Tinha senso de humor único e, às vezes, estranho. E era bem evidente que era fã do Frank Zappa.

"Na época do Rare Breed, costumávamos falar sobre 'virarmos profissionais'. Era tudo o que ele queria, e sua extravagância e atitude em cima do palco faziam dele a típica estrela do rock. Ele era o integrante da banda mais empolgante de ver ao vivo. Ele com certeza era um 'poser', mas no bom sentido, e conseguia lidar com isso à perfeição.

"Ele teve uma educação melhor que os outros três, e sempre imaginei que ele seria o mais sensato quando o dinheiro começasse a entrar, já que tinha trabalhado com contabilidade. Ao mesmo tempo, ele gostava do luxo que o dinheiro podia comprar —passou no teste de direção em uma quinta-feira e estava dirigindo um Rolls Royce dois dias depois."

Mas isso ainda estava no futuro de Geezer. Por enquanto, ele só podia sonhar com fama e riqueza enquanto se apertava dentro de uma van minúscula junto com os outros, viajando para fazer qualquer show que conseguissem marcar.

Um gerente de turnês daquela época tinha muito mais o que fazer do que um gerente de turnês de hoje. Era sempre Luke quem dirigia e cuidava de tudo, que se certificava de que a van estivesse com as revisões em dia e que garantia que o equipamento estivesse funcionando bem. Ele cuidava dos planos de viagem, montava o equipamento no palco e também atuava como guarda-costas, protegendo a banda de fãs fanáticos. Enrolava os baseados, segurava as pontas e se prestava, de boa vontade, a ser pau pra toda obra. Para o bem ou para o mal, ele era responsável por quatro jovens apertados em uma van Transit, cercados de equipamentos e do cheiro de meias fedidas, bebidas chocas, tabaco e testosterona. O trabalho de Luke era puramente um ato de amor, e ele o fazia sem ajuda ou apoio de ninguém.

Ele logo se familiarizou com as excentricidades pessoais dos integrantes da banda. "Tony era bastante vaidoso. Orgulhava-se de sua aparência. Era basicamente um conquistador. Uma pessoa grande por natureza, gostava de cuidar do peso e é o único que lembro de ter visto fazer dieta de tempos em tempos.

Mais tarde, quando começou a ganhar dinheiro, Tony revelou ser uma pessoa generosa quando sentia vontade. A princípio, era o único integrante da banda que sabia dirigir e, assim como Geezer, adorava carros bacanas. Ele viria a ter um Rolls Royce e duas Lamborghinis estacionadas na garagem e iria poder trocá-los sempre que quisesse.

"Bill Ward sempre foi uma pessoa incrivelmente pé no chão, despreocupado e generoso ao extremo. Sentia-se muito feliz sentado em um pub com um copo de cerveja e vinte cigarros Woodbine, e era onde sempre se encontrava.

"Já o Ozzy… Ser apresentado a ele era uma coisa; conhecê-lo de fato era uma experiência e tanto".

Ozzy, Tony, Geezer e Bill decidiram se dedicar a um estilo de blues grandioso e estrondoso com toques do sul dos Estados Unidos, e por isso convocaram Jimmy Phillips, para tocar guitarra slide, e um saxofonista chamado Alan "Aker" Clark. Depois de poucos dias de ensaio, foram ganhar algum dinheiro.

Os fãs do Mythology em Carlisle não tiveram que esperar muito tempo para ver Tony Iommi e Bill Ward de volta à cidade, graças à ajuda de sua amiga promotora Monica Linton da CES. Ela agendou um show do novo sexteto para o sábado, 24 de agosto de 1968, no County Ballroom, onde foram anunciados como Polka Tulk Blues Band. Por incrível que pareça, foram necessárias muitas horas de deliberação para chegarem a esse nome terrível, e havia alguns que preferiam a sugestão sarcástica de Luke para que se chamassem Blues Band Margarine — um trocadilho com a marca mais popular de margarina da época, a Blue Band.

Essa apresentação foi a primeira de apenas duas que o sexteto chegou a fazer, a outra foi no Banklands Youth Club, em Workington. Eles não tinham ensaiado muito, portanto as performances provavelmente foram mais uma sessão de improviso que qualquer outra coisa, o que era bem aceito naqueles tempos. Certamente, o set foi montado com base no repertório de canções de blues de Tony, remontando ao Mythology.

Assim que voltaram a Birmingham, Tony Iommi — o líder não oficial da banda — decidiu se livrar de Jimmy Phillips e Aker Clark, declarando que Jimmy não estava levando as coisas muito a sério e que o saxofonista, como solista, não se encaixava no som como um todo: Tony argumentou que, se houvesse metais no grupo, precisariam fazer as coisas direito, com uma seção de, pelo menos, três músicos. Com Jimmy e Aker fora, os membros remanescentes provavelmente ficaram agradecidos pelo espaço extra dentro da Transit.

Ozzy, Tony, Geezer e Bill agora estavam trabalhando como quarteto e batizaram a banda de Earth Blues Band, nome que em pouco tempo foi encurtado para Earth. Os dias em empregos comuns tinham ficado para trás e agora estavam apostando todas as fichas em uma renda viável advinda da música. Começaram a ensaiar na Burlington Suite no Newtown Community Centre, Newton Row, Aston. Em uma manhã fria e úmida, Ozzy apareceu descalço no ensaio porque não tinha sapato para usar. Ele tinha caminhado mais de um quilômetro desde sua casa, mas estava acostumado a isso e seus pés eram duros feito cascos.

Ozzy costumava fazer coisas para impressionar. Ele não se incomodava em andar quase 2 km descalço contanto que, quando chegasse a seu destino, alguém fizesse um estardalhaço por causa de seu sofrimento. Ele não se decepcionou. Depois que os ataques de riso passaram, os outros rapazes começaram a sentir pena dele e fizeram uma vaquinha, juntando 19 xelins e 11 centavos (99 centavos de libra esterlina em valores atuais). Ozzy correu até a loja de sapatos mais próxima e comprou o calçado mais barato que conseguiu encontrar, saindo de lá com um par de sandálias, ou "calçados de Jesus" como eram chamadas na época.

O Earth montou um set com músicas cover, em sua maioria canções de blues de doze compassos gravadas por artistas como John Mayall, Cream e Elmore James, e voltaram para Carlisle para fazer seu show de estreia. Eles sabiam que seriam bem-recebidos por lá e estavam certos de que conseguiriam mais trabalho por intermédio do apoio contínuo da promotora Monica Linton. Fizeram sua primeira apresentação como

Earth no final de setembro de 1968 na Gretna Tavern, cujo dono era o empreendedor de Carlisle, Tom Foster.

Ao retornarem às Midlands, tocaram ao redor de sua terra natal até o fim do ano, quando Tony Iommi fez um anúncio surpreendente. Ele estava saindo do Earth para se juntar à banda de rock progressivo já bem estabelecida Jethro Tull, que estava a poucos meses de conquistar o grande público com uma série de singles e álbuns de sucesso encabeçada por uma música inusitada chamada "Living in the Past".

O Earth tinha feito um show em Stafford abrindo para o Jethro Tull, cujo vocalista-flautista e líder Ian Anderson tinha assistido à apresentação, impressionado, do fundo do salão. Quando o guitarrista, Mick Abrahams, deixou a banda de repente, Anderson se lembrou de Tony Iommi e o convidou para se juntar ao grupo.

Tony ficou fora de si de alegria; acreditou que tinha tirado a sorte grande. Os outros membros do Earth ficaram sinceramente felizes por ele e lhe desejaram tudo de bom. Mas isso durou pouco. Tony não se acostumou com o regime rigoroso que Anderson impunha aos integrantes da banda e achou o vocalista muito reservado.

O Jethro Tull estava agendado para aparecer no lendário espetáculo "Rock 'n' Roll Circus" dos Rolling Stones, que seria gravado no dia 10 de dezembro no estúdio Intertel em Stonebridge Park, Wembley, diante de uma plateia convidada composta de membros do fã clube dos Stones. Tony passou quatro dias em Londres, ensaiando com a banda de maneira intensa. E então entregou seu aviso-prévio.

No entanto, foi acometido por dúvidas durante a viagem de volta a Birmingham. Pediu a Luke para voltar com ele a Londres como técnico de guitarra em tempo integral e Luke concordou. Ao chegar para o "Rock 'n' Roll Circus", Tony disse a Anderson que tinha mudado de ideia e que queria voltar para a banda. Mas era tarde demais. Anderson já tinha recrutado Martin Barre e informou a Tony que seus serviços não seriam mais necessários após a gravação do programa de TV.

Como um fim apropriado para todo esse fiasco, o "Rock 'n' Roll Circus" foi engavetado, sendo disponibilizado para o público apenas em outubro de 1996, quando foi lançado no 34º New York Film Festival.

Os Stones tinham ficado descontentes com o show, supostamente reclamando de que tinham sido ofuscados pelo The Who e algumas das outras bandas de abertura, incluindo o famoso "supergrupo" The Dirty Mac, que contava com John Lennon, Eric Clapton, o baterista de Hendrix, Mitch Mitchell, e Keith Richards, excepcionalmente tocando baixo.

Os Stones também argumentaram que não ficaram satisfeitos com a própria performance — mesmo tendo tocado madrugada adentro, repetindo músicas muitas vezes em um esforço para capturar tudo direito. Eles pretendiam organizar outra gravação, mas não chegaram a realizá-la.

O show acabou, enfim, sendo um verdadeiro espetáculo, com o estúdio decorado para se parecer com um picadeiro, incluindo metade de uma tenda, serragem e artistas circenses entretendo a audiência entre as bandas.

Tony em seguida voltou a se juntar ao Earth — para grande alívio de Ozzy, Geezer e Bill, e dos fãs que os receberam no County Ballroom em Carlisle no sábado, 21 de dezembro. Eles partiram para uma série de shows em Birmingham antes de voltarem a Cúmbria para uma sequência de datas em salões escolares. Não era incomum naquela época que shows fossem promovidos em prédios escolares, e quando Monica Linton organizava um itinerário para o Earth, ela marcava o maior número possível de shows seguidos, apenas para fazer o dinheiro da gasolina valer a pena.

A banda passou por um perrengue em particular certa noite em Scottish Boarders. Ao estacionar do lado de fora do Buccleuch Hall, Langholm, Luke ficou surpreso ao ver que o estacionamento estava cheio de tratores. Ali era a Caipirolândia, o tipo de lugar onde os homens eram homens e as ovelhas ficavam aterrorizadas. Era como aparecer para uma quadrilha no Young Farmers Club ou, se fosse bem descolado, uma "noite de *beat*".

Muitas bandas tocavam lá, no meio do nada, onde os frequentadores vinham das fazendas locais e se vestiam, como esperado, com roupas do interior. Havia por volta de cem pessoas em uma casa com capacidade para duzentas e, quando a banda entrou e começou a montar o equipamento, era como se uma espaçonave tivesse aterrissado. O público observava todos os movimentos que os alienígenas faziam com uma fascinação intensa.

Pouco antes de subirem no palco, Ozzy foi abordado por um residente local que disse cordialmente: "Se vocês não tocarem The Rolling Stones, eu vou dar uma baita surra em vocês". Ozzy repassou essa mensagem para o promotor, que disse: "Não se preocupem com isso, vou resolver essa história". Ele então foi embora, instruindo a banda a se encontrar com ele em um restaurante de *fish and chips* local do qual era dono para receber o pagamento e um jantar gratuito.

A banda começou o show e os espectadores ficaram imóveis, coçando a cabeça. No entanto, a cavalaria chegou na forma de um grupo de fãs entusiasmados de Carlisle, que formaram um semicírculo diante do palco e visivelmente gostaram do set de sempre. Não houve nenhum cover dos Rolling Stones. E, embora o clima estivesse extremamente tenso, e algumas brigas terem irrompido entre os fãs e os fazendeiros, nada grave aconteceu.

O Earth deixou o salão ileso e os integrantes se dirigiram ao restaurante, ansiosos para receber seus poucos trocados e jantar peixe frito. Encontraram o promotor em um estado deplorável, por ter sido espancando por um bando de rapazes do lado de fora da casa, rosnando que não tinham gostado da música.

Deveria ter sido uma empolgação incrível, uma noite para ficar marcada na memória, a coroação gloriosa de suas carreiras até então. Mas para o Earth, sua primeira apresentação no prestigioso Marquee Club em Londres no dia 3 de janeiro de 1969 foi uma decepção esmagadora. A maioria das bandas da mesma época se lembrará desse marco crucial com orgulho e alegria, mas o Earth teve sua estreia no Marquee arruinada.

O Marquee tinha construído sua reputação como uma casa de shows de jazz na Oxford Street antes de se mudar para a Wardour Street em 1964, onde se transformou na principal vitrine para talentos empolgantes e alternativos da Inglaterra. O gerente em exercício, John Gee, não ficou muito impressionado com a aparência desleixada e o volume de estourar os tímpanos do Earth. Talvez não gostasse muito dos Brummies, como eram chamadas as pessoas de Birmingham. Mas ele ficou particularmente enfurecido com algo que Ozzy estava usando. Em uma antecipação bizarra de coisas ainda por vir, ele tinha pendurado a parte superior de uma torneira de cozinha em formato de cruz em um cordão em volta do pescoço. Longe de ser qualquer tipo de declaração religiosa, era mais provável que Ozzy a tivesse encontrado na área de serviço de uma autoestrada e decidido que ficaria legal junto com o broche preto que também usava em um cordão.

Essa foi a origem do crucifixo que viria a se tornar a marca registrada do Black Sabbath. Mais tarde, o pai de Ozzy, Jack, fez uma cruz de alumínio para ele, e quando certo dia ele o exibiu em um ensaio, o restante da banda também quis um. Jack fez por volta de cem desses no total, alguns com uma imitação de pedra preciosa colada no centro, e Ozzy os jogava para o público.

John Gee ficou ultrajado com a apresentação do Earth e de pronto os baniu de futuras apresentações no Marquee. Sua repulsa foi tão grande, que ao final da noite ele apagou as luzes da casa enquanto Luke levava o equipamento para fora, deixando-o tateando no escuro com uma lanterna. Luke acredita até hoje que John Gee devia ter medo de torneiras para chegar a esse ponto. Esse foi literalmente o momento Spinal Tap de Ozzy[7].

Eles poderiam, claro, ter mandado Gee tomar naquele lugar, mas isso teria sido um gesto vazio — ele não teria dado a mínima, e as outras pessoas também não. Apesar da atitude ofensiva de seu anfitrião no Marquee, o Earth estava ansioso para poder tocar lá de novo. Eles não eram uma banda de renome e não tinham contrato com uma gravadora, tampouco gerenciamento. Eram pedintes. Não podiam se dar ao luxo de escolher; não podiam se permitir perder uma oportunidade tão importante.

A ajuda chegou na forma do Ten Years After, uma banda que estava em ascensão e que tinha conquistado certa fama nos Estados Unidos. Luke lembra que havia um pôster enorme do grupo exposto no saguão do Marquee, onde eram tratados como deuses. Os ingressos da casa esgotavam sempre que tocavam lá, e eram bons amigos de John Gee.

---

[7] Um trocadilho feito com o nome da banda fictícia Spinal Tap, pois *tap* também pode significar "torneira". (NT)

Alvin Lee, o deslumbrante guitarrista do Ten Years After, tinha se tornado amigo de Tony Iommi quando este tocou com o Jethro Tull no "Rock 'n' Roll Circus, e então ele e Ric Lee (nenhum parentesco) atormentaram John Gee para que ele desse uma segunda chance ao Earth. Com relutância, Gee concordou, com a condição de que Ozzy se livrasse "daquela torneira" e que a banda inteira concordasse em se arrumar um pouco mais.

Gostando ou não, eles tiveram que obedecer. O Marquee era uma casa de shows importante e viria a ser um trampolim vital ao longo dos meses seguintes, para que o Earth se tornasse uma das bandas "do momento".

Durante essa mesma época, eles conseguiram alguém para representá-los de maneira adequada, assinando um contrato com Jim Simpson da Big Bear Management, de Birmingham.

Simpson também era empresário do Bakerloo Blues Line, do Tea and Symphony, uma banda mais direcionada para o blues-jazz, e do Locomotive, para quem tocava trompete. A Big Bear precisava de um lugar para suas bandas tocarem e Simpson organizou uma noite de blues no Crown Hotel em Station Road, Birmingham. Ele a chamava de Henry's Blues House. Uma das primeiras bandas a tocar lá foi o recém-formado Led Zeppelin.

Jim Simpson era um homem decente e honesto, e é provável que não fosse impiedoso o suficiente para a indústria do rock. Sendo ele mesmo um músico, apenas alguns anos mais velho do que os integrantes do Earth, ele se dava muito bem com Ozzy, Tony, Geezer e Bill, embora costumasse passar a impressão de que estava mais interessado no Locomotive, sua própria banda, e no Bakerloo Blues Line. O Earth e o Tea and Symphony ficavam em terceiro e quarto lugares em sua lista de prioridades. Mais tarde, a banda viria a crescer mais do que a Big Bear. Visto que Jim permaneceu em Birmingham, eles precisaram de um empresário que pudesse viajar de última hora para Londres a negócios e que ficasse de olho no que estava acontecendo na indústria.

Mas, naqueles primeiros anos, Jim Simpson manteve a banda ocupada. Um de seus primeiros projetos envolvendo o Earth foi o "Big Bear Folly", uma turnê pelo Reino Unido que incluía suas quatro bandas contratadas. Começando no Opposite Lock Club em Birmingham no final de janeiro de 1969, a turnê também contou com a volta do Earth ao Marquee no dia 6 de fevereiro.

Isso tudo foi uma experiência valiosa para os músicos e permitiu que angariassem seguidores em regiões em que normalmente não teriam tocado. Cada banda se apresentava sozinha e, ao final do show, juntavam forças para uma sessão de improviso.

O Earth sem dúvidas estava crescendo — no início da primavera, eles partiram para uma curta turnê pela Europa, sua primeira viagem para o exterior. O itinerário incluía a Escandinávia e a Alemanha, onde foram agendados para tocar por dez noites no Star Club de Hamburgo, lendário por sua ligação com os Beatles.

Amber, a filha da senhoria de Carlisle, diz que essa foi a última vez que viu a banda, indo embora da Compton House. Quando ela perguntou para onde estavam indo, eles responderam: "Hamburgo, na Alemanha". Ela respondeu: "Vocês terão sorte se passarem de Shap Fell nessa van". Ela só voltou a ter notícias deles quando estavam tocando no Hollywood Bowl.

A última viagem de volta a Compton House também foi um evento raro. Ela tinha sido um lar longe de casa para o Mythology, até eles se separarem. O Earth, no entanto, tinha passado a ficar com Keith Jefferson quando estava em turnê pela Cúmbria. Era uma parte amigável do mundo — fãs e amigos se tornavam roadies voluntários, ajudando a carregar o equipamento para dentro e para fora das casas de shows, e Keith não era exceção. Ele tinha convidado os rapazes para ficar em seu apartamento em Warwick Square, saindo da Warwick Road, quando estivessem na região, de modo que pudessem reduzir os gastos.

Keith, como DJ, tinha uma enorme coleção de discos, e foi na casa dele que Ozzy, Tony, Geezer e Bill ouviram, pela primeira vez, o álbum de estreia do Led Zeppelin. Ficaram impressionados pelos vocais, pelo som de guitarra e pelos arranjos inovadores, mas, para não serem sobrepujados, fizeram o famoso comentário de que o som deles seria ainda mais pesado.

DAVID TANGYE E GRAHAM WRIGHT

Ozzy foi o último a ser pego no caminho para o terminal de balsas em Harwich, Essex. Assim como o restante da banda, ele ainda morava com os pais, e Luke se lembra muito bem de vê-lo sair correndo da casa usando o antigo quepe do pai, como o personagem das tirinhas, Andy Capp. Segurava uma sacola contendo um par de meias, uma cueca e uma camisa. Na outra mão segurava um cabide com uma calça jeans emprestada da namorada, uma moça que ele conheceu em um show no Henry's Blues House. Infelizmente, o nome dela desapareceu nas névoas do tempo, mas todos os envolvidos com o Earth lembram-se do nome pelo qual ela chamava o Ozzy: Oswald. Oswald estava viajando com pouca coisa em sua primeira viagem à Europa. "Não paramos de rir até termos chegado em Harwich", relembra Luke.

A viagem até a Dinamarca, de balsa e na van Transit, não foi tão divertida. Para a banda, parecia não ter fim o percurso de Harwich a Esbjerg até chegar em Copenhague.

Ao chegarem à Dinamarca, foram recebidos por uma nevasca. As estradas estavam abertas, mas estava difícil dirigir, e a velha van Transit acabou pifando no meio do nada. Estava um frio de rachar. Luke saiu para investigar o problema. Ozzy foi atrás, e uma rajada de vento soprou o quepe de seu pai de sua cabeça e o levou até um campo. Luke ainda gosta de lembrar de Ozzy correndo atrás do quepe, gritando que o pai iria matá-lo se voltasse para casa sem ele.

Ele voltou trinta minutos depois, com o quepe na cabeça, e anunciou que tinha encontrado um lugar onde conseguiu arrumar ajuda, e um guincho estava a caminho. Ozzy foi o herói da situação.

O promotor em Copenhague enviou um representante para viajar na van com o Earth, para lhes mostrar o lugar e coletar o pagamento dos shows. Eles estavam com um orçamento bastante apertado e um dia decidiram procurar um velho amigo que morava na cidade. Ele os recebeu, deu uma xícara de chá para cada um e serviu um prato de biscoitos. No instante em que ele virou as costas, eles atacaram os biscoitos como uma alcateia e limparam o prato em questão de segundos. Fazia 24 horas que nenhum deles comia, mas ainda assim se sentiram culpados por não terem deixado uma migalha sequer para o amigo.

Em seguida, partiram para a Alemanha, onde realizaram uma turnê pelas bases da Aeronáutica e fizeram sua primeira residência no Star Club em Hamburgo. Ali receberam um exaustivo cronograma de cinco sets de 45 minutos por noite. Como resultado, passaram muito de seu tempo livre dormindo, e nessa viagem não tiveram nenhuma aventura proibida para menores para contar ao pessoal em casa.

Ainda assim foi uma experiência muito empolgante para eles. Nem piscavam os olhos, absorvendo todas as atrações, os costumes e as diferenças culturais que os residentes do continente tinham a oferecer. Os shows em si foram um grande sucesso. Como muitas outras bandas que vinham da Grã-Bretanha naquela época, o Earth era considerado um grupo vanguardista na cena musical.

Ao retornarem para a Inglaterra, voltaram a cair na estrada. Eles estavam dando duro. Em uma noite mais para o final de abril de 1969, tocaram no Speakeasy, um clube da moda em Londres; no dia seguinte, não pensaram duas vezes: pularam de volta na van e viajaram centenas de quilômetros no sentido norte para um show no Banklands Youth Club em Workington. Esse era um de seus lugares favoritos para tocar. Eles sempre arrebentavam e criaram uma ligação com os fãs da Cúmbria que existe até hoje. Faziam de tudo para tocar para eles, além de tentar agradar Monica Linton da CES. Ela foi uma verdadeira heroína para os rapazes quando os shows eram escassos. Tony sabia que, se telefonasse para Monica, ela sempre conseguiria agendar três ou quatro shows para a banda, e ele nunca se esqueceu da ajuda que ela lhes deu naqueles períodos de vacas magras.

Certa manhã, Keith Jefferson deixou a banda dormindo em seu apartamento e foi até o anel viário M6 Carlisle, onde trabalhava como engenheiro. Quando voltou, foi confrontado por sua formidável senhoria brandindo um aviso de despejo. Ela havia ido ao prédio mais cedo, talvez para cuidar da limpeza ou verificar se tudo estava em ordem, quando encontrou um bando de "boêmios cabeludos" perambulando perto do banheiro comunal. Ela não aceitaria aquilo. Já tinha se livrado dos rapazes do Earth, que tinham corrido de volta para Birmingham. Agora se livraria de Keith.

Logo depois disso, o Earth perguntou a Keith se ele gostaria de se juntar à banda como roadie, visto que Luke estava tendo dificuldades com a quantidade cada vez maior de equipamentos. Keith agarrou a oportunidade. Sem ter onde morar, largou o emprego e partiu para Birmingham em sua van ex-GPO Morris 1000, com o salário do último mês no bolso. Ele disse que foi como "fugir de casa para se juntar ao circo", e estava certo.

CAPÍTULO 3
JIMMY UNDERPASS AND THE SIX-WAYS COMBO

eith passou a dividir um apartamento no térreo com Luke em Handsworth, Birmingham, mas primeiro se mudou para uma sala nos fundos da loja que a mãe de Tony Iommi, Sylvie, administrava em Park Lane, Aston.

Sylvie era uma mulher adorável, com uma compleição morena e cabelos escuros. Ela dava muito apoio à banda e à equipe — sem ela, o Black Sabbath não teria existido. Sylvie foi a fiadora quando o grupo precisou de uma van decente para sair em turnê. Ela tratava todos os outros rapazes como se fossem filhos, os alimentava e cuidava deles. Ela até dava um maço ou outro de cigarros N° 6 para Bill e Ozzy às escondidas, e Bill sempre podia contar com ela para pegar emprestado o dinheiro da passagem de ônibus para poder volta para casa.

Jim Simpson, o empresário deles, às vezes ficava tão quebrado quanto a banda. Luke se lembra de ir até a casa dele para pegar o dinheiro da gasolina para conseguirem ir ao próximo show. Ele acabou escondido com Jim na cozinha enquanto o leiteiro batia na porta da frente, querendo receber o pagamento das duas últimas semanas.

No início do verão de 1969, com o Earth formalizando os planos para gravar seu primeiro álbum, Jim escreveu o seguinte anúncio promocional sobre seus protegidos: O Earth toca um empolgante hard rock com base no blues. Escreve muito material próprio — melódico, mas pesado. Eles têm uma conexão incrível, o que transforma a união de quatro bons músicos em uma ótima banda. O vocalista Ozzy tem uma voz poderosa e repleta de emoção. Geezer Butler se parece com Zappa, toca um baixo intenso, sempre cheio de groove, e tem uma ótima conexão com Bill Ward, que é uma raridade musical — um baterista que compõe músicas, curte big bands e toca feito um louco. O guitarrista Tony Iommi, que também toca flauta, se apresentou com o Jethro Tull — incluindo o espetáculo televisivo dos Rolling Stones — antes de decidir que o Earth era a banda ideal para ele. Muito rápido e melódico. O Earth atualmente está gravando um LP produzido por Gus Dudgeon, que trabalhou com Bonzo Dog, Locomotive etc. Tocou com regularidade no Marquee e fez turnês de grande sucesso pela Suécia, Dinamarca e Bélgica.

Distribuído como um panfleto, o anúncio de Jim deu resultado, visto que passaram a agendar shows com a banda de tudo quanto era lado. Eles logo caíram com tudo na estrada, se arrastando através dos intermináveis quilômetros de rodovias britânicas. Keith recorda: "Para aliviar o tédio, a banda — como muitas outras da época — se dedicava ao passatempo popular de mostrar a bunda para os carros que passavam. Isso divertia os ocupantes da nossa van, mas chocava as famílias e os idosos nos veículos que passavam por nós. Eram Ozzy e Bill que quase sempre mostravam a bunda para o Reino Unido, geralmente sob o efeito do álcool. Tony e Geezer os encorajavam, embora eles mesmos não participassem.

Os rapazes se entendiam muito bem. Eram como irmãos, possivelmente porque não tinham nenhuma pressão financeira e a carga de trabalho os mantinha ocupados, mas não era muito pesada. Passavam longos períodos na estrada em uma pequena van Transit com dois roadies, portanto se tornaram muito próximos.

Descobri que Tony era muito educado, um verdadeiro cavalheiro com todos que conhecia, embora fosse o líder e a figura central da banda no final da década de 1960 e soubesse qual direção musical queria seguir. Não era nenhuma mosca-morta, e a decisão final costumava ser dele.

Geezer também era muito focado e, como Tony, teve ótimas ideias para as primeiras músicas da banda. Escreveu a maioria das letras clássicas. Parecia o tipo de pessoa feliz, com um sorriso no rosto o tempo todo.

Ozzy era o palhaço da banda. Sempre aprontava, fazia palhaçadas para divertir e impressionar os outros, mas por trás dessa fachada soava um pouco inseguro, provavelmente por causa de sua origem humilde.

Bill parecia ser um pensador bastante profundo, mas também era um piadista. Sempre se dava bem com todo mundo — para mim, ele era o sujeito mais legal da banda."

TONY ERA MUITO EDUCADO, UM VERDADEIRO CAVALHEIRO COM TODOS QUE CONHECIA, EMBORA FOSSE O LÍDER E A FIGURA CENTRAL DA BANDA NO FINAL DA DÉCADA DE 1960 E SOUBESSE QUAL DIREÇÃO MUSICAL QUERIA SEGUIR.

Não demorou muito para o Earth retornar ao Star Club em Hamburgo, dessa vez para uma residência de uma semana. Eles se apertaram na balsa que viajava de Dover a Dunkirk no dia 9 de agosto de 1969, e foi durante essa viagem que tomaram a importantíssima decisão de mudar o nome da banda para Black Sabbath.

Recentemente tinham descoberto a existência de outra banda chamada Earth, que tocava covers pop e de artistas da Tamla Motown, depois de um mal-entendido em uma casa de shows em Manchester. O gerente da casa, esperando o outro Earth, deu uma olhada em Ozzy e nos outros enquanto eles se dirigiam até o camarim e indagou:

— Que tipo de música vocês tocam?

— Rock e blues no último volume — responderam.

Claramente imaginando que haveria tumultos enormes em seu estabelecimento caso permitisse que eles seguissem em frente e fizessem o show, ele disse à banda: "Vocês não vão ser bem aceitos aqui", lhes entregou 20 libras para cobrir os custos da gasolina e lhes desejou boa sorte. Para todos os efeitos, eles foram pagos para ir embora.

Sentados na balsa no caminho para Hamburgo, a banda ficou pensando em ideias para um novo nome. Geezer já tinha escrito a música "Black Sabbath", cujo título foi inspirado em um filme com Boris Karloff[8]. Ela havia se tornado uma das favoritas nos shows, e Black Sabbath de repente pareceu um ótimo nome para o grupo. No entanto, não fizeram a mudança de imediato.

Ao desembarcar em Dunkirk, a banda dirigiu durante a noite para chegar em Hamburgo no dia seguinte, um domingo. Hospedando-se em um anexo do Hotel Pacific da cidade, eles ficaram com dois quartos com três camas em cada. Tony, Bill e Geezer ficaram juntos em um quarto, enquanto Ozzy, Luke e Keith compartilharam o outro.

Depois de deixar o palco do Star Club de madrugada, eles se dirigiam ao restaurante que servia comida para viagem naquela mesma rua e co-

---

8 No Brasil, o título do filme é *As três máscaras do terror*. (NT)

miam um prato de batatas fritas. Àquela hora, os travestis que tinham trabalhado nas ruas estavam jantando lá dentro e começavam a demonstrar inegáveis sinais de masculinidade, com as sombras das barbas por fazer e vozes roucas se tornando mais evidentes a cada minuto.

Para a banda e a equipe, essa era uma das duas refeições do dia, e só depois de raspar os pratos eles voltavam ao hotel e iam dormir. Não costumavam ser vistos de novo antes das 14 h, quando voltavam para a lanchonete para outro banquete diário: um sagu ou arroz-doce com uma colherada de geleia no meio. Eles não podiam arcar com luxos como refeições adequadas enquanto estavam viajando — embora não chegassem a passar fome. Geezer, que ficava encarregado das finanças, obviamente lançava mão de toda a sua experiência nos escritórios de contabilidade para esticar o orçamento limitado com a maior eficiência possível. Ainda assim, os rapazes ficavam ansiosos para fazer uma refeição substancial com os pais no fim de cada viagem.

O Star Club ficava no Reeperbahn, o famoso distrito da luz vermelha no bairro St. Pauls em Hamburgo, mas o Earth ficou tão restringido nessa visita quanto na primeira, focados quase inteiramente em tocar, comer (um pouco) e dormir. Eles ainda eram jovens ingênuos, na verdade. Tinham os pés no chão e ficavam felizes só de olhar os arredores e absorver tudo.

Ozzy se destacou durante uma apresentação quando se pintou com tinta roxa, dos pés à cabeça como viria a dizer a lenda, mas foram apenas as mãos e o rosto, e uma cobra desenhada no peito.

Na última noite de sua residência no Star Club, o Earth tocou uma versão do hino "Give Peace a Chance" de John Lennon/Plastic Ono Band com duas outras bandas, Tremors e Junior's Eyes, que iriam começar sua residência no clube na semana seguinte. O Earth ficou em Hamburgo mais uma noite para comemorar o sucesso da viagem, mas foi um evento bastante tranquilo — uma noite de folga e algumas cervejas.

Ao voltarem para a Inglaterra, eles avisaram Jim Simpson que tinham mudado o nome da banda para Black Sabbath. Jim não ficou impressionado; ele achou que deveriam reconsiderar e, com toda seriedade, sugeriu o nome "Fred Karnoo's Army". Ozzy, achando graça, respondeu com uma sugestão igualmente ridícula, "Jimmy Underpass and the Six-Ways Combo". Ele costumava mencionar "Jimmy Underpass" em anos futuros quando fazia piada com o nome de outras bandas.

Estava na hora de um single. Ao voltarem da Alemanha, comeram com voracidade pela primeira vez em uma semana e, fortificados, dedicaram dois dias de ensaios para a sessão de gravação. A música proposta foi "The Rebel", e contaram com Norman Haines, da banda de Jim Simpson, o Locomotive, no órgão e piano. Haines tinha composto a maioria das melhores músicas do Locomotive, incluindo seu único hit, "Rudi's in Love", de 1968.

Ao chegarem em Londres, o grupo — em seus últimos dias como Earth — fez o check-in no Grantly Hotel no número 50 da Shepherds Bush Green e foi direto para o Trident Studios em St. Anne's Court, Soho, onde gravou "The Rebel" em um gravador de oito pistas.

Supervisionando a sessão no dia 22 de agosto de 1969, estava o produtor Gus Dudgeon, que anteriormente tinha produzido o Locomotive e em determinado momento sido membro do Tea and Symphony. Com o passar do tempo, ele viria a fazer grandes coisas, produzindo álbuns de David Bowie, Elton John e muitos outros membros da elite do rock.

Essa foi a primeira experiência do Earth em estúdio. Eles achavam que, de fato, estavam progredindo como banda de rock profissional e, naturalmente, os equipamentos e as técnicas de gravação os intrigavam. Mas não ficaram muito impressionados com Gus, que os comparava o tempo todo com o Locomotive e como eles teriam feito as coisas em estúdio.

O engenheiro Roger Bain foi então convidado a assumir o controle. Essa foi sua primeira experiência com produção e ele fez um trabalho excelente. "The Rebel", uma atípica faixa leve e comercial, e "A Song For

BLACK SABBATH

Jim", o previsto lado B do qual ninguém se lembra muito, eram proprie-
dades de Jim Simpson e não chegaram a ser liberadas para o público. No
entanto, a banda se sentiu tão confortável com Roger que contratou seus
serviços para os seus três primeiros álbuns — fase considerada por muitos
como a mais criativa da banda.

Pode-se afirmar que esse período começou no Banklands Youth Club,
Workington, na terça-feira, 26 de agosto de 1969, quando o Earth anunciou
para o público que estava prestes a mudar seu nome para Black Sabbath.

Eles tocaram com o novo nome pela primeira vez no dia 30 de agosto —
aniversário do Keith — no Malvern Winter Gardens em Worcestershire.
Luke tinha mudado o nome na pele do bumbo da bateria usando fita
isolante preta. E como se para carimbar o nome Black Sabbath em todo o
país, a banda em seguida viajou para uma série incansável de shows.

Àquela altura, estavam tocando sobretudo as próprias músicas nos
shows. O set para a segunda residência no Star Club tinha incluído alguns
dos clássicos favoritos do Sabbath como "Black Sabbath", "The Wizard",
"N.I.B.", "Warning", "War Pigs", "Rat Salad" e "Fairies Wear Boots".

Eles vinham escrevendo as próprias músicas fazia algum tempo, motivo pelo qual viriam a conseguir gravar o primeiro álbum com tanta rapidez, mas tiveram que introduzir o material original de maneira gradual
nos shows. Nas apresentações em clubes, eram obrigados a se concentrar
em covers de blues-rock porque as pessoas queriam ouvir músicas com as
quais podiam se identificar.

Tony Iommi mais tarde disse ao jornalista Richard Green: "Não
podíamos continuar tocando blues de doze compassos. Simplesmente
ficamos de saco cheio das músicas do Earth, que eram jazz-blues. Era
bom para praticar, mas só isso. Muitas outras bandas estavam tocando
a mesma coisa. Quando mudamos, a coisa toda deslanchou. Queríamos
algo que fosse nosso, que gostássemos e as pessoas gostassem também.
Queríamos algo barulhento que as pessoas quisessem ouvir".

A primeira vez que alguém se lembra de ter tocado uma música do
Sabbath foi durante um show no Pokey Hole, um clube em Litchfield,
Staffordshire. Lá, tocaram "Black Sabbath" pela primeira vez, escrita
durante os ensaios no Newtown Community Centre em Aston.
Eles levaram a casa abaixo naquela noite e, daquele ponto em diante,

49

encorajados, foram acrescentando uma ou duas músicas que tinham composto, adicionando mais e mais à medida que os meses iam passando. Desde o início, as letras de Geezer exploravam imagens macabras, com "Black Sabbath" falando sobre Satanás e as chamas do inferno.

Ao mesmo tempo, o Sabbath estava se transformando em uma das bandas mais pesadas do país, se não A mais pesada. Outra vez, o processo tinha sido gradual. Quando o Earth enfim se tornou Black Sabbath, as pessoas ficaram fascinadas por eles. As plateias ficavam petrificadas em seus lugares na frente do palco, boquiabertas, maravilhadas com o que estava acontecendo diante delas, chocadas e empolgadas pela pura força de tudo aquilo.

A muralha de som era inacreditável, geralmente ensurdecedora. As pessoas vibravam fisicamente. O Sabbath sempre teve mais amplificadores e caixas de som do que a maioria das bandas, e os forçava até sua capacidade máxima. O colosso que era a seção rítmica com o vocal inimitável de Ozzy por cima de tudo, gritando letras assustadoras, escritas em grande parte por Geezer Butler; já Tony Iommi era visto pelas pessoas como um verdadeiro deus da guitarra. Ele podia tocar uma melodia acústica suave em um momento e trovejar um acorde pesado e ameaçador no seguinte. Ele estava sempre experimentando com riffs empolgantes, cativantes e memoráveis, e fazia solos que poderiam durar quinze ou vinte minutos. Com frequência, Geezer acompanhava os riffs de Tony nota por nota, emprestando peso à estrutura da música, enquanto Bill Ward estava por trás de alguns padrões de bateria complicadíssimos e solos poderosos. Os fãs se viam transportados pela música, gloriosamente entorpecidos.

O Sabbath tinha a própria identidade permeando as coisas que tocava, o que acontecia com naturalidade e combinava com seu visual — cabeludos carrancudos, lúgubres e impassíveis, o oposto dos grupos pop que sorriam cheios de alegria em suas fotos promocionais. O Sabbath aparentava ter uma mensagem para seu público, e tudo estava se encaixando com perfeição. Foi apenas uma evolução. O Sabbath foi um pioneiro e esse foi o segredo de seu sucesso.

O show mais importante que fizeram nessa época foi no Lafayette Club, em Wolverhampton, no dia 4 de setembro de 1969. Eles tocaram lá em troca de apenas uma ajuda de custo para impressionar o DJ John Peel da BBC Radio 1, que tinha uma residência no clube. Ele poderia lhes oferecer uma vaga em seu reverenciado e progressista programa de rádio *Top Gear*, que naquela época era transmitido nas tardes de sábado. O *Top Gear* não apenas refletia o que era descolado e popular, mas também ditava moda. John Peel, às vezes obscuro de propósito, era uma das principais influências na cena da música alternativa a partir do início dos anos 1970.

Presente na plateia naquela noite para apoiar o Black Sabbath, estava Robert Plant, o sensacional vocalista do Led Zeppelin. Visto que metade dos integrantes do Zeppelin vinha da região de Birmingham ou dos arredores dela, as duas bandas se tornaram amigas bem cedo. Bill Ward mais tarde viria a ser grande amigo do baterista do Zeppelin, John Bonham, enquanto Geezer Butler iria se ver bebendo com Robert Plant no mesmo pub interiorano quando ambos estivessem um pouco mais ricos.

Nos primórdios, o Led Zeppelin era musicalmente mais complexo do que o Sabbath. Do mesmo modo que outras bandas, como o Deep Purple, eles eram barulhentos, mas também eram melodiosos e gostavam de criar arranjos sofisticados. O Sabbath também tinha muitas nuances e mudanças de tempo, mas se especializava em riffs esmagadores, com o baixo de Geezer geralmente acompanhando a guitarra nota por nota para duplicar o impacto. O som do Sabbath era imenso.

Na mesma semana do show no Lafayette Club, o Black Sabbath fez um show menos bem-sucedido no Top Rank em Hanley, Stoke-on-Trent, onde foi recebido por um grupo hostil de skinheads. Bombardeada por zombarias e gritos durante "The Wizard", a banda logo tratou de tocar uma versão de "Knock on Wood", clássico soul de Eddie Floyd de 1967, e então deixou o palco sentindo-se enojada.

A rodovia M1 estava se tornando bem conhecida. Em uma viagem para Londres no dia 19 de setembro, a banda e a equipe seguiram primeiro para uma reunião com Roger Bain e sua editora musical, a Essex Music, para repassar algumas ideias diferentes para um single. A Essex Music era responsável por todos os aspectos relacionados às relacionados às letras e composições da banda, lidando com tudo, desde os créditos às notas no encarte.

A primeira tentativa do Sabbath, "The Rebel", tinha sido engavetada, visto que tanto a banda quanto o empresário consideraram a música muito "pop" para fazer uma estreia marcante. Voltando para o Trident Studios para mais uma tentativa, eles gravaram diversas músicas que seriam consideradas não apenas para o single, como também para seu primeiro álbum.

Em seguida fizeram duas audições importantes no final de setembro, ambas no mesmo dia, mas a quilômetros de distância uma da outra. A banda estava, como sempre, feliz em passar longas horas dentro da van para manter um cronograma frenético à medida que novas oportunidades iam surgindo. Para sua empolgação, a indústria finalmente estava prestando atenção neles, e a perspectiva de um contrato com uma gravadora surgia no horizonte.

O Sabbath passou uma tarde no Pied Bull em Islington, Londres, tocando para Lou Reisner da gravadora CBS-Mercury. Ele não ficou muito tempo por lá, mas pareceu satisfeito com o que tinha ouvido, pagou bebidas para todos e então foi embora. Algumas horas mais tarde, o Black Sabbath subia ao palco do Henry's Blues House em Birmingham, tocando para um executivo da Philips Records.

A manhã seguinte os encontrou virando a Transit na direção da Escócia, onde tinham outros dois compromissos no mesmo dia, dessa vez em Edimburgo, nos clubes Oasis e Cavendish. Ninguém pode dizer que o Black Sabbath não deu duro. E, antes que você consiga dizer "batatas fritas" ou "sagu", eles estavam voltando para o Star Club em Hamburgo para sua terceira e última residência nessa histórica casa de show.

Keith Jefferson recentemente refez seus passos em uma viagem passando por Hamburgo em direção a Quiel, onde tinha combinado de ver seu velho amigo Mike Harrison — ex-VIPs e Spooky Tooth — tocar com a Hamburg Blues Band: "Fiz uma visita nostálgica ao Star Club para ver o que tinha sobrado daquela ótima casa de shows. Para minha surpresa, um edifício novo foi construído no lugar e, nos fundos, em um tipo de área comercial pavimentada, se encontrava um monólito de mármore preto.

"Gravado em dourado embaixo do famoso logotipo do Star Club havia os nomes de todas as bandas dos Estados Unidos e da Europa que tinham tocado no clube de 1962 a 1969. A lista incluía o The VIPs, o que me encheu de orgulho de Carlisle e da Cúmbria, mas não consegui

BLACK SABBATH

entender a omissão do Black Sabbath, que tinha se apresentado lá em três ocasiões em 1969 antes de o Star Club finalmente fechar as portas na véspera do Ano-Novo daquele mesmo ano."

Foi na mesma época dessa terceira e última apresentação no Star Club que Jim Simpson finalizou o contrato com a Philips Records — um contrato que também incluía uma viagem promocional aos Estados Unidos.

Novamente, a banda teve que começar a pensar em um single e, outra vez, buscou a ajuda de seu velho amigo do Locomotive, Norman Haines. Eles foram ao Henry's Blues House para ver sua nova banda, Sacrifice, mostrar o que sabia fazer e agendaram um horário no Birmingham Arts Lab, onde ensaiaram uma das músicas de Norman, "When I Came Down", como um possível single.

Depois de uma turnê britânica, que terminou em meados de outubro, a banda entrou nos estúdios Trident com Rodger Bain (que tinha acrescentado um "d" ao Roger). Gravaram seu primeiro álbum, *Black Sabbath*, em questão de dias.

Luke ainda se encolhe todo quando relembra como, ao chegar no estúdio, começou a montar o sistema de som — para espanto do engenheiro. Ele não tinha se dado conta de que não precisa de um sistema de som quando se está gravando. Todos deram boas risadas às suas custas, e ele se sentiu "o perfeito idiota".

No Trident, gravaram clássicos que são adorados até hoje. De suas próprias composições, "Black Sabbath", "The Wizard", "N.I.B.", "Behind the Wall of Sleep" e a acústica e curta "Sleeping Village", vêm influenciando gerações de bandas ao redor do mundo. O álbum também incluía covers de "Warning" e "Evil Woman".

O álbum com certeza tem seu próprio estilo. Quando foi lançado no início do ano seguinte, a banda finalmente fez sua presença ser reconhecida. A combinação do Black Sabbath de música pesada e letras macabras iria matar de susto ouvintes despreparados — nada parecido jamais tinha sido ouvido antes.

Enquanto isso, a estreia do Sabbath na Radio 1 aconteceu no *Top Gear* de John Peel no dia 29 de novembro. Ele tocou quatro faixas: "Black Sabbath", "N.I.B.", "Behind the Wall of Sleep" e uma música chamada "Devil's Island", rebatizada de "Sleeping Village" para o álbum. A sessão tinha sido gravada algumas semanas antes no Maida Vale Studios da BBC em Londres. Peel, um defensor da música alternativa, foi um grande apoiador do Sabbath nos primórdios.

No final de 1969, Keith Jefferson teve que abrir mão de seu trabalho na equipe do Sabbath, depois de apenas alguns meses. Ao voltar para Carlisle, sua cidade natal, montou uma das primeiras discotecas móveis no norte da Inglaterra. Na mesma época da partida de Keith, o Sabbath estava prestes a obter uma grande vitória, mas ainda estava viajando ao redor da Grã-Bretanha e Europa como se não houvesse amanhã. O final do ano os encontrou na Suíça, tocando em casas de show como o Hirschen Bar em Zurique, onde era esperado que fizessem seis sets de 45 minutos por noite. Isso é muito rock para qualquer pessoa.

Ao chegarem em casa para o Natal, eles se permitiram ter uma noite de folga para comemorar a ocasião festiva antes de voltarem a se apertar na van para trabalhar o restante do período das festas. Eles ainda não sabiam, mas, pela primeira vez, podiam contar com um ano-novo realmente feliz.

CAPÍTULO 4
MAGIA MALÉFICA? NÃO TENHO NADA A VER COM ISSO, MEU CHAPA!

Por fim, eles chegaram a uma decisão a respeito do primeiro single. "Evil Woman", um cover de um pequeno sucesso norte-americano de uma banda de Minnesota chamada Crow, foi lançado pela Fontana, uma subsidiária da Philips Records, em janeiro de 1970. Foi relançado alguns meses depois pela Vertigo, uma gravadora nova e progressista fundada pela Philips.

Ele foi um fracasso nas duas ocasiões, mas o Sabbath não ficou muito preocupado. Naquela época, havia uma regra de ouro de que bandas progressivas e do underground deveriam ficar longe do mercado dos singles para evitar quaisquer acusações de terem se vendido para o segmento pop ou de estarem interessados apenas no dinheiro.

O Led Zeppelin tinha estabelecido essa tendência em particular, e eles praticavam rigorosamente o que pregavam, assim como outras bandas e músicos que compartilhavam da mesma opinião, como o herói da guitarra irlandês Rory Gallagher. Outros artistas eram mais flexíveis, com o Cream e o Jethro Tull figurando entre aqueles que lançavam singles de sucesso com regularidade.

O Led Zeppelin estava anos-luz à frente do Sabbath em muitos aspectos. Como Stephen Davis descreve em *Hammer of the Gods*, eles tinham feito turnês pelos Estados Unidos em cinco ocasiões antes do final de maio de 1970 e poderiam facilmente fazer shows com ingressos esgotados em cada dia da semana em casas de espetáculos de Londres como o Royal Albert Hall, enquanto o Sabbath ainda se dava por satisfeito fazendo shows pelos pequenos salões e clubes do Reino Unido e da Europa.

Os dois primeiros álbuns do Zeppelin tinham alcançado vendas que passavam de seis milhões de cópias em todo o mundo e conquistado discos de ouro e platina por um milhão de discos vendidos na Suécia, uma façanha realizada anteriormente apenas pelos Beatles.

O poderoso Zeppelin foi formado em 1968 pelo guitarrista Jimmy Page e pelo empresário da banda, Peter Grant, ambos tendo trabalhado com o The Yardbirds. Jimmy tinha se juntado ao The Yardbirds como baixista em junho de 1966 porque queria estar na estrada e fez seu primeiro show com eles no Marquee. Antes disso, tinha sido um músico de estúdio bem-sucedido, tendo ganhado bastante dinheiro mesmo naquela época.

O The Yardbirds era empresariado por Simon Napier-Bell, que algum tempo depois passaria a se dedicar a outras atividades. Ele foi sucedido por Mickey Most e seu sócio na época, Peter Grant. Mickey Most cuidava de artistas mainstream como Donovan, Lulu e Herman's Hermits, enquanto Grant encarava o desafio com o The Yardbirds, conduzindo com grande êxito sua carreira musical embasada no blues.

A nova banda, Led Zeppelin, alcançou o superestrelato com bastante rapidez apesar de sua recusa em lançar singles e de cooperar com quaisquer golpes publicitários e de relações públicas. Peter Grant ganhou muito dinheiro para o Led Zeppelin com um estilo pragmático de empresariar, fechando acordos que beneficiavam a banda financeira e criativamente em um nível nunca antes visto. Ao anular os termos e as condições tradicionalmente exigidos pelas gravadoras, ele abriu as portas para que outras bandas negociassem contratos decentes. Com a ascensão do Zeppelin, Jimmy Page conquistou o apelido de Led Wallet (Led Carteira), uma referência carinhosa à quantidade de dinheiro que ele tinha acumulado. Page já era um jovem abastado no começo dos anos 1970.

Tais riquezas ainda estavam no futuro do Sabbath, que ainda vivia com uma mão na frente e outra atrás. Mas a mudança em sua sorte começou com o lançamento do álbum de estreia, *Black Sabbath*, pela gravadora Vertigo em uma sexta-feira, 13 de fevereiro de 1970.

Além do som pesado, dos riffs e das nuances dinâmicas dos arranjos, o álbum tinha sobretons místicos e bastante agourentos, uma qualidade reforçada pela foto da capa. Tirada em Mapledurham em Oxfordshire, perto de Reading, ela apresenta uma moça usando um manto preto em um campo ao lado de um lago, com um moinho ao fundo. Poucas pessoas conseguem perceber que ela está segurando um gato preto.

Uma garota afirmando ser a modelo na fotografia apareceu em um show do Sabbath na Holanda e conversou com Richard "Spock" Wall, que tinha acabado de começar a trabalhar com o Sabbath como gerente de turnês, na época do lançamento do álbum. Spock não sabia se acreditava ou não na "modelo", visto que muitas pessoas esquisitas frequentavam os shows. Uma mulher apareceu na porta do camarim com um cobertor. Ela tinha bordado as palavras "Black Sabbath" nele e perguntou se algum integrante da banda gostaria de comprá-lo.

A arte interna do álbum apresenta uma inscrição em uma cruz invertida que preparou a cena para tudo o que as pessoas viriam a imaginar e acreditar sobre o Black Sabbath. Ela fala de chuva caindo, árvores enegrecidas, coelhos natimortos em armadilhas e outros agouros estranhos.

Tudo soava muito misterioso e, combinado com a característica sombria da música, as roupas pretas da banda e as jornadas líricas ao submundo de Geezer, criava uma impressão sobre o Sabbath que era tão convincentemente macabra quanto equivocada, e levou a moda do imaginário da magia maléfica a novos extremos. Por todo o país, adolescentes à procura de emoção passaram a tirar do armário seus tabuleiros ouija para tentar contato com "o além".

O Sabbath reclamou que não tinha visto a arte do encarte e a cruz invertida até ser tarde demais para fazer algo a respeito. Ainda assim, essas coisas fixaram a imagem satânica da banda na imaginação do público.

Não é de se espantar, então, que a banda fosse vista como um grupo satânico de adoradores do diabo, membros do alto escalão do oculto. Apesar de seus protestos tardios de que muitos fãs estavam levando as coisas um pouco longe demais, os integrantes da banda com certeza compactuaram com essa associação diabólica desde o início. Eles se esforçaram ao máximo para se distanciar da coisa toda quando a repercussão dos assassinatos perpetrados pela família de Charles Manson nos Estados Unidos em 1969 começou a afetar suas carreiras.

Coincidindo com isso, eventos estranhos começaram a acontecer com a banda. Em determinada ocasião, os integrantes do Sabbath recusaram a oferta de uma organização satânica para tocar em Stonehenge, em Wiltshire, e depois foram informados de que estavam sendo amaldiçoados. Alex Sanders, o "Bruxo Líder" na Inglaterra na época, alertou a banda de que aquelas pessoas estavam falando sério e aconselhou os músicos a usar uma cruz pendurada no pescoço. O bruxo ainda lhes assegurou de que lançaria um feitiço de proteção em volta deles.

Os membros do Sabbath acharam tudo isso muito engraçado e não ficaram nem um pouco assustados. Eles tinham os pés bem firmes no chão para acreditar em toda aquela tolice. Conforme o escritor Keith Altham viria a comentar mais tarde: "Eles me pareceram ser quatro rapazes comuns do Norte sem nenhuma pretensão ou afetação... nativos mais típicos de Birmingham do que o próprio Belzebu".

Curiosamente, Sanders estava gravando o próprio disco naquela mesma época. Intitulado *A Witch Is Born*, o álbum era sobre a cerimônia de iniciação de uma bruxa no conciliábulo, e a capa era estampada com um alerta severo: "Apenas para Adultos". O disco logo foi recolhido pela gravadora A&M quando os executivos da empresa ficaram sabendo do conteúdo verdadeiro e supostamente macabro do álbum. Ele agora é item raríssimo de colecionador.

Algumas resenhas sobre *Black Sabbath* foram desencorajadoras. Um crítico, com uma extraordinária falta de imaginação e visão, reclamou que a banda era enfadonha e tediosa, ainda que em outras publicações musicais os críticos tenham ficado mais impressionados. "Eles estão (...) de fato na veia progressista e são bons nisso", elogiou um resenhista. O periódico *Record Retailer* os considerou "vibrantes e empolgantes", enquanto a revista *Music Now* contou aos seus leitores: "Aconselhamos vigorosamente aqueles com problemas de nervos a NÃO, repetimos NÃO, ouvirem o disco sozinhos".

Durante esse período, uma história engraçada começou a circular. O Sabbath tinha sido convidado a participar de um programa de televisão alemão; para isso, o promotor enviou cinco passagens de avião para Jim Simpson. Havia cinco passagens de ida e volta para a banda e seu empresário, e uma passagem só de ida para a vítima do sacrifício — aquela que eles levariam junto para matar durante o set.

Essa anedota é tão interessante que é uma pena não ser verdadeira, tendo sido inventada no escritório de Simpson para ser distribuída para a imprensa musical. Foi tudo parte do misticismo que estava sendo construído ao redor da banda, cujo único contato com a verdadeira magia maléfica deve ter sido Geezer Butler lendo as histórias de terror de Dennis Wheatley na cama.

Mas ninguém quis acreditar nisso, e daí em diante a banda passou inúmeras horas infrutíferas na imprensa se defendendo contra as acusações de satanismo. Uma manchete no *New Musical Express* da edição do dia 4 de abril de 1970 anunciava: "O Black Sabbath não tem nenhuma relação com assombrações! diz o guitarrista Tony". Nesse artigo, Iommi afirmou: "Todo mundo acha que somos um grupo que fala sobre magia maléfica, mas só escolhemos o nome porque gostamos dele. Concordo que algumas faixas do disco são sobre coisas sobrenaturais, mas é só isso... Estamos preocupados com esse lance de magia maléfica nos Estados Unidos. As pessoas podem levar isso a sério".

"Nossa música parece mesmo ser mais maligna do que as de outras bandas", contou Bill Ward à revista *Disc and Music Echo* no mês seguinte. "Mas esse negócio de magia maléfica saiu do controle. Temos um leve interesse nisso e as pessoas nos dão cruzes para usar, mas é só isso. Essa história parece ter se espalhado, e agora existem milhões de bandas que falam sobre magia maléfica. Mas não pretendíamos ser uma. Não fazemos magia maléfica, mas tocamos algumas faixas macabras.

"Nossas músicas são mais sobre sonhos e coisas assim. Tocamos algumas faixas sobre magia maléfica, mas elas na verdade são avisos sobre os perigos dela — são músicas contra esse tipo de magia."

Jim Simpson resumiu o assunto de uma maneira bastante sucinta no mesmo artigo: "Não somos um grupo que fala sobre magia maléfica — somos um grupo que vende discos".

O álbum bem-sucedido entrou no top 10 no Reino Unido, alcançando sua maior posição no número oito em março de 1970. Se isso foi um choque para certos membros da indústria musical, também foi uma surpresa para os integrantes do Black Sabbath, cuja dedicação estava rendendo frutos. Eles tocaram sem parar ao longo de 1969, apresentaram-se em quase todas as casas de blues do continente e sua crescente legião de fãs correu para comprar o álbum. De acordo com relatos, cinco mil cópias foram vendidas no dia do lançamento, com vendas particularmente altas registradas em Cúmbria — a espinha dorsal da base de fãs do Sabbath naquela época. Alguns meses depois, o álbum alcançou a vigésima terceira posição quando foi lançado pela Warner nos Estados Unidos.

As coisas começaram a deslanchar para o Sabbath. Eles começaram a tocar em lugares maiores, e sua música estava tocando no rádio. Ao mesmo tempo, estavam sendo ignorados, como sempre, pela televisão britânica — uma situação que continuou sendo vantajosa para eles, visto que isso mantinha a banda no "underground" e acentuava seu misticismo estranho e "proibido".

Isso também acontecia com outras bandas "progressistas" como o Led Zeppelin e o Cream: O pessoal que administrava a BBC naquela época fazia parte de um grupo conservador, normalmente pessoas com diplomas universitários em maior sintonia com as bandas mais técnicas da época como Yes e Pink Floyd, músicos soberbos que provavelmente agradavam um público maior. O Sabbath era polêmico demais, pesado demais, talvez classe operária demais para ser aceito pelas autoridades televisivas. Aparentemente, não há nenhum registro em que eles apareçam, por exemplo, no *Old Grey Whistle Test* da BBC Two, que era o único programa de televisão com música "alternativa", apresentado por "Whispering" Bob Harris.

No continente, a história era outra. Com o primeiro álbum alcançando altas posições nas paradas da Alemanha, Bélgica, França, Holanda, Suíça e Suécia, o Sabbath fez aparições regulares na TV e filmou um documentário na Alemanha para ser transmitido na Holanda. Os países europeus continentais sempre foram mais tolerantes e liberais em relação à música. Lá, o Sabbath enfim estava recebendo o reconhecimento que merecia, sendo aplaudido de pé onde quer que tocasse.

Embora agora tivessem um álbum de sucesso, pudessem cobrar mais caro e exigir casas de shows maiores, a banda ainda assim ficou feliz em fazer uma série de shows menores que tinham sido marcados antes de alcançarem o sucesso.

Fizeram um retorno memorável ao Marquee em março de 1970, quando o clube estava desfrutando de sua primeira semana com uma licença para vender bebidas alcoólicas. O lugar tinha operado na seca desde sua inauguração em 1958. John Gee sem dúvidas ficou empolgado quando viu o registro do caixa depois da apresentação do Sabbath.

Os rapazes do Sabbath foram recebidos como heróis conquistadores em seu retorno ao Henry's Blues House em Birmingham, fazendo uma residência nas noites de terça-feira durante inúmeras semanas e quebrando o recorde de público estabelecido anteriormente pelo Jethro Tull.

Eles tiveram outra residência em Birmingham nessa mesma época, durante quatro quartas-feiras no Mothers Club em Erdington. Phil Myatt e John Taylor, os proprietários, estavam querendo aumentar o número de frequentadores do clube no meio da semana e tinham concordado em pagar ao Sabbath a mesma quantia modesta de sempre. Mas, antes do início da residência, o Black Sabbath tinha entrado nas paradas britânicas, e a casa ficou lotada. Esse foi um tremendo golpe de sorte para Phil e John, que puderam apresentar uma banda de renome e desembolsar apenas 25 libras por show. Os fãs também ficaram contentes, visto que estavam vendo o Sabbath por apenas 10 xelins (50 centavos), como tinha sido anunciado originalmente.

O Mothers fazia parte do habitual circuito de shows das bandas daquela época. O Pink Floyd tocou lá no Dia das Mães, em 8 de março de 1970. Foi nessa noite que John Peel, DJ da casa, perguntou de brincadeira quem da banda era o Pink.

Apesar do fato de o Mothers comportar um público de no máximo 800 pessoas, em determinado momento eles se gabaram de ter um total de 36 mil sócios. No início dos anos 1970, muitas pessoas ficavam tão chapadas que se associavam ao clube repetidas vezes, se esquecendo de que já tinham pagado os 2 xelins e 6 centavos da taxa de adesão muitas vezes antes.

O Mothers anteriormente se chamava The Carlton Ballroom, e a cervejaria da região das West Midlands, Mitchell and Butler, que fornecia a cerveja, tinha patrocinado um grupo de músicos locais para ser a banda residente. Eles se apresentavam com o nome MB5 (Mitchell and Buttler 5). A banda decidiu manter as iniciais MB quando mais tarde mudou o nome para The Moody Blues.

Durante algum tempo, o Sabbath continuou subindo e descendo pelas rodovias da Grã-Bretanha em sua confiável van Transit azul-escura. Ela acomodava seis passageiros apertados, três na frente e três atrás. Nenhuma das esposas ou namoradas dos rapazes viajava com eles naquela época porque não havia espaço, embora eles de vez em quando acomodassem uma groupie aqui e ali.

O sistema rodoviário era menos extenso naquela época e demorava uma eternidade para se chegar a qualquer lugar. A viagem podia ser bastante tediosa. A banda passava o tempo conversando sobre os assuntos do dia e os shows, dissecando cada nota tocada e cada movimento feito no palco. Nunca se cansavam de rir de algum coitado que fosse pego peidando e ainda eram chegados em ficar mostrando a bunda. Ozzy certa vez mostrou a bunda para um carro cheio de freiras que passou por eles.

Geezer Butler cuidava dos pagamentos dos shows e dividia tudo em quatro partes. Nos primórdios não era grande coisa, talvez 5 ou 6 libras para cada um. Ozzy gastava sua parte assim que a recebia, geralmente com cigarros e uma refeição nos postos de serviços. Luke lembra que mal o dinheiro pingava na mão deles e já ficavam sem nada e que Ozzy estava sempre quebrado e pedindo grana emprestada aos outros antes de chegarem no local do próximo show. Isso estava prestes a mudar.

No Lyceum Ballroom em Londres, o Sabbath deixou o público boquiaberto. Eles também ficaram impressionados com a banda de abertura, o Flare, que usava um piano elétrico no show. Isso era considerado uma verdadeira novidade, "um instrumento do futuro", como alguém comentou na época. O Sabbath cogitou a ideia de arrumar um órgão Hammond com um gabinete Leslie, como o que Keith Emerson, do Emerson, Lake and Palmer, usava nos shows. Luke ficou horrorizado por dentro com a sugestão. "A porra de um órgão Hammond, não", resmungou consigo mesmo. "Será que eles não percebem que já carrego equipamentos suficientes para cima e para baixo?". Felizmente para ele, o órgão continuou sendo uma ideia, e não uma realidade.

Os festivais — hoje frequentes e parte importante da cultura do rock britânico — estavam dando os primeiros passos em 1970, apesar de estarem ganhando popularidade. O Sabbath fez seu primeiro show em um grande festival no final da primavera, na segunda edição do festival de Essen na

Alemanha, apresentando-se junto com o Renaissance, The Keef, Hartley Band, Hardin and York, The Groundhogs, Marsha Hunt e dos artistas norte-americanos Taj Mahal, Flock, Ten Wheel Drive e Rhinoceros. O "Song Days Festival", que durou três dias, foi realizado em Grughalle, uma grande arena coberta no centro da cidade, com a polícia alemã a postos com canhões de água para reprimir qualquer perturbação, tumulto ou comportamento descontrolado do público.

De volta ao Reino Unido, o Sabbath tocou em dois festivais no fim de semana do Dia do Trabalho em maio. O primeiro, no hipódromo Plumpton, em Sussex, também contou com Ginger Baker's Airforce, Richie Havens e Chicken Shack. O Black Sabbath tocou na primeira noite, um sábado.

Spock lembra que não havia muita comodidade nos bastidores, como as provisões generosas de hoje em dia para os artistas VIPs. Em Plumpton, se você quisesse comida, tinha que ir até a cidade para comprar ou até o meio do público para conseguir um cachorro-quente ou qualquer outro lanche que estivesse sendo vendido. Os frequentadores desses primeiros festivais costumavam levar a própria comida e bebida (e drogas), visto que as barracas de alimentos eram bastante caras. Vans que vendiam lanches eram tombadas por pessoas insatisfeitas por causa dos preços exorbitantes cobrados.

A experiência nos bastidores era bem menos empolgante e menos organizada do que se tornaria em anos futuros. Todos cuidavam de seus próprios pertences. Você chegava, montava o equipamento no palco pouco antes de sua vez, fazia o show, desmontava o material e ia embora. Era tudo bastante corrido. Nenhuma das bandas ficava de papo, festejando. As únicas pessoas que ficavam lá pra valer eram os espectadores.

Depois da apresentação em Plumpton, o Sabbath tocou mais tarde naquela mesma noite na escola técnica Ewell, em um exemplo típico de sua ética de trabalho duro. Ao irem embora da escola, viajaram durante a noite para um festival marcado para o dia seguinte em Hollywood, Stoke-on-Trent.

Enquanto viajavam para o Norte pela M1, eles se envolveram em uma pequena colisão com outra van. Os ocupantes do outro veículo desceram furiosos para inspecionar os danos — e descobriram que tinham sido atingidos pelo Black Sabbath. Por ironia do destino, eles estavam a caminho de Stoke para ver a banda no festival do dia seguinte e juraram manter o amassado na van como uma lembrança do dia em que seus heróis bateram neles.

O Hollywood Festival contou com uma constelação espetacular de talentos musicais. O Sabbath, junto com o Colesseum e o Quintessence, se apresentou durante a tarde como uma das bandas de abertura do The Grateful Dead, que estava fazendo seu primeiro show no Reino Unido. A programação da noite contou com o Traffic e o Free.

No dia anterior, os fãs tinham testemunhado uma apresentação extraordinária do Screaming Lord Sutch, mas o sucesso surpresa daquele dia foi a divertida banda pop Mungo Jerry, que se apresentou no começo daquela tarde ensolarada. Seu hit "In The Summertime" aqueceu o coração do público, que incluía o coautor deste livro, Graham Wright. O Sabbath se encontrou com Lord Sutch em agosto daquele ano quando tocaram no mesmo dia, junto com o The Kinks, no Blizen Blues and Jazz Festival, na Bélgica. Sempre extravagante, Sutch acendeu uma fogueira na frente do palco e tocou em seguida um cover de "Great Balls of Fire", de Jerry Lee Lewis. Quase matou os promotores do coração, e os bombeiros logo chegaram ao local. Ele tinha conseguido realizar essa façanha ao retirar gasolina da van Transit do Sabbath.

Outro fim de semana, outro festival. Na sexta-feira, 29 de maio, o Black Sabbath tocou no Music Festival Extravaganza '70, que durou oito dias, no Olympia de Londres. Uma mistura bizarra de música e moda anunciada como o evento "mais cheio de swing" do ano e a melhor coisa desde o término do cerco de Mafeking, ele proporcionou ao público concursos de beleza, calças boca de sino de veludo em abundância e uma grande diversidade de talentos musicais, incluindo Bo Diddley, Matthew's Southern Comfort, T. Rex, Procol Harum e Wild Angels.

Os festivais no início da década de 1970 eram uma celebração tanto de música quanto de estilo de vida, e as drogas eram um aspecto significativo de toda a experiência. Os integrantes do Black Sabbath, como muitos outros, consumiam álcool, estimulantes, calmantes e haxixe — as drogas preferidas na época —, mas nunca a ponto de atrapalharem suas responsabilidades em relação à banda. Eles estavam completamente comprometidos.

Todos os quatro também experimentaram LSD, embora Ozzy e Geezer gostassem mais disso do que Tony e Bill, que gostavam de beber. A cocaína não tinha entrado em cena — ainda. Ela viria a figurar na carreira da banda apenas mais tarde.

CAPÍTULO 5
PARANOICOS NOS ESTADOS UNIDOS

lém do Black Sabbath, havia uma banda no cenário musical inglês chamada Black Widow, mas que levava mais a sério a promoção de imagens do ocultismo.

Eles tinham contratado os serviços de Maxine, a esposa do bruxo líder na Inglaterra, Alex Sanders, para aparecer em seus shows como Lady Astaroth, uma garota atormentada do século 18 que foi levada à loucura e cometeu suicídio. Maxine acabava nua no fim do show, simulando sexo com o vocalista da banda.

Em um show no Lyceum, em Londres, a banda foi forçada a prometer que Maxine não iria se despir por completo. Ela o fez, e houve um alvoroço. Os organizadores tentaram interromper o show e revistaram todo mundo à medida que iam embora à procura de câmeras. Mas alguém contrabandeou um filme, e a foto da esposa nua do bruxo apareceu nos jornais de domingo.

Em junho de 1970, o Black Sabbath ainda estava nas paradas com seu álbum de estreia, vendendo toneladas de discos e ganhando 350 libras por show. O Black Widow não estava vendendo quase nada, mas embolsava 500 libras por show. E então, quando o Sabbath foi abordado pelo empresário do Black Widow, Patrick Meehan, os rapazes tiveram todos os motivos para ouvir o que ele tinha a dizer. Ele lhes afirmou que poderia aumentar seus lucros, maximizar as oportunidades nos Estados Unidos e catapultar sua carreira para patamares novos e empolgantes. É claro que essa era uma oferta irrecusável.

Patrick era um homem bastante conhecido, de uma família abastada. Depois de pensar com cuidado durante algum tempo, os integrantes do

Sabbath concordaram que ele era a pessoa de que precisavam para impulsionar a carreira deles. Jim Simpson tinha ajudado a banda a chegar até aquele patamar de sucesso, e os membros da banda estavam muito agradecidos pelo que ele tinha feito, mas acreditavam que talvez Jim fosse "legal" demais. Além do mais, Jim ainda estava alocado em Birmingham, isolado das novidades e das tendências da indústria, e parecia improvável que pudessem ir além juntos. O Sabbath tomou a decisão e assinou um contrato de empresariamento com Patrick Meehan.

Reza a lenda que eles informaram Simpson por uma carta, poucas horas depois de pegarem emprestado 100 libras com ele para poder chegar a um compromisso em Liverpool.

Ozzy mais tarde foi citado pelo autor Mick Wall em seu livro *Ozzy Osbourne: Diary of a Madman*, de 1985, dizendo: "Então lá estávamos nós, fazendo shows enormes, com dois álbuns nas paradas e um single na terceira posição, e ainda estávamos falidos! Porra, isso era inacreditável.

"Não me entenda mal. Jim Simpson é extremamente honesto, mas as gravadoras demoram uma porcaria de uma eternidade para pagar os royalties, e tocávamos de graça na maioria dos festivais, de qualquer maneira.

"No instante em que apareceu alguém, que podia nos oferecer aquilo que achávamos que merecíamos graças a todo o sucessos que tivemos, nos pusemos em suas mãos."

O Sabbath já tinha agendado sua primeira turnê norte-americana para julho de 1970, mas logo a cancelaram, em partes por causa da mudança de empresário, mas também porque temiam sofrer com as reações de uma nação que ainda estava se recuperando do choque causado pelas atrocidades cometidas pela família de Charles Manson em Beverly Hills quase um ano antes. Membros da "família" do culto de Manson tinham assassinado a atriz Sharon Tate, esposa do diretor cinematográfico Roman Polanski, assim como quatro outras pessoas que estavam dentro e ao redor da casa. Os discípulos de Manson também mataram Leno e Rosemary LaBianca, marido e esposa, mais tarde naquela mesma noite.

Acreditava-se que os homicídios tinham sido obra de uma seita satânica, e também houve alegações de que forças malignas agiram durante a apresentação dos Rolling Stones no festival de Altamont, na Califórnia, em dezembro de 1969, quando um integrante da equipe de segurança formada pelos Hell's Angels matou um fã a facadas. O sonho hippie de paz e amor estava saindo dos trilhos e, visto que o Sabbath tinha arrumado dor de cabeça com suas associações macabras e demoníacas, eles decidiram evitar os Estados Unidos até que a histeria tivesse diminuído.

Ozzy não era, obviamente, nenhum adorador do demônio, mas algum tempo depois ele conseguiu arrumar uma gravação em acetato de um álbum da banda de Charles Manson, produzido por Dennis Wilson dos The Beach Boys. Dave Tangye, coautor deste livro, mais tarde o ouviu com Ozzy em sua casa de campo, onde o cantor considerou o material "exagerado demais" até mesmo para seus padrões extravagantes. Todas as faixas eram esquisitas, e nenhuma tinha melodias discerníveis, o que provavelmente é o motivo de o álbum nunca ter passado da versão em acetato.

Outras vibrações negativas causavam agitações nos Estados Unidos na época da visita cancelada do Sabbath. Embora os norte-americanos ainda estivessem com os peitos estufados de orgulho por terem levado um homem à Lua em 1969, as rajadas de vento gélido da Guerra Fria estavam soprando com violência, o Vietnã continuava a incitar a paranoia da geração mais jovem, e havia uma constante ameaça conservadora em relação a indivíduos pouco convencionais que naquela época se atrevessem a dar as caras nos estados do Centro-Oeste e do Sul, como retratado em filmes como *Sem Destino*.

E então, com os Estados Unidos temporariamente riscados do calendário, os integrantes do Sabbath se viram outra vez na van, cruzando o Reino Unido. No dia 26 de junho, viajaram para um show único em Berlim Ocidental a convite da American Forces Network na Alemanha. Com Ozzy, Tony e Bill com condenações e audiências marcadas devido a seus inúmeros pequenos delitos, foi uma verdadeira dor de cabeça para o empresário fazer os arranjos da viagem. Foi acordado que a banda deveria ir de avião para Berlim Ocidental, mantendo-se longe de quaisquer outros problemas que poderiam surgir caso tomassem o caminho por terra pelo corredor leste-oeste, ao longo do muro de Berlim. Naquela época, era necessário ter visto para viajar pela Alemanha Oriental, e ainda demoraria muitos anos até que o Muro de Berlim fosse derrubado.

No fim das contas, foi a equipe de roadies — Luke e Spock — que precisou lidar com os transtornos enquanto transportava o equipamento da banda através das barreiras alfandegárias no oeste e leste de Berlim. Eles dirigiram de Hanôver a Berlim, cruzando a fronteira oeste-leste na barreira alfandegária em Helmstadt e entrando na cidade pela barreira alfandegária de Dreilinden situada na parte sudoeste do muro. À medida que viajavam pela Alemanha Oriental pela rodovia "O Corredor", como era conhecida, eles viram que não podiam sair dela, embora tivessem permissão para parar em alguns postos de serviços muito básicos que vendiam comida e tinham como funcionárias idosas alemãs com lenços na cabeça e expressões fechadas. Tudo a respeito da Alemanha Oriental parecia cinzento e pelo menos cinquenta anos atrás do restante da Europa.

Mas não foram os oficiais de fronteira da Alemanha Oriental que causaram problemas para os "estranhos de cabelos compridos", Luke e Spock. Foram os soldados da Alemanha Ocidental que mandaram que descarregassem todo o equipamento da Transit em uma busca malograda por drogas, contrabando e até mesmo armas. Eles passaram o pente fino na van, olhando com espelhos embaixo das rodas e dos assentos. Até chegaram a arrancar a parte traseira dos gabinetes dos amplificadores. Foi com uma sensação de grande alívio que Luke e Spock por fim chegaram ao local do show, no campus de uma universidade em Berlim Ocidental, embora, para seu horror, eles tivessem que ser submetidos às mesmas hostilidades no caminho de volta.

Os ingressos do show tinham se esgotado muito tempo antes, com as tropas norte-americanas e os residentes locais clamando por entradas. O salão de palestras com capacidade para seiscentas pessoas onde o Sabbath tocou tinha uma área com assentos dispostos em um semicírculo, descendo em fileiras até o palco, que ficava no nível do chão. Quando as portas foram abertas, uma multidão enorme que não tinha conseguido comprar ingressos simplesmente entrou como uma onda. Eles dispararam pelos corredores íngremes, ganhando velocidade à medida que avançavam. Ao fazerem isso, destruíram o caro equipamento de filmagem que a American Forces Network tinha montado no corredor para gravar o show.

Diante da perspectiva de um enorme tumulto, o promotor disse tanto aos portadores de ingressos quanto aos invasores que, se todo mundo se sentasse de maneira organizada, o show seria realizado. Havia pessoas em todos os lugares, incluindo em cima do palco. Alguns rodearam a bateria, espremidos entre Geezer e Tony e suas colunas de amplificadores, e bloquearam o acesso de Ozzy ao microfone a intervalos regulares. Se isso foi claustrofóbico para a banda, alguns membros da plateia sofreram muito mais. O volume fez os olhos daqueles fãs determinados agachados bem na frente das caixas de som lacrimejarem.

O Black Sabbath retomou um cronograma tão corrido no Reino Unido que Spock e Luke — que dirigiam a noite inteira, montavam o equipamento no dia seguinte e voltavam a desmontá-lo, infinitamente — quase nunca sabiam em que cidade estavam, menos ainda em qual casa de show. Eles estavam trabalhando em uma espécie de piloto automático exaustivo.

Ainda assim, alguns shows desse período ficaram marcados na memória deles. Um desses shows foi no Klooks, uma nova noite dedicada ao rock no Lyceum, em Londres, na sexta-feira, 17 de julho. O Klooks Kleek tinha sido um empreendimento musical pequeno, mas agitado, no Railway Hotel, em West Hampstead, ao lado dos escritórios da Decca Records. Todas as bandas em ascensão do final da década de 1960 tinham tocado lá antes de o conceito do "Klooks" ser transferido para o Lyceum, uma casa muito maior, e promovido como "um festival todas as sextas-feiras".

Passando para o Dunstable Civic Hall na noite seguinte, o Sabbath começou a ficar preocupado com o aumento dos preços dos ingressos para seus shows. Os fãs agora estavam pagando 1 libra por entrada, o que não os deixou, nem as outras bandas, muito contentes. Eles viram os preços disparar durante os últimos meses e temiam que isso pudesse antagonizar seus fãs. Mas os espectadores, em retrospecto, sem dúvida estavam cientes de que suas libras eram bem gastas, pelo menos em Dunstable. Nos três fins de semana consecutivos, a partir de 18 de julho, eles tiveram a oportunidade de ver Black Sabbath, The Who e Free — bandas que se tornariam lendas do rock.

Com os shows e festivais de verão diminuindo e o Black Sabbath se aproximando do fim de um período incrível de 42 semanas nas paradas britânicas, a banda começou a se preparar para lançar o próximo álbum.

Eles tinham encaixado os ensaios e as gravações nos curtos intervalos que tiveram livres no início daquele ano. O processo de gravação era rápido para o Sabbath em seus primórdios — a atitude era: "Entre lá, faça o que tem que fazer e vá embora". Eles nunca ficavam tempo suficiente no estúdio para adotar algum tipo de rotina. O verdadeiro trabalho era feito de antemão durante os ensaios, onde a banda desenvolvia as ideias para as músicas que mais tarde iriam gravar. Isso era muito mais barato do que ir direto para o estúdio.

Para preparar o material para o álbum *Paranoid*, o Sabbath alugou um estúdio para ensaios em Rockfield, uma famosa instalação de gravação residencial no belo interior, perto da cidade mercantil de Monmouth, País de Gales. O Rockfield cresceu a partir de um local para ensaios chamado Future Sound Studio, que tinha sido criado pelos irmãos Kingsley e Charles Ward no terreno de sua propriedade no início da década de 1960. Eles moravam em uma antiga casa de fazenda que tinha um pátio e uma diversidade de anexos.

Os Ward tinham montado uma das primeiras bandas de rock do País de Gales, tendo surgido por volta de 1960 sob uma variedade de nomes, incluindo The Charles Kingsley Combo. Conseguiram um contrato com uma gravadora nos Estados Unidos — um feito raro naquela época — e mudaram o nome para The Thunderbolts. Nunca chegaram a vender muitos discos, mas tiveram uma quantidade considerável de seguidores durante algum tempo.

Depois de montarem o Future Sound, os irmãos assinaram um contrato com a EMI para produzir músicas para a gravadora. A parte de gravação desse empreendimento começou no sótão da casa de fazenda, para pouco depois ser transferido para o maior Courtyard-Studio, no pátio da propriedade. O principal estúdio de gravação foi construído mais tarde. Renomeado como Rockfield, o complexo ganhou fama inicial graças ao

O PROCESSO DE GRAVAÇÃO ERA RÁPIDO PARA O SABBATH EM SEUS PRIMÓRDIOS — A ATITUDE ERA: "ENTRE LÁ, FAÇA O QUE TEM QUE FAZER E VÁ EMBORA". ELES NUNCA FICAVAM TEMPO SUFICIENTE NO ESTÚDIO PARA ADOTAR ALGUM TIPO DE ROTINA.

som que Dave Edmunds obteve em seu single de sucesso "I Hear You Knocking", no final de 1970. Edmunds chegou a se envolver nos aspectos administrativos, ajudando a gerir o estúdio para ensaios no antigo celeiro. Em pouco tempo, as bandas passaram a viajar de lugares distantes para ensaiar e gravar no Rockfield, um lugar idílico e um retiro tranquilo e relaxante longe da correria e da pressão de Londres. Ozzy em particular gostava do lugar. Ele continua sendo um dos locais favoritos das bandas, assim como o Monnow Valley Studios, originalmente também de propriedade dos Ward, localizado um pouco mais à frente ao longo da Rockfield Road.

Enquanto trabalhavam em *Paranoid*, o Black Sabbath e a equipe dormiam no mesmo quarto na casa de fazenda onde os músicos ficavam alojados no Rockfield, e a cada manhã o proprietário Kingsley Ward saía da casa e ordenhava as vacas para levar leite fresco para o café da manhã. A sala para ensaios ficava em um prédio separado, um antigo celeiro com uma acústica excelente. O Sabbath tocava em um volume tão alto que fazia as telhas de ardósia galesa chacoalharem e espatifarem-se no chão.

Instalados com seu equipamento de palco, sistema de som, bateria, guitarras e seu próprio gravador de rolo Revox, a banda improvisava durante uma ou duas horas, só para ver o que sairia. Tony costumava desenvolver riffs brilhantes, enquanto a seção rítmica — Bill na bateria e Geezer no baixo — criava uma base musical e adequada para esses riffs, e Ozzy costumava cantar acompanhando tudo, inventando melodias e usando quaisquer palavras que lhe viessem à cabeça. A banda mais tarde ouvia as fitas de cada sessão para ver se gostava de alguma coisa o suficiente para transformá-la em música, momento no qual ela era entregue ao Geezer para que escrevesse as letras. O produtor Rodger Bain também ficava por perto durante grande parte do tempo, de olho no processo de composição.

Luke relembra: "Nos primórdios, Ozzy aceitava todas as decisões e não expressava muitas opiniões. Ele com certeza não se metia com Tony, o que provavelmente era uma coisa boa e mantinha Ozzy na linha. Não que Tony fosse um valentão. Ele era um sujeito decente e tolerante, mas sem dúvida era o líder da banda. Sempre achei que ele era um guitarrista subestimado — e um músico talentoso, que tocava flauta, teclado etc.

"Tendo dito isso, Ozzy tinha talentos consideráveis como frontman. Era o vocalista perfeito para uma banda de heavy metal dos anos 1970. E tinha um talento natural para relações públicas. Não é a pessoa mais instruída do mundo, e isso transparecia nas entrevistas que dava. Mas era o único integrante da banda que realmente queria fazer isso, e sua personalidade e humor criavam um vínculo com os jornalistas e os leitores. As pessoas eram atraídas pelo Ozzy. Elas gostavam dele."

É provável que Ozzy concorde com essa avaliação. Ele uma vez disse à revista *New Musical Express*: "Subo no palco para entreter, não para que as pessoas voltem para casa e analisem meu show, sabe? Se você puder bater seu pé e balançar a cabeça, isso pra mim está ótimo. É o bom e velho rock 'n' roll, e Deus o abençoe, cara, porque isso já basta".

Com os ensaios e as gravações concluídos, o Sabbath estava pronto para lançar seu segundo álbum sob o título de *War Pigs*, que também era a faixa de abertura. Mas eles sofreram pressão por parte da gravadora para mudar o título por conta do que estava acontecendo no Vietnã na época.

Ainda assim, quando o Sabbath passou a tocar "War Pigs" em meados da década de 1970, eles projetavam cenas da Segunda Guerra Mundial e imagens de Adolf Hitler e seus asseclas em um telão atrás deles. "War Pigs", que costumava ser considerada um protesto contra a Guerra do Vietnã, provavelmente fala sobre a Segunda Guerra Mundial.

Os rapazes do Sabbath não tinham nem um pingo de vontade de se envolver em uma controvérsia política e com certeza não queriam criar caso nos Estados Unidos, onde estavam marcados para sondar o território com uma turnê em outubro, portanto decidiram rebatizar o álbum de *Paranoid*. De novo, o disco recebeu o nome de uma das faixas. A banda tinha escrito "Paranoid" em aproximadamente vinte minutos no final das sessões principais de gravação, para preencher um espaço de quatro minutos na fita máster.

Spock e Luke se lembram de dirigir até Birmingham para buscar alguns amplificadores sobressalentes. Assim que chegaram a Londres com os amplificadores, voltaram ao estúdio, onde foram chamados para a sala de mixagem. A banda lhes perguntou o que achavam da nova faixa.

"Paranoid" ainda não existia quando Luke e Spock partiram para Birmingham. Agora, estava gravada. Tinham demorado aproximadamente cinco horas para escrever, gravar e produzir. E era um verdadeiro clássico do metal. A Vertigo adorou seu riff inesquecível, seu imenso poder e sua atratividade instantânea, e a lançou como single. A banda, contudo, não ficou muito entusiasmada, dado o desempenho desanimador de sua primeira tentativa, "Evil Woman", e a opinião predominante contra singles, encabeçada pelo Led Zeppelin. Com certeza não imaginaram que "Paranoid" iria disparar até a quarta posição nas paradas de singles quando foi lançado em agosto de 1970.

Agora o Sabbath estava preocupado em ser acusado de ter se vendido, e seus temores pioraram quando uma molecada empolgada que gostava de pop começou a frequentar seus shows querendo ouvir o single. A banda estava interessada em tocar para os fãs sérios que queriam ouvir todo o set, não queriam hordas de pré-adolescentes dando gritinhos em seus shows, e deixaram isso bem claro em diversas entrevistas da época, com Ozzy ameaçando nunca mais lançar singles.

No entanto, logo perceberam que estavam passando a impressão de estarem ofendendo os jovens que poderiam de fato ser, ou poderiam vir a se tornar, fãs genuínos e adotaram um tom mais diplomático. Tony Iommi conversou com o periódico *Record Mirror* sobre essa controvérsia: "O que de fato dissemos foi que havia uma pequena porcentagem que ia aos shows para causar tumulto, gritar e, no geral, estragar as coisas para os outros. É verdade que estamos atraindo algumas pessoas mais jovens para nossos shows, mas a maioria delas é de uma nova geração preparada para ouvir e simplesmente curtir a música. Ninguém se importa muito se eles pularem um pouco por aí, contanto que não pulem em cima de nós ou do equipamento".

Ozzy disse ao jornalista musical Nick Logan: "Estávamos atraindo apenas pessoas que não estavam interessadas na música, que só queriam ouvir o single e olhar para a minha cara ou a de Tony e ver que roupas estávamos usando. Era somente uma minoria do público, mas eles faziam com que eu me sentisse desconfortável, e era uma pena para os outros

90% das pessoas que estavam curtindo a música. Suas noites eram completamente arruinadas por esse pessoal que ficava berrando".

No fim das contas, os pré-adolescentes desapareceram quase tão de repente quanto tinham aparecido.

O álbum *Paranoid* foi lançado na Grã-Bretanha em setembro de 1970 e os jornalistas de rock em geral previram que ele se sairia tão bem quanto *Black Sabbath*. Eles ficaram espantados, e a banda eufórica, quando o disco disparou pelas paradas e desbancou Simon and Garfunkel, cujo álbum *Bridge Over Troubled Water* havia ficado empoleirado na desejada primeira posição por meses.

A banda estava na Bélgica quando isso aconteceu, embora não tenha ficado sabendo de imediato. Ninguém conseguiu entrar em contato com ela. Não era sempre que os integrantes tinham acesso a um telefone nas hospedarias econômicas que costumavam usar, e Luke se lembra de levar Ozzy até um telefone público na estação ferroviária em Bruxelas para que ele pudesse telefonar para casa e descobrir o que estava acontecendo. Luke estava com a banda quando eles dirigiram pelas ruas de Bruxelas, berrando pela janela da van que seu álbum estava em primeiro lugar. Cinco meses depois, *Paranoid* entrou nas paradas norte-americanas na décima segunda posição.

Depois de se despedir do Reino Unido com um show no Newcastle Mayfair, o Black Sabbath finalmente partiu em busca do sonho americano. Não podia esperar para sempre e teria que encarar quaisquer preconceitos que pudessem estar à sua espera. Patrick Meehan e sua equipe tinham passado semanas programando uma turnê, entrando em contato com promotores norte-americanos, providenciando vistos e reservando hotéis. Havia só mais uma coisa para a banda fazer antes de partir.

Os integrantes da banda e a equipe foram chamados ao escritório do empresário para pegar as passagens aéreas e serem recebidos em uma audiência com o pai de Meehan, Patrick pai, o proprietário da empresa Worldwide Artists. Ele disse aos rapazes, em um discurso motivacional paternal, que esperava que eles se comportassem no avião e nos Estados Unidos — eles eram embaixadores da Inglaterra.

Aterrissaram no aeroporto JFK na quarta-feira, 28 de outubro de 1970. Bem-vindos à Grande Maçã! Essa foi a primeira vez que qualquer um dos quatro colocava os pés em território norte-americano, e eles não ligaram para o fato de aquela ser uma turnê de baixo orçamento, visto que tocariam em algumas das pequenas casas mais prestigiosas das costas Leste e Oeste.

O Sabbath levou apenas um de seus dois roadies em tempo integral para os Estados Unidos, e esse roadie foi Spock Wall. Luke ficou em Birmingham, arrasado por ter sido avisado de que teria que ficar para trás, mas a decisão não tinha sido tomada com leviandade. Apesar do enorme sucesso inesperado de *Paranoid*, o Sabbath ainda não tinha recebido as recompensas financeiras e teve que manter os custos o mais baixo possível. Escolheram Spock porque ele era o técnico de guitarra e entendia alguma coisa sobre amplificadores.

A banda fez o check-in no Loew's Midtown Hotel na 8th Avenue, na cidade de Nova York. As groupies mais dedicadas já tinham confirmado a chegada da banda e telefonaram para seus quartos para saber se os rapazes estavam prontos para festejar. Talvez isso possa causar alguma surpresa, mas não estavam. Sentiam-se em uma missão, uma missão importante. Estavam focados no que tinham que fazer e mantiveram isso em mente ao longo da turnê.

Spock não teve o luxo de se retirar para um quarto de hotel e colocar os pés para cima, ligar a televisão, pedir uma bebida e receber telefonemas de moças desejosas. Depois de pegar o equipamento no JFK, ele logo teve que transportá-lo para o estado vizinho de Nova Jersey, onde a banda iria fazer seu primeiro show na Glassborough State College na sexta-feira, 30 de outubro.

A banda tinha levado todo seu equipamento de palco, nada menos que doze amplificadores Laney 4 x 12, seis amplificadores de 100 watts e cabeçotes para baixo, a bateria de Bill Ward e o sistema de som de Ozzy. Isso consistia em um amplificador Laney de 100 watts com seis amplificadores auxiliares de 100 watts e seis caixas de som tipo torre com cornetas. O Sabbath já usava muita potência mesmo naquela época, mas, supreendentemente, não tinha nenhum monitor de palco.

DAVID TANGYE E GRAHAM WRIGHT

O primeiro show foi um grande sucesso, com um público de uns 1.500 fãs que, com certeza, tinham comprado o primeiro disco do Sabbath e gritavam pedindo "The Wizard". No entanto, o show não deixou de ter seus problemas. O sistema de voltagem norte-americano era diferente do exigido pelo equipamento do Sabbath, e eles simplesmente não conseguiam gerar potência suficiente para os amplificadores. Um dos promotores sugeriu que entrassem em contato com um sujeito chamado Whitey Davis, proprietário de uma loja de aluguel de equipamentos na cidade. Ele se mostrou solícito e emprestou equipamentos, dando conselhos sobre sistemas de som e ajudando com o show de maneira geral.

Spock ficou bastante ocupado. Depois do primeiro show, a banda teve que partir em um voo noturno para uma apresentação ao ar livre na tarde seguinte na Flórida, abrindo para o Canned Heat na University of Miami, em Coral Gables. Spock precisou correr para retirar o equipamento do campus da faculdade e levá-lo de volta ao aeroporto para que fosse transferido para Miami.

No que se refere à banda, os rapazes andavam atordoados. As coisas tinham acelerado, e tudo nos Estados Unidos tinha uma atmosfera muito diferente. Mas demoraram menos de uma semana para se recuperar do choque cultural. Eles viriam a passar muito tempo nos Estados Unidos — para o bem e para o mal.

CAPÍTULO 6
SÓ VAMOS DAR UM PULINHO NA AUSTRÁLIA E VOLTAMOS JÁ, JÁ

Spock estava tendo muitas dificuldades, carregando o equipamento para dentro e para fora das casas de shows praticamente sozinho. Ele precisava de alguém que estivesse acostumado com o equipamento do Sabbath. Para seu alívio, foi decidido que Luke tinha que se juntar a ele.

Luke viajou sozinho para os Estados Unidos, praticamente sem um tostão. Ninguém no escritório do empresário em Londres tinha pensado em lhe dar algum dinheiro para as despesas. Aquela foi sua primeira viagem de avião e, quando as comissárias de bordo passaram distribuindo a refeição, ele recusou porque pensou que teria que pagar. Ele se encontrou com o Sabbath no dia 2 de novembro em uma casa chamada The Club, em Rochester, no norte do estado de Nova York.

As coisas passaram a funcionar com mais tranquilidade depois da chegada de Luke, embora a banda tenha passado mais tempo do que gostaria em Rochester quando ficou presa na cidade por causa de nevascas rigorosas e inesperadas. Frustrados e furiosos, eles tiveram que cancelar um show em Plainfield, Vermont.

Após uma série de shows na Pensilvânia, em Oregon e Ohio, eles voltaram à cidade de Nova York para um compromisso muito importante no Fillmore East, a famosa casa de shows de Bill Graham, na Second Avenue, no dia 10 de novembro. Para o Sabbath, abrir para Rod Stewart and The Faces foi uma prova de fogo. O público nova-iorquino era famoso por ser difícil de agradar, e todos os jornalistas realmente importantes eram frequentadores assíduos do Fillmore. Eles podiam consolidar a carreira de uma banda ou acabar com ela.

Na tarde do show, o Sabbath chegou ao local para a passagem de som. Rod e sua banda já estavam lá, mostrando a que tinham vindo. Como banda principal, eles tinham direito a fazer a passagem de som sem limite de tempo, mas demoraram tanto que praticamente não deixaram nenhum tempo para o Sabbath. O Sabbath ficou bastante irritado com isso, dada a importância da ocasião. Visto que o Fillmore era a casa de shows mais prestigiosa da Costa Leste, era importante que fizessem tudo direito. Quando o Sabbath passou a fazer shows como banda principal ao redor do mundo, eles eram o sonho de qualquer banda de abertura porque, depois dos primeiros dois shows, eles não faziam mais a passagem de som — era a equipe que fazia!

De volta ao hotel antes do show no Fillmore, os rapazes do Sabbath se viram no elevador com Rod and The Faces, e as duas bandas trocaram cortesias forçadas. Quando as portas do elevador se fecharam atrás da banda principal, o pessoal do Sabbath caiu na gargalhada, tendo notado como a banda de Rod era baixinha. Lembrando-se do nome da antiga banda dos integrantes que estavam com Stewart, o The Small Faces, o Sabbath fez piada sobre como eles de fato tinham "rostos pequenos".

Isso desarmou a animosidade que sentiam e, quando o Sabbath subiu no palco, os rapazes tocaram de maneira soberba, o som estava excelente e o show foi um sucesso. A plateia adorou esse som novo e pesado, e chamou a banda de volta para três bis. O Black Sabbath tinha chegado para valer.

É improvável que o The Faces tenha assistido a essa apresentação. Era incomum que a banda principal assistisse à banda de abertura, a não ser que tivesse um interesse em especial. Mas Rod com certeza esteve ciente do triunfo do Sabbath naquela noite, e de muitas maneiras o The Faces não esteve à altura. Ozzy, com seu jeito direto de sempre, anunciou: "Nós acabamos com eles!". Fred Kirby, da revista *Billboard*, concordou, relatando: "O Black Sabbath se deu melhor em um set pesado que incluiu 'Black Sabbath' de seu primeiro álbum lançado pela Warner Bros. Os vocais enfáticos de John Osbourne foram o segredo, visto que a performance repetitiva e intensa não pareceu ser um problema para a plateia entusiasmada".

O show seguinte levou a banda para a Costa Oeste e outra famosa casa de shows, o Whiskey A Go Go, na Sunset Boulevard, em Los Angeles, onde fizeram dois ou três shows por dia ao longo de cinco dias. Havia filas para a compra de ingressos.

O Whiskey foi a cena da primeira experiência do Sabbath com a cocaína. Luke se lembra de estar no camarim depois de um dos shows quando um sujeito vendendo coca entrou e ofereceu sua mercadoria à banda. Enquanto conversavam com ele, outro camarada apareceu no cômodo e literalmente enxotou o traficante, explicando que a coca que ele vendia era uma porcaria. Se a banda quisesse desfrutar daquilo, então ele podia conseguir a droga de melhor qualidade disponível em LA. Ele foi tão obstinado e persuasivo que todos concordaram em experimentar, e o homem não estava mentindo sobre a qualidade de sua cocaína. Ele se tornou o fornecedor regular deles em LA — e, na verdade, passou a fazer parte da turnê do Sabbath durante algum tempo, supostamente para cuidar das bagagens e ajudar Luke.

A comitiva se hospedou pela primeira vez no lendário hotel Hyatt House na Sunset Strip. Afetuosamente apelidado de Riot House, ou casa da desordem, ele estava à altura de sua alcunha. Era frequentado pela maioria dos músicos e suas equipes em turnê na região de Los Angeles. O hotel tinha uma lanchonete 24 horas e groupies 24 horas. Algumas das garotas até tinham as chaves dos quartos, e não seria nenhuma surpresa voltar para seus alojamentos e encontrar umas duas beldades de LA esperando, prontas para "festejar". Outras caçavam em bandos, rondando os corredores e batendo nas portas até encontrar sua presa.

O Riot House se tornou famoso no começo dos anos 1970 graças a bandas como Deep Purple e The Who, que o consideravam um ótimo lugar para dar uma relaxada. Não seria nada fora do comum ver o baterista Keith Moon, do The Who, vagando pelos corredores do hotel pela manhã usando o uniforme de um oficial alemão da SS, completado por um pequeno bigode e a imitação de uma metralhadora, correndo atrás de um bando de mocinhas. E foi no Riot House que o popular esporte de arremessar aparelhos de TV pelas janelas dos quartos foi aperfeiçoado pela primeira vez. Ao contrário dos gerentes de outros hotéis, que de imediato expulsavam quaisquer bandas que se comportassem de maneira descontrolada e perturbassem a paz, a gestão do Hyatt se regozijava com a atenção que a imprensa dedicava a tais travessuras. Atrás da mesa da recepção no saguão havia uma placa que dizia: "Seja educado com seus próximos hóspedes — eles podem ter acabado de vender milhões de discos".

O Sabbath, como todas as bandas inglesas que se hospedavam no hotel pela primeira vez, logo foi seduzido pela rede de groupies dessas garotas do mundo do entretenimento. Embora a banda atraísse um público em grande parte masculino e chamasse menos atenção do público feminino do que muitas das bandas "mais atraentes" da época, eles tiravam vantagem das oportunidades disponíveis, com Tony geralmente apelando para as moças mais bonitas e sofisticadas.

Depois de algum tempo, a banda ficou entediada com a disponibilidade rotineira de sexo e com a atitude exigente das groupies norte-americanas, e os rapazes passaram a ser um pouco mais seletivos. Ozzy declarou que tinha começado a ansiar por mais tempo sozinho para fazer coisas normais, como dormir e comer.

Graham relembra: "Ele costumava reclamar que os roadies das outras bandas atraíam garotas mais bonitas do que ele, e se referia a suas groupies como 'duas-sacolas' — querendo dizer que elas costumavam ser tão feias que precisavam de duas sacolas na cabeça, caso uma delas caísse.

Ozzy levou uma groupie para seu quarto em um hotel em algum lugar dos Estados Unidos e pouco depois chamou alguns membros da equipe para ir até lá e ver sua mais recente atração. Ele pediu para a garota abrir as pernas, o que ela fez. Ele pegou uma caneta hidrográfica e desenhou dois olhos e um nariz bem acima dos pelos pubianos dela. Depois de agarrá-la, ele realizou uma apresentação de 'ventríloquo', cantando 'Mammy' de Al Jolson e se admirando com o fato de que seu 'boneco de ventríloquo' se parecia com Bill com sua barba."

Entre os shows históricos que aconteceram durante a primeira turnê norte-americana do Sabbath, quatro deles foram no Fillmore West de Bill Graham na Market Street, em San Francisco, o clube irmão do Fillmore East. Lá, eles tocaram com The James Gang, que contava com Joe Walsh, que mais tarde ficaria famoso com o The Eagles. O Fillmore ficou lotado de executivos da Warner Brothers, que recentemente haviam assinado um contrato com o Sabbath para lançar seus discos nos Estados Unidos. Durante o tempo que passaram em San Francisco, os rapazes ficaram em Fisherman's Wharf e se empanturraram em inúmeros restaurantes de frutos do mar. Outra experiência que tiveram pela primeira vez foi uma sessão de autógrafos na Tower Records. Ficaram perplexos com o sucesso nos Estados Unidos, que excedia suas maiores expectativas.

"A única coisa ruim foi a comida", contou Ozzy a Chris Charlesworth da revista *Melody Maker*. "Você precisava de uma lavagem intestinal depois de cada refeição, e tudo era três vezes mais caro que na Inglaterra."

Depois desses shows, Ozzy contou ao escritor Nick Logan: "Precisamos muito de um descanso. Estamos muito cansados. Nunca viajamos tanto como nessa turnê pelos Estados Unidos".

Ao voltarem para casa para um belo jantar em dezembro de 1970, eles podiam vislumbrar claramente um futuro brilhante pela frente. Mas havia trabalho a ser feito antes do Natal, incluindo outra sessão em Londres para o programa *Top Gear* de John Peel e uma curta turnê europeia. O mais memorável desses shows foi uma apresentação ao ar livre na Alemanha, que parecia fadada ao fracasso desde o começo. Houve problemas com o equipamento, os amplificadores estavam zumbindo de um modo estranho e Tony Iommi estava tendo mais dificuldade do que de costume para manter sua guitarra afinada. Os problemas eram causados pelo fato de ele usar cordas muito leves por causa de sua necessidade de usar próteses, resultado do acidente de trabalho que cortou fora a ponta de seus dedos. Cordas mais leves são mais maleáveis, e não é necessário exercer muita pressão nelas para manter um acorde.

Nos primórdios, Tony costumava fazer as próprias próteses com tampas de plástico rígido de embalagens de detergente. Ele as moldava com um ferro de solda e as encaixava nas pontas dos dedos. Luke relembra: "Ele superou o acidente que sofreu nos dedos com pura dedicação. Era fascinante observá-lo fazendo seus 'dedais' com embalagens de detergente Fairy Liquid, couro, cola e um ferro de solda".

Apesar das adversidades naquela noite, o Sabbath se saiu muito bem na Alemanha e foi chamado para um bis. Eles atenderam ao pedido e então deixaram o local. Estavam completamente exaustos, em grande parte pelas longas viagens de van que estavam fazendo. A área dos bastidores parecia um pântano por conta da chuva intensa e, depois de todos os transtornos que tiveram com o som, só queriam dar o fora dali.

Mas o público queria mais Sabbath e, quando ficou claro que não teria seu pedido atendido, o lugar irrompeu em violência, enquanto a equipe trabalhava de maneira frenética para tirar o equipamento do palco o mais rápido possível. Ozzy contou à revista *Melody Maker*: "Na Alemanha, os fãs parecem ficar impacientes. Eles ficam batendo os pés impacientes quando você está tentando afinar seu instrumento — e geralmente estávamos acabados... Geralmente são umas poucas pessoas que começam com a confusão, e os outros as seguem. Elas acham que a banda é uma máquina de músicas, ligada para fazer som, que deveria continuar tocando para sempre se necessário".

Sempre ocorria algum problema em apresentações na Alemanha. As bases militares eram as piores — muita testosterona circulando. Em um dos shows, Ozzy pulou do palco e começou a brigar com um sujeito que estava incomodando alguém na primeira fila. Tony largou a guitarra e se juntou a ele. A equipe e a segurança da casa intervieram e separaram o confronto, embora a plateia tenha adorado tudo o que aconteceu.

O Sabbath continuou sua pequena turnê pela Europa com uma apresentação eletrizante no Olympia, em Paris, que foi filmada por uma estação de televisão francesa. A trilha sonora mais tarde se materializou na forma de um álbum, *Live In Paris 1970*. Dave Tangye ainda tem quinze minutos desse show registrado em vídeo.

Logo depois das férias de Natal e Ano-Novo, o Sabbath viajou a Londres para começar a trabalhar em seu terceiro álbum, *Master of Reality*. Eles não ficaram intimidados com o sucesso de *Paranoid* e não sentiam muita pressão durante a gravação de seu sucessor. Eram apenas negócios para a banda, como sempre. Cuidavam da música do jeito deles e deixavam todo o resto para os empresários e a gravadora.

Reservaram o Island Studios em Notting Hill Gate, Londres, onde conseguiram gravar as bases de três faixas para o álbum antes de partir em sua primeira turnê como atração principal pelo Reino Unido.

A turnê estava marcada para começar no dia 5 de janeiro de 1971, no Royal Albert Hall em Londres. Infelizmente, a casa decidiu banir o Black Sabbath, temendo que a banda atraísse um público hostil que causaria danos incalculáveis aos lustres e móveis do esplêndido edifício. O Sabbath foi acrescentado à ilustre lista de bandas proibidas de tocar no lugar, incluindo Emerson, Lake and Palmer e, mais tarde, Mott The Hoople. Havia um ditado popular entre as bandas da época que dizia que, se não fosse banido de tocar no Albert Hall, você não estava com nada.

Os ingressos da turnê tinham esgotado com bastante antecedência. A banda de abertura do Sabbath foi o Curved Air, liderada pela muito carismática Sonja Christina. Promovendo seu álbum recém-lançado, *Air Conditioning*, eles ganharam mais notoriedade na turnê com o Sabbath e proporcionaram um contraste com o heavy metal esmagador da banda principal com seus arranjos orquestrais mais suaves. A programação também contava com o ex-baterista do Procol Harum, Bobby Harrison, com sua própria banda, o Freedom.

Nessa época, o Sabbath estava sofrendo ataques de algumas pessoas, em grande parte da imprensa, por tocarem muito alto. Tony Iommi defendeu a política da banda com o escritor Keith Altham: "Tocamos alto porque gostamos de criar uma atmosfera no salão — algo que seja tangível e capaz de envolver e absorver o público por completo. As únicas pessoas que reclamam de tocarmos tão alto parecem ser os jornalistas... Quando fazemos um show, gostamos de usar tudo o que temos à disposição e de atingi-los com força".

Com Spock e Luke dirigindo a van, o Black Sabbath tinha alugado dois carros Zephyr Zodiac com motoristas para a turnê. Tony e Geezer viajavam em um deles; Ozzy e Bill, no outro. Um feliz subproduto desse arranjo foi que um dos motoristas iniciou um relacionamento romântico com Sonja Christina.

Em determinada ocasião, viajando ao longo da M1, os dois carros do Sabbath ficaram emparelhados. Geezer olhou para Ozzy pela janela e fez uma careta. Ozzy não apenas abaixou as calças em resposta, como também soltou "um barro", que ele arremessou contra a janela do carro de Geezer. Não é nenhuma surpresa que Geezer tenha vomitado.

A turnê, em termos gerais, foi muito boa para o Sabbath, ainda que em algumas noites — admitem — o Curved Air tenha roubado os holofotes. Depois de onze shows em casas de espetáculo onde nunca tinham tocado antes, o Sabbath encerrou a turnê na Leeds University no dia 23 de janeiro. Seis dias depois, estavam em Sydney, Austrália.

Viajaram milhares de quilômetros apenas para tocar no festival pop Myponga, de três dias, em Adelaide. Foi uma viagem cansativa, registrada por Spock em uma folha do bloco de anotações do hotel que ele guardou como recordação.

Ele escreveu: "Saímos do Reino Unido às 17h30 de quarta-feira, voamos para Frankfurt, Roma, Bahrein, Nova Deli, Cingapura, Perth, Sydney, o que demorou 36 horas. Ao chegarmos em Sydney, às 9h30 da sexta-feira, descobrimos que tinham reservado para nós o voo das 15h para Melbourne passando por Adelaide.

"Depois de sermos recebidos no hotel por uma estação de TV, voltamos para o aeroporto para mais um voo de seis horas. Chegamos ao hotel em Adelaide depois de mais estações de TV e imprensa na saída do aeroporto, às 22h de sexta-feira.

"Passamos o sábado conhecendo as pessoas no comando, dando entrevistas na TV, montando a bateria etc. No domingo, fomos [ao local do festival] à tarde para nos prepararmos para a noite. Os rapazes tocaram às 22h daquele dia. Levando tudo em consideração, até que deu certo."

Ozzy disse a um jornalista: "Parecia que o público tinha ido ver o filme sobre o Woodstock várias vezes, só para ter uma ideia de como se comportar em um festival". Por todos os lados, havia pessoas tirando a roupa, subindo nas torres de som e fazendo o sinal de paz e amor uns para os outros. O calor estava escaldante.

A banda teve alguns dias de folga em Adelaide depois da apresentação no festival, e os rapazes foram fazer alguns passeios turísticos. Em uma visita ao zoológico, Ozzy viu um gigante formigueiro de formigas-correição, mas não havia nenhuma formiga à vista. Ozzy começou a pular em cima do formigueiro, declarando que tinha pagado muito dinheiro para entrar no zoológico e queria ver as formigas. Todos fugiram quando formigas enormes jorraram do formigueiro como se fossem lava de um vulcão. A banda decidiu jogar golfe certo dia, mas foram enxotados do campo por conta dos danos que estavam infligindo ao gramado nas tentativas de acertar a bola. Havia torrões enormes por todos os lados.

Estavam hospedados em um hotel luxuoso, construído ao redor de uma piscina. Em certa ocasião, Ozzy estava tomando sol na beira da piscina quando alguém começou a gritar seu nome de uma das varandas que davam para a piscina, tentando chamar sua atenção. Os outros hóspedes ao redor da piscina ficaram um pouco irritados com isso, perguntando-se por que alguém estava gritando "Aussie!"[9].

Até mesmo uma ida à praia era conturbada quando o Sabbath estava envolvido. Eles tinham alugado carros durante aquela estadia: em pouco tempo, descobriram que carros não se dão bem com areia. Tiveram que chamar um guincho para tirá-los da praia, com os veículos atolados bem fundo, até os eixos traseiros.

O diário de turnê de Spock fornece um relato abreviado dos dias de folga da banda: "Levantamos na segunda-feira com a intenção de passarmos três dias relaxando. Primeiro, fomos ao parque nacional, depois fomos à praia e passamos a maior parte do anoitecer escavando os carros para fora da areia. Na terça-feira, fomos ao parque Marineland. Depois, jogamos golfe; em seguida, voltamos para o hotel e comemos lagosta no jantar. Fomos ao cinema e assistimos M.A.S.H., então encerramos a noite nos embebedando. Quarta-feira, outra partida de golfe e um mergulho no mar. Depois do almoço, compras, depois fomos a um clube ver uma banda australiana e ficamos bêbedos de novo. Quinta-feira, nos despedimos de todos. Fomos para Perth às 11h. Dali, voamos para Cingapura, Bangkok, Bahrein, Istambul, Frankfurt e Amsterdã".

Foi nessa primeira parada em Amsterdã, em um bloco de anotações fornecido pelo Esso Motor Hotel, que Spock fez essas anotações. Elas terminam assim: "Temos que estar em Rotterdam amanhã à noite e em Amsterdã na noite de domingo". Podemos supor que eles conseguiram chegar.

---

9 Ozzy é pronunciado da mesma maneira que *Aussie*, apelido dos australianos. (NT)

Os integrantes do Sabbath ainda eram "os quatro mosqueteiros", rapazes comuns de Aston com uma atitude de um por todos e todos por um, e a banda era sua prioridade. Sem parar para recuperar o fôlego, e apesar do cansaço por conta do fuso horário, eles voaram de Amsterdã para a Inglaterra e foram direto para os estúdios em Londres para retomar os trabalhos no disco novo. Em seguida, voltaram para os Estados Unidos para outra turnê, que começou em Asbury Park, em Nova Jersey, no dia 17 de fevereiro de 1971.

Exceto por dois shows de retorno no Fillmore East nos dias 19 e 20 de fevereiro, a banda tocou em casas muito maiores dessa vez. O álbum *Paranoid* tinha acabado de ser lançado em todos os Estados Unidos, e eles estavam sendo chamados para tocar em arenas com capacidade para até 20 mil pessoas. Em alguns desses shows eles foram a atração principal, com bandas de abertura que incluíam o Fleetwood Mac e o Yes, que estavam em ascensão nos Estados Unidos. Em outras ocasiões, eles abriram para bandas como o Mountain. Os rapazes achavam bastante animador ver todos aqueles rostos na plateia, sentindo que estavam prestes a entrar com tudo no mercado norte-americano. Eles estavam com tudo.

Apresentando-se em Seattle no dia 22 de fevereiro, o Sabbath se hospedou no Edgewater Inn, onde os Beatles tinham ficado certa vez. O lugar também foi a cena da infame história envolvendo o Led Zeppelin, uma groupie e um pargo vermelho recém-pescado...

O quarto de Ozzy tinha vista para o mar, e ele decidiu fazer um pouco de pescaria de sua sacada. Os hóspedes podiam adquirir uma vara e linha na recepção do hotel para pescar nas águas da baía de Elliott. Ozzy tratou logo de pôr a mão na massa, pescando dois cações que colocou na banheira para exibir a quem fosse visitar seu quarto.

Ele então teve a ideia de segurar um aparelho de TV acima da água, com o contraste configurado para emitir o máximo de luz branca. Os peixes são atraídos por luzes intensas e investigam qualquer coisa que brilhe. Para a sorte dos peixes, ele deixou a TV cair, e ela chegou ao fim de sua vida útil no fundo da baía.

O Edgewater Inn é situado em um ancoradouro, isolado do centro da cidade por uma via férrea. O Sabbath teve o azar de sair para o show em Seattle no exato momento em que um trem de carga enorme e lento começava sua arrastada viagem de trinta minutos pelo cruzamento. Eles conseguiram chegar no local em cima da hora.

Depois de viajarem para o próximo show em Memphis, Tennessee, em 1º de março, o Sabbath passou por um susto durante o show quando, na metade dele, um homem se jogou em cima do palco e correu na direção de Tony Iommi. Quando ele se lançou para a frente, um dos membros da equipe, David Hemmings, viu que ele estava segurando uma faca grande. Em um piscar de olhos, David pulou em cima dele e o desarmou ao dobrar o braço do homem até suas costas. Membros da equipe de segurança da casa o arrastaram à força para fora do palco e o detiveram até a polícia chegar e levá-lo para o xadrez.

Abalados, os rapazes do Sabbath terminaram o set e voltaram para o hotel de dois andares. Ao chegarem, foram recebidos por um grupo de pessoas em mantos negros. Dado o que tinha acontecido no show, a banda ficou bastante preocupada com esse comitê de boas-vindas. Quando Luke chegou em seu quarto, ficou chocado ao encontrar a porta emplastrada com tinta no formato de uma cruz invertida de aproximadamente 25 cm².

A comitiva reclamou com o pessoal da recepção, que chamou a polícia local. Algum tempo depois, os policiais apareceram para dispersar as aberrações, prometendo fazer verificações regulares durante a noite para garantir que a banda permanecesse em segurança. Era muita coisa para os integrantes do Sabbath, veteranos da magia maléfica...

A banda deixou os Estados Unidos com um álbum de sucesso. Ao voltarem para o Reino Unido no final de março, mais uma vez retornaram aos estúdios em Londres para completar a gravação do álbum *Master of Reality*, cujo lançamento estava agendado para agosto.

Tony Iommi desde então afirmou que as coisas já tinham se tornado um pouco tensas àquela altura, com os outros integrantes da banda dependendo dele cada vez mais para ter ideias e correndo para o pub mais próximo enquanto ele trabalhava no estúdio. Mas ninguém em contato com o Sabbath naquela época estava ciente de qualquer tensão que estivesse afetando a união da banda. Seguindo o padrão de sempre, eles entraram e saíram do estúdio antes mesmo de terem tempo de pensar no que estava acontecendo.

Continuaram fazendo turnês à exaustão, fazendo dez shows na Europa em abril e voltando para uma apresentação no Royal Albert Hall, de onde tinham sido banidos anteriormente. Essa súbita e inexplicável mudança de opinião por parte da administração do Albert Hall pegou todos de surpresa, e ninguém sabia por que isso aconteceu. É provável que tenham repensado a decisão por motivos financeiros, visto que a administração teria ficado sabendo que os ingressos esgotavam com facilidade no show do Sabbath. Na noite da apresentação, a banda fez um show sensacional e ultrapassou seu tempo por volta de quinze minutos.

Algumas semanas depois, a banda recebeu uma cobrança do Royal Albert Hall — não por danos ao ornamentado salão como a princípio tinham temido, mas porque tiveram de pagar os funcionários pelos quinze minutos excedidos.

Ironicamente, eles só tinham passado do tempo de show porque atrasaram a subida ao palco por causa dos executivos da gravadora, que os presentearam com discos de ouro pelas vendas dos dois primeiros álbuns, *Black Sabbath* e *Paranoid*, e pela pré-venda de *Master of Reality*, antes mesmo de o disco chegar às lojas.

Após a conclusão daquele álbum, o Sabbath estava ansioso para começar ainda outro. Eles fizeram as malas e se isolaram no Rockfield, onde passaram seis semanas ensaiando para o que viria a se tornar o *Vol. 4*.

Os três primeiros discos tinham sido completa e excepcionalmente pesados, crus e agourentos, repletos de letras vindas dos recantos escuros mais assustadores da imaginação de Geezer. Agora, estavam trabalhando com uma abordagem nova. Era um começo, mas com o tempo eles viriam a alcançar um senso mais forte de melodia, uma leveza de toque para destacar seus momentos tipicamente estrondosos, sendo um passo definitivo para longe de suas infames letras macabras.

Enquanto tudo isso acontecia, *Master of Reality* estava entrando com tudo nas paradas. Lançado em agosto de 1971, ele alcançou a quinta posição na Grã-Bretanha e de número oito nos Estados Unidos. Para capitalizar com esse sucesso, o Sabbath cruzou o Pacífico pela terceira vez no outono para um ataque concentrado na Costa Oeste. Quando fizeram uma apresentação única no Whiskey em LA, não estavam nem um pouco parecidos com uma banda de metal: vestiam cartolas e smokings alugados em uma loja na Sunset Strip, de propriedade do ator veterano John Wayne. Luke era o roadie mais bem-vestido de todos os tempos, correndo pelo palco na metade do set com sua cartola para martelar a bateria de Bill no chão.

Após essa apresentação, a banda foi até a praia para relaxar por alguns dias como convidados da Warner Brothers. Tony Iommi ficou tão inspirado pela paisagem que escreveu "Laguna Sunrise", uma música instrumental cheia de violões e violinos que viria a fazer parte de *Vol. 4*.

O Sabbath com certeza bombardeou Los Angeles, com apresentações adicionais no The Forum e no Hollywood Bowl. Ray Davies, do The Kinks, esteve presente em um dos shows e tomou alguns drinks com a banda após a apresentação. Ele também se juntou a Spock, Luke e outros dois integrantes do Black Sabbath em uma ida para ver Elvis Presley se apresentar no The Forum.

Da Califórnia, o Sabbath viajou para o Sul para shows no Tennessee e no Texas, e seguiram viagem para o Havaí em outubro. Certo dia, enquanto estavam passeando perto de um gêiser, ladrões arrombaram o carro que tinham alugado e roubaram a filmadora de Geezer Butler e o dinheiro e as botas de caubói de Luke. Fui um acontecimento insignificante, mas desanimador, um detalhe desagradável no grande sucesso da banda.

O Sabbath tinha feito grandes avanços, mas os rapazes estavam exaustos e acabados pelo grande volume de trabalho a que tinham se dedicado desde a virada do ano.

Despedindo-se dos Estados Unidos por ora, eles ficaram aliviados em chegar à Inglaterra após semanas sentindo-se doentes e com saudades de casa. Ozzy foi direto para cama com laringite e uma febre de 37,7 ºC. Tony Iommi ficou acamado por causa de uma gripe, enquanto Bill e Geezer estavam completamente esgotados. Nenhum deles estava em condições de fazer a turnê britânica que tinha sido agendada para novembro, que precisou ser remarcada às pressas para 1972.

O Sabbath estava em um estado de completo esgotamento físico. Eles vinham trabalhando muito e, com todas as bebidas, drogas e entretenimento disponíveis para uma banda da liga principal em turnê, também vinham se divertindo demais. Estava na hora de parar, mas não por muito tempo.

CAPÍTULO 7
MULAS DE CARGA NA STRADELLA DRIVE

Assim que se recuperou da febre e dos problemas na garganta, Ozzy pôde passar algum tempo livre com a esposa e os filhos. Ele conheceu Thelma, uma bela mulher de cabelos escuros, em uma boate em Birmingham e se casou com ela em 1971.

Os recém-casados tinham iniciado a vida juntos em um apartamento que ficava em cima de uma lavanderia em um pequeno bairro comercial em Wheeler's Road, Edgbaston, com o filho de Thelma de seu primeiro casamento, Elliot. Ozzy o adotou legalmente pouco depois. A família dividiu seu lar com Luke por um curto período, quando ele ficou sem lugar para morar. Esse arranjo foi útil para todos. Thelma estava vivendo uma gravidez bastante avançada e, visto que Ozzy não sabia dirigir, Luke atuou muitas vezes como motorista. Ozzy tinha acabado de comprar uma Range Rover novinha com a placa DOG 300, e Luke o levava para todas as partes da cidade, exibindo o carro novo.

Ozzy e Thelma tiveram uma filha, Jessica, no início de 1972. Com o Sabbath de folga até o final de 1971, ele aproveitou a oportunidade para se preparar para a paternidade.

A família morava perto da casa do ex-vocalista do The Move, Carl Wayne, que tinha saído da banda em 1970 para trabalhar em cabarés. O The Move tinha surgido no final dos anos 1960 como uma banda pop psicodélica, lançando uma série de sucessos, um dos quais — "Flowers In The Rain" de 1967 — foi o primeiro single a ser tocado quando a Radio 1 foi inaugurada. O restante do The Move, incluindo Jeff Lynne, Bev Bevan e

Roy Wood, que àquela altura tinham formado o Electric Light Orchestra, eram os principais membros da elite musical de Birmingham. Luke lembra que eles, assim como seus amigos, agiam com indiferença em relação ao pessoal mais pé no chão do Black Sabbath.

Na verdade, nos primórdios o The Move esnobou o Sabbath, quando as duas bandas se encontraram no mesmo trem viajando de Birmingham para Londres. O Sabbath foi completamente ignorado pelo The Move enquanto se enfileiravam no ponto de táxi da estação Euston. A etiqueta exigia que o The Move, como a banda de maior sucesso, quebrasse o gelo e iniciasse uma conversa, mas eles não fizeram isso. Com o tempo, contudo, e à medida que a fama do Sabbath crescia, os músicos começaram a agir de maneira mais amistosa.

O ano de 1972 encontrou a banda de volta ao trabalho. Adequadamente descansados depois de uma variedade de enfermidades, eles se reuniram nos estúdios de gravação Marquee, atrás do clube na Wardour Street, após decidirem que iriam eles mesmos produzir o quarto álbum, junto com Patrick Meehan.

Os três primeiros discos tinham sido produzidos com sucesso por Rodger Bain, mas a banda queria mais controle sobre a própria música. Dado o tempo que tinham passado em estúdios, e a experiência de Meehan com as produções dos álbuns do Black Widow, estavam confiantes o bastante para entrar em estúdio com apenas um engenheiro que sabia trabalhar com uma mesa de som.

Em três noites no Marquee Studios, gravaram duas faixas, começando com "Snowblind". Esse era o título que tinham planejado para o álbum, mas a banda mais uma vez foi vítima da censura da gravadora, por conta da óbvia referência à cocaína, ou *snow*, como era afetuosamente chamada na época. A segunda faixa foi uma curta música instrumental chamada "FX", que surgiu do uso incomum das cruzes que os rapazes do Sabbath penduravam no pescoço — Tony batia sua cruz no corpo da guitarra enquanto usava o controle de reverb e uma repetição de eco para obter um som único.

O Sabbath trabalhou a todo vapor durante aqueles três dias e também conseguiu gravar duas bases que seriam usadas mais tarde em outras composições.

Agora eles tinham que se aquecer para a turnê britânica que havia sido cancelada em novembro. Havia dezenove datas remarcadas, começando na segunda-feira, 24 de janeiro de 1972, com o Wild Turkey, liderado pelo ex-baixista do Jethro Tull, Glenn Cornick, como banda de abertura. Tony Iommi, óbvio, tinha conhecido Glenn durante sua breve passagem pelo Tull. O Wild Turkey tinha acabado de lançar um single, "Butterfly", um tributo a Jimi Hendrix, de seu álbum de estreia, *Battle Hymn*.

A grande preocupação do Sabbath era certificar-se de que seus fãs de Birmingham e Cúmbria fossem atendidos de maneira apropriada. Houve uma procura sem precedentes por ingressos para a noite de abertura no Birmingham Town Hall, e o promotor logo agendou um segundo show no local.

A banda por fim também pôde fazer um show beneficente no Carlisle Market Hall, depois de meses de negociação. O Conselho Municipal de Carlisle, que gerenciava o salão, tinha acrescentado tantas condições burocráticas no contrato para a apresentação da banda que as negociações tinham sido interrompidas mais de uma vez. O Sabbath queria muito fazer esse show como agradecimento aos fãs da Cúmbria e do sudoeste da Escócia, que os tinham apoiado desde os primórdios e os ajudado na estrada para o sucesso. Para alívio da banda, o show finalmente aconteceu no dia 30 de janeiro.

A turnê incluía um retorno ao Royal Albert Royal em Londres no dia 17 de fevereiro. Estava claro que Frank Mundy, cuidador da administração da casa, tinha superado suas preocupações iniciais a respeito do público e perdoado o Sabbath por ter extrapolado seu tempo na apresentação anterior. Dessa vez, a administração parecia muito preocupada com possíveis danos aos degraus de pedra na área de carga e descarga nos fundos da casa por onde as equipes levavam os equipamentos de som para dentro do prédio. Apesar do relacionamento desconfortável entre a casa de espetáculos e a banda, esse foi o show mais prestigioso da turnê. Os shows em Londres sempre foram muito importantes para as bandas, visto que a imprensa sempre aparecia em peso, assim como os executivos das gravadoras.

O Sabbath obviamente não tinha aprendido a lição sobre os perigos de fazer turnês intermináveis, ou então decidiram ignorá-la. Assim que chegaram ao fim das datas britânicas, partiram de novo para os Estados Unidos, em 1º de março, para uma extenuante sequência de 32 shows em 34 dias.

A turnê *Iron Man* foi um evento que se estendeu de costa a costa, incluindo duas datas em Quebec, Canadá. Entre as bandas de abertura, estavam o Wild Turkey e o Yes. A combinação Sabbath e Yes foi complicada por diversos motivos. Para começo de conversa, as bandas simplesmente não se davam bem. Havia uma tensão entre elas desde um show em uma universidade em Londres. quando Geezer tentou começar uma conversa com o baixista do Yes, Chris Squire, e recebeu um olhar impassível. Os rapazes do Sabbath ficaram convencidos de que o pessoal do Yes os estava esnobando e, quando fizeram a turnê nos Estados Unidos, os integrantes da comitiva do Yes ficaram na deles. Não havia nenhuma interação com Ozzy, Tony, Geezer e Bill. O pessoal pé no chão do Sabbath deve ter considerado isso ofensivo e difícil de entender. Todos deveriam ter se unido, desfrutando do que quer que os Estados Unidos tinham a oferecer.

O Sabbath, contudo, se deu muito bem com Rick Wakeman, tecladista que tinha se juntado recentemente ao Yes. Rick era acessível e amigável. Ele optou por não viajar com o Yes, mas com o Sabbath, quando viajaram de Los Angeles para um show na rotunda de Las Vegas em um avião particular que outrora tinha sido usado com regularidade por Elvis Presley. Ao que parece, este tinha sido seu jatinho favorito, e o tema no interior era de selva, com assentos em estampa de leopardo. Durante o voo, os passageiros VIP receberam coquetéis e sanduíches feitos com pães tingidos com terríveis tons de vermelho e verde.

Em termos musicais, é provável que colocar o Sabbath e o Yes na mesma programação tenha sido uma ideia ruim. Eles não tinham nada em comum. O Yes subia no palco com sua famosa pompa e glamour, Rick Wakeman usando uma capa prateada brilhante atrás de espetaculares fileiras de teclados. Eles eram uma banda conceitual "progressiva" com uma abordagem jazz-rock, cheia de padrões rítmicos e mudanças de tempo complexas. Nada poderia ser mais diferente que o som pesado, macabro e intenso do Sabbath em ação. Era óbvio que eles agradavam plateias diferentes e havia noites em que o Yes roubava a cena.

Essa turnê acabou sendo uma excursão difícil para o Sabbath. Mais tarde ela cobraria seu preço, visto que, mais uma vez, diversos integrantes desmoronaram sob o tremendo esforço de trabalhar duro demais, viajar para longe demais, rápido demais e de festejar de maneira um pouco animada demais.

Ela culminou no festival Mar Y Sol, de três dias, em Porto Rico, nos dias 1º, 2 e 3 de abril. Parecia o paraíso para os fãs de rock, com uma programação que incluía Black Sabbath, Emerson, Lake and Palmer, The Allman Brothers, Rod Stewart and The Faces, Dr John, John McLaughlin's Mahavishnu Orchestra, Fleetwood Mac, Billy Joel, Roberta Flack e Alice Cooper — mas acabou sendo um completo desastre.

Mais de 35 mil fãs compraram ingressos — apenas metade do esperado. As vendas decepcionantes foram o primeiro indicativo do futuro fatídico do festival. O promotor, Alex Cooley, estava gerenciando tudo de Atlanta e tinha organizado o festival em conjunto com a Eastern Airlines. Os ingressos custavam 149 dólares cada. Esse valor incluía entrada para o festival, acampamento em 174 hectares de praia e passagem aérea de volta aos Estados Unidos continentais. Aviões tinham sido disponibilizados para levar os fãs ao Luis Munoz Marin Airport, que ficava perto do local do festival.

O Sabbath tinha viajado de Miami. A equipe chegou ao local, como sempre, antes da banda. No entanto, conforme a hora de o Sabbath sair para o show se aproximava, tornou-se claro que eles não chegariam a tempo, pelo menos não por terra. A estrada que levava ao local do festival estava congestionada.

Spock usou um telefone público e ligou para Patrick Meehan, que estava com a banda no Redondo Beach Hotel, para alertá-lo dos problemas com o trânsito. Meehan lhe disse para esperar a banda se e quando ela conseguisse chegar. A única chance de isso acontecer teria sido alugar um helicóptero, mas não havia nenhum disponível. Meehan então decidiu que a banda deveria aceitar a derrota. Eles não tinham nada a perder, visto que haviam sido pagos antecipadamente, diferentemente de muitos outros artistas da programação.

O Sabbath tinha um problema mais urgente. Eles só tinham uma diária no hotel, um lugar para se arrumar antes de saírem para o festival. Patrick decidiu que deviam ir para o bar e ficar lá até que um voo para os tirar da ilha mais cedo pudesse ser reservado. Mas ele não conseguiu informar a equipe, que ainda estava no local esperando a banda, e não tinha como entrar em contato com ninguém por lá.

Luke, que àquela altura estava trabalhando como assistente pessoal da banda, decidiu tomar um banho antes de deixar o quarto, e Ozzy resolveu estourar uma bomba-cereja enquanto ele estava lá dentro. Bombas-cereja eram fogos de artifício que tinham esse nome porque se pareciam com cerejas, com aproximadamente 30 mm de diâmetro e um pavio se projetando da parte de cima. Elas estouravam alto e faziam muita fumaça colorida. Os jovens às vezes as levavam aos shows e as disparavam. O equivalente a um quarto de banana de dinamite, elas deixavam tudo nas imediações com uma cor vermelho-cereja. Quando Ozzy terminou, o quarto do hotel se parecia com uma cena de *Apocalypse Now*.

Felizmente, o Sabbath não precisou esperar no hotel tempo suficiente para explicar a área de bombardeio que havia sido criada. Tudo o que restava quando o quarto detonado foi descoberto era uma trilha de vapor. Àquela altura, o festival tinha caído por terra de modo irreparável, com muitas das outras bandas que também não tinham conseguido chegar ao local do show exigindo pagamento.

Spock e a equipe de roadies, enquanto isso, continuavam sem saber de nada. Por fim, decidiram levar o caminhão, junto com o equipamento, de volta ao Redondo Beach Hotel para tentar descobrir o que estava acontecendo. Mas não havia nenhum sinal do Black Sabbath, Luke ou Meehan.

A equipe, de modo diferente da banda, tinha quartos reservados para a noite, portanto eles decidiram fazer o check-in enquanto pensavam no que fazer em seguida. O gerente de serviços educadamente se ofereceu para levá-los até seus quartos. Depois de subirem de elevador até o segundo andar, ele os guiou até a suíte que a banda tinha deixado em uma desordem explosiva, explicando que poderiam ficar lá se não se importassem com a bagunça.

Ao abrirem a porta, logo entenderam o que tinha acontecido. Sabendo que a civilidade gélida do gerente logo daria lugar a uma fúria que eles não queriam presenciar, fizeram a única coisa sensata que poderiam e partiram para o aeroporto, onde pularam no primeiro voo de volta a Miami.

No local do festival, a coisa toda estava virando um caos, e a decepção dos fãs se transformou em raiva e frustração enquanto se dirigiam em massa para o aeroporto, onde se viram presos. As passagens de volta eram apenas para voos fretados, portanto não podiam simplesmente entrar em um avião e ir embora.

O exército foi chamado para lidar com a emergência: montaram barracas no perímetro do aeroporto para as hordas raivosas enquanto estas aguardavam um voo de volta para casa.

Essa tinha sido a quinta turnê norte-americana do Sabbath. Ao longo de toda a viagem, Ozzy tinha sofrido com infecções na garganta e foi aconselhado pelos médicos que cuidavam dele na época a diminuir o consumo de cocaína. Ozzy tinha seus próprios remédios. Ele mantinha sprays para a garganta na forma de mel líquido na lateral do palco e, durante as apresentações, corria até lá em intervalos regulares para "lubrificar" a garganta.

A banda estava exausta, de novo. Eles prometeram que, quando 1973 chegasse, diminuiriam o ritmo das turnês e passariam mais tempo no estúdio. Depois de voltarem para casa após essa última viagem aos Estados Unidos, eles queriam descansar, mas seguiram em frente com uma curta turnê europeia, e estavam de volta em um avião com destino à Califórnia em maio de 1972. Dessa vez, estavam indo gravar.

Eles tinham alugado uma mansão no número 2023 da Stradella Drive, no bairro privilegiado de Bel-Air, em Los Angeles. Ela era gigantesca, com uma piscina enorme, jardins e um cinema particular, que o Sabbath usava para ensaiar. A propriedade pertencia à abastada família Du Pont, que era composta de farmacêuticos industriais e fabricantes de produtos químicos. A banda se hospedou lá enquanto trabalhava nos estúdios Record Plant em Los Angeles. Eles pretendiam terminar o álbum *Vol. 4*, que tinham começado em Londres mais cedo naquele ano.

A equipe de roadies brincava que eles tinham dado azar, tendo sido hospedados no Hyatt House Hotel na Sunset Strip. Coitados — foi terrível para eles, com todas as groupies e orgias tarde da noite e festas regadas a drogas que eram o entretenimento padrão no Riot House na época. A segurança do hotel era bastante indulgente, então tudo podia acontecer e, quanto mais descontrolado, melhor.

Foi durante essa visita californiana que Bill se apaixonou loucamente por uma mulher que morava em Huntingdon Beach. Ele conheceu Mysti — nome verdadeiro de Melinda Strait — em um show em Hollywood e logo a apresentou ao restante da banda. Ele telefonou para casa para contar à esposa, Theresa, que tinha conhecido outra pessoa.

"Ela não recebeu a notícia muito bem", diz Luke. "Ela era uma mulher adorável, muito amigável. Como Geezer e sua esposa Georgina, ela e Bill tinham sido namorados desde a juventude. Depois que obteve sua carteira de motorista, ela praticamente virou gerente de turnês do Bill, e eles compartilhavam tudo.

"Mas Mysti era a mulher que Bill queria. Ele mais tarde encarou todos os transtornos com as autoridades envolvendo o visto e a permissão dela para permanecer no Reino Unido."

Enfurnados na mansão em Bel-Air, o Sabbath passou bastante tempo ensaiando, conversando sobre o álbum, usando drogas e no geral desfrutando da vida sob o sol da Califórnia. A piscina abriu um mundo de possibilidades para Ozzy. Em determinada ocasião, ele derramou quatro caixas de sabão em pó dentro dela, criando um enorme banho de espuma e uma nuvem de espuma acima da área metropolitana de Los Angeles. No dia seguinte, enquanto Bill Ward cochilava na beira da piscina, Ozzy pintou seus pés com tinta spray azul.

A mansão contava com jardineiros e uma empregada. Havia um botão de chamada na parede da sala de estar, e um dia, Bill, sentindo-se esfomeado, decidiu chamar a empregada para ver se ela poderia preparar um sanduíche para ele. Dez minutos depois, dois policiais bateram à porta da frente da mansão, querendo saber qual era a emergência. Bill tinha apertado o botão do pânico por engano.

No Record Plant, os rapazes começaram a trabalhar no álbum. Estavam bastante contentes com o pequeno estúdio que tinham alugado.

Até mesmo Bill Ward, que era muito exigente com o som de sua bateria e costumava demorar uma eternidade para acertá-lo, estava satisfeito. A banda estava usando uma nova abordagem no estúdio. Eles permaneciam sem pressa de gravar e lançar o álbum, como tinha acontecido com os três primeiros discos. Estavam mais interessados em criar arte, algo do qual pudessem se orgulhar. Dedicaram-se de corpo e alma ao disco e, até hoje, ele é considerado um de seus melhores álbuns. O Record Plant estava cheio de equipamentos de ponta, o que era muito diferente dos estúdios com os quais estavam acostumados na velha e boa Inglaterra. E tinham muito tempo nas mãos para experimentar todas as engenhocas e dispositivos que o lugar tinha a oferecer.

Além do mais, o dinheiro estava entrando como as ondas que se quebram na orla de Blackpool. O Sabbath estava desfrutando de sua recém--descoberta riqueza, e a atitude deles sem dúvida estava mudando. Nessa época, ficavam bastante chapados. Ozzy certa vez comentou, com seu talento natural para pintar uma imagem: "Eles estavam trazendo a farinha colombiana para nós em mulas de carga". Nos Estados Unidos do início da década de 1970, a cocaína estava rapidamente se tornando a droga recreativa preferida da indústria musical e era bastante abundante na Califórnia. Havia uma espécie de elitismo descolado a seu respeito, visto que ainda não estava disponível de forma tão pronta na Europa e no Reino Unido.

Os únicos problemas que eles de fato tiveram no estúdio se referiam a uma faixa chamada "Under the Sun". Bill Ward perdeu por completo a cabeça por causa dessa música. Ele fazia uso exagerado de um coquetel de cocaína e álcool durante o tempo que passou no Record Plant e quase sofreu um colapso nervoso. Ele simplesmente não conseguia acertar a levada e o tempo da bateria, e ficou tão paranoico que se convenceu de que estava prestes a ser chutado da banda.

O restante dos rapazes achou graça dos apuros de Bill, mas, quando perceberam que ele estava tendo problemas de verdade com a faixa, foram em seu auxílio. Tentaram de tudo para ajudá-lo a acertar a música, chegando até mesmo a pedir que o engenheiro de som saísse do estúdio, mas Bill foi afundando cada vez mais na lama. Por fim, depois do que pareceu uma eternidade, ele conseguiu concluir a faixa. Bill sempre foi de beber,

BLACK SABBATH

mas muito raramente aparecia bêbado no estúdio. Em retrospectiva, esse deve ter sido um sinal de perigo. Agora, estava claro que ele estava perdendo o autocontrole.

Em junho de 1972, a banda abandonou sua vida de luxo na mansão Du Pont e voltou à Inglaterra. Eles foram para o Island Studios para dar os toques finais em *Vol. 4*. Bill finalmente concluiu "Under the Sun", que a banda, sentindo-se exausta, apelidou de "Everywhere Under the Sun", referindo-se aos problemas que ela causou ao baterista[10].

Depois de apenas um mês, voltaram aos Estados Unidos pela sexta vez. Tinham fretado um jatinho particular para economizar tempo e poupá-los da monotonia dos voos programados pelas companhias aéreas nos aeroportos municipais norte-americanos, mas essa foi a turnê que viu os problemas de saúde da banda se agravarem ainda mais.

CAPÍTULO 8
MATANDO-SE PARA VIVER

zzy perdeu a voz, na segunda noite. Ele logo procurou um médico e foi medicado. Depois de um descanso de apenas dois dias, ele voltou ao palco, o que foi um grande erro — isso os forçou a adiar a turnê para dali a dez dias. A banda ficou com os nervos à flor da pele a cada noite depois disso, se perguntando se a voz de Ozzy iria aguentar.

Eles viajaram para lugares aonde nunca tinham ido antes — o extremo sul dos Estados Unidos e a capital mórmon de Salt Lake City, uma cidade "seca" e um local que o Sabbath concordou ser uma "viagem pesada" para uma banda de rock com sua reputação e capacidade de consumir álcool e drogas.

Naquela época, os festivais eram muito imprevisíveis. Alguns promotores tinham um talento maior para organização do que outros. Em um festival em Bull Island, Chandler, em Illinois, o Sabbath se deparou com outro fiasco. O Soda Pop Festival de Indiana "perdeu o gás" quando os promotores ignoraram o pequeno detalhe de fornecer transporte para as bandas agendadas para tocar. Também deixaram de providenciar uma maneira para as equipes de roadies levarem os equipamentos para o local do festival, e o saneamento era primitivo, para dizer o mínimo. Em seguida, o Sabbath desfrutou de um inesperado dia de folga em um hotel em Evansville, Illinois, junto com Joe Cocker e outros artistas da programação.

Ao voarem para seu próximo show em Jackson, Mississípi, o Sabbath ofereceu uma carona para a banda de abertura, Fleetwood Mac, em seu jatinho alugado. O pessoal do Fleetwood aceitou, incluindo o guitarrista Peter Green, que tinha abandonado a aposentadoria para se reunir à banda para essa única turnê norte-americana.

Como era de se esperar, o voo de 1.126 km se transformou em uma festa. No entanto, os convidados não ficaram contentes quando Ozzy convenceu o piloto a deixá-lo assumir os controles da aeronave e tentar manobrá-la em um giro de 360 graus. O piloto logo recuperou o controle do avião, mas havia champanhe por toda parte. Tony Iommi em especial se irritou com Ozzy, visto que sua bebida caiu em sua virilha e deixou uma mancha embaraçosa.

Quando o Sabbath chegou para o penúltimo show no Hollywood Bowl, no dia 15 de setembro, os rapazes estavam completamente acabados. Assim que encerraram o set e deixaram o palco, Tony Iommi desmaiou. Os médicos que foram chamados ao local o diagnosticaram com exaustão extrema, e a banda cancelou o último show em Sacramento. Foram mandados de volta para casa para descansar e se recuperar.

Ao voltarem para o Reino Unido, Bill Ward sucumbiu a uma hepatite grave e foi levado às pressas ao hospital. Seja lá como for que ele tenha contraído a doença, a quantidade de álcool que estava habituado a beber com certeza agravou sua situação. Bill estava enfrentando sérias questões médicas, e a banda foi forçada a pensar no que faria na pior das hipóteses: quem iria substitui-lo caso sua saúde não melhorasse?

E Bill não foi o único a passar um tempo no hospital. Geezer Butler, que vinha reclamando de dores nos rins, foi internado para ficar em observação. Apesar de seu gosto pela bebida, o baixista insistia em uma dieta saudável. Ele era um vegetariano rigoroso, mas tinha sido incapaz de comer direito na turnê mais recente. Durante as turnês norte-americanas não era fácil encontrar uma costeleta vegetariana de nozes quando você queria uma. As poucas opções raramente lhe agradavam, e ele passava longos períodos sem comer muito, o que contribuiu para seus problemas de saúde.

Estava claro que o Black Sabbath estava desmoronando. O estilo de vida cobrou seu preço e os derrubou. Geezer escreveu uma letra sobre essa situação infeliz, que se tornou "Killing Yourself To Live" (Matando-se para Viver, em tradução livre), uma faixa do álbum seguinte da banda, *Sabbath Bloody Sabbath*.

"Nossa condição era péssima", Geezer relembrou. "Estávamos exaustos por causa de tantas turnês. Não estávamos nos saindo muito bem.

OZZY FICAVA NA LATERAL ESQUERDA DO PALCO, NUNCA NO CENTRO — A POSIÇÃO COSTUMEIRA DOS VOCALISTAS DE ROCK. TONY FICAVA ATRÁS DE OZZY E, QUANDO FAZIA UM SOLO, SE DIRIGIA AO CENTRO PARA REIVINDICAR SEU DEVIDO LUGAR COMO LÍDER DA BANDA.

"Não eram só todas as viagens e a comida. Era esgotamento nervoso, na verdade", contou Tony à revista *New Musical Express*. "Trabalhamos sem parar por quase três anos... e não tínhamos tirado férias de verdade."

Nos bastidores, um sentimento de inquietação se desenvolvia entre Ozzy e Tony. Talvez isso remonte aos seus tempos de escola, talvez não. No Sabbath, sempre houve certa rivalidade entre os dois enquanto competiam por atenção. De um lado, havia o vocalista carismático e, do outro, o músico e compositor talentoso.

A forma como a banda se arranjava ao vivo era bastante incomum. Ozzy ficava na lateral esquerda do palco, nunca no centro — a posição costumeira dos vocalistas de rock. Tony ficava atrás de Ozzy e, quando fazia um solo, se dirigia ao centro para reivindicar seu devido lugar como líder da banda.

Ozzy respondia fazendo palhaçadas de maneira incansável. Ele mudava as letras, logo "Iron Man", homem de ferro, virava "Ironing Man", o homem que passa roupa, e o tempo todo dava as costas para a plateia e fazia caretas bobas para o restante da banda. Ele tinha uma habilidade extraordinária de olhar diretamente para a frente com um olho enquanto movia o outro da esquerda para a direita, e isso sempre fazia Bill cair na gargalhada. Ele sempre sinalizava para a equipe indicando que precisava do tanque de oxigênio, não porque tinha se cansado por causa da maneira intensa com a qual tocava bateria, mas porque não conseguia respirar de tanto rir de Ozzy.

Tony, claro, era o integrante principal quando o assunto era a composição das músicas, mas, à medida que os anos passavam, a imprensa passou a fazer fila para conversar com Ozzy. De sua parte, Oz adorava a adulação do público e gostava de dar entrevistas, geralmente com Bill a reboque. Tony deve ter ficado bastante irritado pelo fato de que, enquanto ele fazia grande parte do trabalho, era Ozzy quem ficava com todo o crédito. Tudo isso conspirou para criar certa tensão na banda em uma época em que eles pelo menos eram capazes de levar tudo na brincadeira.

Eles tinham dinheiro entrando e discos vendendo como água, mas o preço disso era uma agenda interminável de apresentações e noites após noites em Holiday Inns que pareciam ser todos iguais. Os rapazes do Sabbath olhavam pela janela para o centro de alguma cidade dos Estados Unidos e se perguntavam onde estavam daquela vez.

Eram músicos, não máquinas. Devia haver um limite para tudo aquilo, e eles tinham chegado a esse limite. Decidiram tirar longas férias.

Essa folga lhes deu a chance de avaliar sua carreira. Estava na hora de uma mudança. Decidiram que iriam aproveitar a vida em um ritmo mais tranquilo, em vez de se matarem fazendo turnês, e a cada vez que voltassem aos Estados Unidos seria por algumas semanas, e não meses.

Agora podiam passar mais tempo com suas famílias. Todos os quatro, depois de procurar um local para morar, estavam se mudando para casas maiores no interior.

Geezer comprou uma residência em Cleobury Mortimer, próximo a Kidderminster, Worcestershire, e logo se fez notar no pub do vilarejo. Durante uma visita, sua jaqueta de pele de cobra e botas de caubói chamaram a atenção de um idoso local, que lhe perguntou se ele fazia parte de alguma banda. O velho camarada então informou a Geezer que outro cliente também estava em uma banda: "Eles o chamam de Ted Zeppelin", disse ele.

"Ted Zeppelin" era na verdade Robert Plant. E como vizinhos e clientes regulares do mesmo pub, Geezer e Robert se tornaram amigos. Mais tarde, Geezer contou ao escritor Ray Telford: "Morar em Birmingham estava começando a me deixar louco. Eu via a molecada entrando pelas janelas e jogando papo fora na frente de casa o dia todo, e isso é a última coisa que você quer quando volta de uma turnê".

Tony encontrou uma propriedade em Acton Trussel, Staffordshire. Pouco depois de se mudar, as construtoras começaram a erguer moradias em terrenos atrás de sua casa — mas, em vez de dar um chilique de estrela do rock por conta da "degradação" da paisagem, ele comprou uma das novas casas para seus pais.

Ozzy presenteou os pais com uma residência nova em Northfield, Birmingham, e se mudou com a família para uma casa de fazenda em Ranton, Staffordshire. Ela logo ganhou o apelido de Casa de Campo das Atrocidades, visto que agora Ozzy tinha espaço e dinheiro para satisfazer sua personalidade cada vez mais extravagante.

Bill alugou uma moradia chamada Fields Farm em Bishampton, perto de Evesham, em Worcestershire, antes de se estabelecer em sua própria residência, a Summerville House, nas cercanias de Malvern.

Foi durante esse período de tranquilidade, em setembro de 1972, que *Vol. 4* foi lançado. O disco era tudo o que a banda tinha desejado, apresentando uma variedade de estilos que antes não existia em sua música. Existe um contraste entre clássicos peso-pesado do Sabbath como "Snowblind" e "Tomorrow's Dream" e a curta e experimental "FX", a instrumental "Laguna Sunrise" de Tony e a contida e melodiosa "Changes", possivelmente a primeira *power ballad* já feita.

O disco subiu pelas paradas britânicas até alcançar a oitava posição. E em seu subsequente lançamento nos Estados Unidos, onde alcançou a décima terceira posição, o Sabbath se tornou a primeira banda a ter três enormes outdoors na Sunset Strip, em LA, ao mesmo tempo — um verdadeiro voto de confiança por parte da Warner Bros., que tinha arcado com os custos do aluguel desses espaços.

"Gostaríamos de agradecer a grande Coke-Cola Company (Companhia Coca-Cola) de Los Angeles", o Sabbath disse no encarte do álbum, uma referência irônica ao fato de a gravadora ter rejeitado o título que a banda tinha escolhido para o álbum, *Snowblind*. Eles nunca pareceram particularmente incomodados por essa interferência, pois compreendiam que a gravadora não podia ser vista aprovando o uso de drogas.

O objetivo principal do Sabbath era o mesmo da gravadora: lançar o álbum e vender o maior número de cópias possível. Contudo, em uma última travessura, Ozzy conseguiu incluir às escondidas uma referência sussurrada à cocaína na gravação. Com isso, a dedicatória à grande Coke-Cola Company e uma editora musical chamada Rollerjoint (Enrolabaseado), eles tinham passado sua mensagem de maneira bem clara, e não havia motivo para se preocupar com o título do álbum.

O Black Sabbath estava rejuvenescido, pronto para encarar o mundo outra vez. A saúde de Bill e Geezer estava melhor do que nunca, e a atmosfera da banda parecia unida e saudável. Enquanto seguiam para o Heathrow Airport no primeiro dia do Ano-Novo de 1973, estavam encarando a turnê pela Oceania mais como férias do que como um compromisso de trabalho.

Naquela noite, eles se hospedaram no Skyline Hotel do aeroporto, prontos para partir bem cedo na manhã seguinte, em um voo da Pan Am conhecido como "avião do correio". Ele partiu às 8h, parando em todos os pontos ao sul para coletar e entregar cargas postais a caminho de Hong Kong, onde deveria chegar no dia seguinte. Em uma conexão em um lugar particularmente obscuro, a aeronave foi cercada por soldados armados com metralhadoras, ao que parece para impedir que os passageiros desembarcassem. Funcionou, pois ninguém quis sair do avião.

Depois de uma viagem tão longa, a última coisa que eles precisavam era ter suas entradas na Austrália negadas. No entanto, a banda não tinha tomado as vacinas obrigatórias e eles foram levados para uma clínica dentro do complexo do aeroporto para recebê-las. Com os braços latejando, dispararam pelo aeroporto bem a tempo de pegar o voo da Qantas que os levou ao seu destino final em Auckland, na Ilha Norte da Nova Zelândia.

No total, o Sabbath tinha passado 55 horas e 45 minutos em trânsito, nada mal para uma banda que havia recentemente decidido pegar leve nas viagens. Felizmente, tiveram alguns dias para relaxar e se recuperar das reações causadas pelas vacinas antes do show no The Great Ngaruawahia Music Festival of Peace no domingo, 7 de janeiro.

O Black Sabbath era uma grande atração na Nova Zelândia, e foi solicitado que comparecessem em algumas coletivas de imprensa e apresentações oficiais pelos representantes locais da Phonogram, a empresa-mãe da Vertigo. Foram presenteados com discos de ouro pelas vendas de *Paranoid*, elevando o total para dezesseis prêmios de ouro no mundo todo, e foram informados de que a prensagem inicial do *Vol. 4* na Nova Zelândia tinha esgotado apenas uma semana depois do lançamento.

O Festival of Peace, o primeiro festival ao ar livre de três dias na Nova Zelândia, foi realizado na fazenda de Charlie Coleman, na Huntley West Road, dos dias 6 a 8 de janeiro de 1973. Foi um evento multicultural, abrangendo de tudo: música tradicional maori, *skiffle*[11], *jug bands*[12] e também quatro horas de rock por noite. O Fairport Convention, a banda de folk-rock liderada pela vocalista Sandy Denny, era a única outra banda inglesa na programação. A maioria era da Nova Zelândia, e um grupo local, o Ticket, foi o grupo de abertura do Sabbath na Austrália.

Ao contrário de alguns festivas que o Sabbath tinha visto, o Festival of Peace foi meticulosamente planejado e organizado. Robert Raymond, o diretor da Music Festivals Ltd., e seu sócio, Barry Coburn, tinham se esforçado ao máximo para acertar todos os pequenos detalhes. Coburn tinha passado cinco meses longe da Nova Zelândia frequentando festivais nos Estados Unidos e na Grã-Bretanha para ver quais lições poderiam ser aprendidas, prestando atenção em como o público se comportava e qual seria a melhor maneira de cuidar de uma grande quantidade de pessoas ao longo de três dias.

A dupla também vasculhou a Ilha Norte durante meses à procura do local perfeito para o evento. Ngaruawahia, às margens do rio Waikato, a aproximadamente 112 km de Auckland, era perfeitamente localizada. O nome maori Ngaruawahia significa "abra os poços de comida", e essa área de Waikato foi o lar do povo de mesmo nome. O símbolo do festival era um garoto maori descalço segurando uma guitarra, com o símbolo oficial da "Ecologia Global" atrás dele.

O local era acessível às equipes e aos provedores de serviço por uma estrada, atravessando uma ponte, cujo acesso foi bloqueado para quem não estivesse se dirigindo ao festival. Tomaram-se medidas para que houvesse uma área de estacionamento que acomodasse 5 mil veículos na cidade de Ngaruawahia, do outro lado do rio. Foram reservados trens e ônibus especiais de Auckland e Wellington, e o público chegava ao local através de uma trilha de 730 m.

A área é cercada por uma floresta profunda e impenetrável de um lado e pelo rio do outro, com o terreno de 100 hectares de uma fazenda particular localizado em um anfiteatro natural, elevando-se a uma altura de 76 m acima da área do palco.

---

11 Estilo de música folk com influências de blues e jazz. (NT)

12 Bandas que contam com um "tocador de jarro", que obtém seu som soprando na boca de um jarro, juntamente com outros instrumentos convencionais e caseiros. (NT)

Os organizadores tinham estimado um público de 25 mil pessoas, cada uma pagando apenas 8 dólares por ingresso. Eles perderam uma bolada por não terem vendido aproximadamente 7 mil ingressos dessa estimativa, mas ainda assim foi um evento brilhante. Até houve um serviço religioso interdenominacional na manhã de domingo — que o Sabbath lamentavelmente teve que se recusar a comparecer.

O palco foi o maior já montado na Nova Zelândia. Construído com duas unidades juntas, ele tinha 30 m de comprimento, 12 de largura e 3,60 m de altura. O sistema de som pesava sete toneladas e foi posto em torres de 12 m de altura, uma de cada lado do palco. Um gravador de 16 trilhas foi usado para registrar todo o show para um possível lançamento no formato de álbum duplo. Também havia planos de televisionar o evento.

O festival começou com um cantor de Wellington, Nova Zelândia, que ficou nu no palco, explicando que estava "quente demais". Os magistrados locais entenderam que ele agiu de maneira *quente demais* e, mais tarde, o condenaram por "exposição de sua pessoa de maneira obscena em público" e aplicaram a ele uma multa pesada. Era o auge do verão na Nova Zelândia, e muitas pessoas da plateia seguiram o exemplo do cantor, arrancando as roupas e nadando nuas no rio Waikato.

Ao chegarem no festival na tarde de domingo, Ozzy pegou uma moto Honda emprestada com um dos ajudantes dos bastidores e foi dar uma volta pelo lugar para ver o que estava acontecendo. Ele voltou com uma passageira na garupa — uma garota nua que pulou da moto e saiu correndo pelada pela área dos bastidores.

O Sabbath deixou o público boquiaberto com uma gigantesca parede de som como o estrondo sônico de um caça — mais alto e mais ameaçador do que a Nova Zelândia poderia ter imaginado. No alto de uma colina acima do palco, os organizadores tinham erigido uma enorme cruz de madeira que explodiu em chamas no instante em que a banda começou o show. Foi um efeito simples, mas bastante impressionante, com a multidão irrompendo em um frenesi logo em seguida.

Depois de Ngaruawahia, o Sabbath teve três dias de folga. Eles se dirigiram para a ilha de Fiji para descansar e relaxar enquanto a equipe desmontava o equipamento e viajava para o próximo show em Sydney, Austrália. Ao chegar em Fiji, a banda foi recebida por uma limusine que os levou por uma estrada de terra até o Beachside Hotel, recomendado por alguém na Nova Zelândia. Ao deitar na cama na primeira noite, Tony encontrou um escorpião no travesseiro. Surtado, como seria de se esperar, insistiu em dividir um leito de solteiro com Luke durante o restante da estadia.

O Black Sabbath chegou em Sydney no dia 10 de janeiro, e os rapazes foram surpreendidos ao serem recebidos no aeroporto por centenas de garotas aos berros. Mais tarde, descobriram que a multidão na verdade esperava pelo The Osmonds. Apesar dessa pequena decepção, eles foram recepcionados na Austrália com grande entusiasmo e acabaram participando de uma coletiva de imprensa no aeroporto e de uma recepção organizada pela gravadora no Town House Hotel, onde ganharam mais discos de ouro.

Bill Ward foi a um estúdio de televisão para dar uma entrevista sobre a turnê australiana. Ao sair do camarim, ele se perdeu no caminho até a mesa do apresentador e acabou indo parar no estacionamento. Bill teve que pedir informações para o porteiro, chegando alguns minutos atrasado. E não, ele não estava bêbado. Bill se certificava de estar razoavelmente sóbrio quando aparecia na TV e não era possível perceber que ele tinha bebido alguma coisa.

Estava chovendo quando seguiram viagem até Melbourne no sábado, 13 de janeiro. Isso era incomum, muito inesperado, para aquela época do ano e causou atrasos no show ao ar livre que o Sabbath fez no Kooyong Tennis Pavilion. Luke e Spock estavam preocupados com a possibilidade de a chuva entrar nos amplificadores. Eles por fim conseguiram arrumar alguns pedaços de lona fedendo a mijo de ovelha para colocar sobre o equipamento de palco.

Agora a banda tinha que esperar o aguaceiro diminuir. Alguém convenceu Luke a subir no palco e contar algumas piadas para entreter a plateia enquanto aguardavam. Ele nunca tinha feito nada do tipo, mas foi bastante corajoso enquanto repassava seu repertório: "Vocês já ouviram aquela do...?". O Sabbath provavelmente teve sorte por ainda haver algum público quando finalmente subiu no palco.

Após concluir as últimas datas australianas, o Sabbath seguiu para uma turnê de 11 shows pela Europa, que foi gravada com o estúdio móvel dos Rolling Stones. Ele estranhamente se parecia com o tipo de mercadinho móvel que costumava ser encontrado nas áreas rurais da Inglaterra.

A unidade era pintada com cores de camuflagem, sem dúvida para escondê-la da artilharia de guitarristas irados como Tony Iommi.

Tony estava, em determinada ocasião, trabalhando em alguns *overdubs* quando entreouviu o engenheiro fazer um comentário casual: "Quanto tempo vai demorar para ele conseguir fazer isso direito?". Tony, de imediato, saiu para confrontar seu detrator, e uma discussão acalorada se seguiu. O engenheiro levou a pior nesse encontro e provavelmente tomou muito mais cuidado com seus comentários futuros.

O álbum ao vivo nunca foi lançado.

A primeira turnê britânica do Sabbath, em 1973, começou no dia 9 de março no Glasgow Greens Playhouse — mais tarde conhecido como Apollo, mas há muito demolido. Era um lugar turbulento para tocar nos anos 1970. O palco tinha 3,60 m de altura, o que era bom, pois isso servia para manter o público distante. Mais para o final do show, as primeiras 12 fileiras de assentos estavam completamente esmagadas.

O Sabbath teve como convidado especial o ex-tecladista do Yes, Tony Kaye, com sua própria banda, o Badger, e como grupo de abertura, vindo da Cúmbria, o Necromandus, que tinha assinado um contrato de empresariamento com Tony Iommi e estava no processo de gravar um álbum. Na metade da turnê, o Badger jogou a toalha, admitindo que estava sendo expulso do palco todas as noites pelo Necromandus.

A turnê prosseguiu e, quando o Sabbath chegou em Liverpool para um show no estádio do time de futebol local, equipamentos no valor de centenas de libras foram roubados de seu caminhão. Les Martin, o roadie de Geezer Butler, teve sua mala roubada no mesmo assalto. Ninguém sentiu inveja dos ladrões, que se tornaram os orgulhosos donos de uma coleção de meias fedidas, cuecas manchadas, cópias de segunda mão da revista *Hustler* e uns dois sanduíches de atum que Les sempre guardava para emergências. Não houve mais nenhum incidente à medida que a turnê avançava para o sul com destino ao Rainbow em Londres, o qual teve os ingressos esgotados em quatro horas.

A banda tinha originalmente planejado ensaiar e gravar *Sabbath Bloody Sabbath* em Los Angeles.

Eles tentaram. Viajaram para a Califórnia no final de abril de 1973 e se acomodaram na luxuosa mansão Du Pont. Tudo estava correndo às mil maravilhas até irem ao Record Plant, para começar as gravações, e não puderam usar o pequeno estúdio que tinha sido tão perfeito para o som que buscavam. Ninguém menos que Stevie Wonder estava trabalhando em um álbum e tinha enchido a sala com seus órgãos e sintetizadores.

Tony Iommi também disse que estava sofrendo de bloqueio criativo na época, o que não deve ter ajudado. Um Sabbath desapontado voltou para casa e retomou os ensaios para o álbum no que eles esperavam ser um cenário mais inspirador.

O castelo Clearwell, situado no interior pitoresco de Gloucestershire, próximo à fronteira da Inglaterra com o País de Gales, é uma estrutura neogótica construída como uma mansão para a família Wyndham em 1727, no local de uma casa senhorial em estilo Tudor. Os donos na década de 1970 eram os Yates, proprietários da empresa Yates Wine Lodge. Eles estavam morando no local e o estavam reformando.

O castelo era perfeito para o Sabbath, não apenas pelos motivos óbvios, mas também porque ficava perto da casa deles. Ao chegarem, encontraram um fosso, um rastrilho, um calabouço e quaisquer outras conveniências do século 18 que pudessem desejar, incluindo, supostamente, um fantasma que assombrava os corredores na calada da noite.

Bill Ward estava determinado a mostrar que não tinha medo de fantasma nenhum e optou por dormir no quarto onde diziam que ele tinha se materializado. Entretanto, apesar de toda bravata, ele mantinha sua faca cravada no lambri de madeira ao lado da cama... Luke se lembra de Ozzy e Tony afirmando terem visto uma aparição. Geezer também confidenciou a Luke que tinha sentido alguém sentado em sua cama.

O fantasma era um dos tópicos de conversa favoritos, e Tony em particular se divertia muito realizando elaboradas pegadinhas. Ele, no geral, era um sujeito tímido, mas ao mesmo tempo era ótimo com pegadinhas.

O quarto de Luke tinha uma enorme lareira de pedra com uma peça de decoração sobre a cornija. Era um modelo de um veleiro de vela quadrada, de 60 cm de altura e 90 cm de comprimento.

Certa noite, Luke estava arrumando a papelada em seu quarto quando ouviu um barulho de arranhão na porta. Ele se virou e viu, para seu horror, que o navio estava se movendo pela cornija, como se estivesse velejando. Surtando por completo, ele saiu correndo do quarto para contar ao restante da equipe.

Muito tempo depois, ele descobriu que Tony tinha armado aquele efeito. Ele tinha prendido barbante no navio, passado o fio por baixo da porta até o corredor e o puxado com delicadeza para fazê-lo se mover.

Em outra ocasião, Tony e um amigo chamado Graham Wilche encontraram um manequim de costura em um armário. Eles o vestiram com algumas roupas velhas, o levaram para um quarto no terceiro andar que dava para o pátio e esperaram Bill e Geezer voltarem de uma ida às compras. Bill e Geezer chegaram, estacionaram o carro e estavam começando a atravessar o pátio quando um "corpo" despencou no chão e se estatelou diante deles.

O castelo era um lugar enorme e magnífico, contando com camas com dossel para todos. Havia uma verdadeira sensação de história em cada cômodo. Armaduras espiavam de parapeitos, e escudos e espadas decoravam as paredes do grande salão.

Foi no castelo Clearwell que Dave Tangye, coautor deste livro, testemunhou pela primeira vez o charme hilário — e os hábitos perigosos — de Ozzy Osbourne.

Dave trabalhava para os protegidos de Tony Iommi, o Necromandus, na época. Recém-saídas de um show em Tenby, Gales do Sul, a banda e sua equipe viajaram para o Clearwell a convite de Spock Wall para pegar emprestado alguns amplificadores Laney 4X12 e outros equipamentos que o Sabbath não precisaria de imediato.

"Eu tinha conhecido o Sabbath durante a turnê britânica em março, quando o Necromandus abriu para eles", relembra Dave. "Eles eram rapazes ótimos que não agiam com arrogância nem pompa. Tony, uma vez, apareceu na espelunca onde nós, o Necromandus, estávamos morando em Station Road, em King's Heath, Birmingham. Ele chegou em seu Rolls

Royce, e tivemos que pedir a ele um xelim emprestado para a gasolina, a fim de que pudéssemos sair e comprar chá para podermos lhe oferecer uma xícara."

Então houve a viagem ao castelo Clearwell. "Chegamos em nossa van Transit e logo fomos recebidos por Spock, Luke e Les Martin. Eles nos mostraram o castelo e depois fomos ao estúdio de ensaios para ver a banda, que estava tocando naquela hora.

"Eles pararam o que estavam fazendo e nós rimos e fizemos piadas sobre todas as coisas que estavam acontecendo com a gente na estrada.

"Depois da troca de gentilezas, Ozzy nos levou ao pub do vilarejo, o Wyndham Arms, onde ficamos bastante bêbados. Conseguimos dar uma surra no time de dardos local, o que não foi muito bem recebido. Podíamos ouvi-los resmungando: 'Hippies cabeludos!'. Saímos do pub com um suprimento de sidra.

"De volta ao castelo, fomos até a sala de estar para continuar a beber. Havia uma enorme lareira de parede com lenha disposta, pronta para ser acesa. Ozzy se encarregou da tarefa — ele gostava de deixar o fogo o mais alto possível —, e nós atacamos os garrafões de sidra como se fossem os últimos na face da Terra.

"Um dos rapazes do Necromandus precisou dar uma mijada, o que é uma coisa bastante simples se você sabe onde encontrar o banheiro. Em castelos, isso não é tão fácil, principalmente quando você acabou de encher a cara de sidra. Ele só conseguiu chegar até a área de serviço e percebeu que teria de se virar na pia. No instante em que começou, a senhora do castelo entrou e o pegou no ato. Ele logo a tranquilizou: "Está tudo bem, querida, não estou mijando na louça, eu empurrei tudo para o lado". Ela deu sorriso débil e saiu do cômodo.

"De volta à sala de ensaios, todos estavam apagados. Fomos acordados de um estupor por volta das 3h da manhã com o cheiro de alguma coisa queimando. O tapete em volta do Ozzy estava pegando fogo, e sua calça boca de sino estava em chamas. Corri até onde ele estava deitado e o chacoalhei. Pegamos os copos de bebidas e jogamos o resto da sidra em cima dos jeans dele, o que apagou as chamas. Os outros rapazes apagaram o incêndio no tapete, que tinha sido causado por uma brasa que pulou da lareira. Que bagunça tivemos que limpar. Felizmente, estávamos pensando de maneira clara o suficiente para virarmos o tapete e esconder a parte queimada embaixo da cristaleira."

Esse foi, literalmente, um batismo de fogo. Mas Dave mais tarde iria se acostumar com o caos que rodeava Ozzy quando foi morar na residência dos Osbourne como assistente pessoal dele.

CAPÍTULO 9
NÃO HÁ NADA MELHOR DO QUE A NEVE!

Foi o maior espetáculo de rock em um lugar fechado em Londres, realizado ao longo de dez noites, de 27 de julho a 5 de agosto de 1973, no Alexandra Palace.

O Black Sabbath foi a atração principal de um dos shows, com o trio de blues-rock The Groundhogs como banda de abertura. As atrações nas outras noites foram Argent, Nazareth, Beck, Bogert & Appice, Richie Havens, Wizzard, Incredible String Band, Steeleye Span, Ten Years After, Wishbone Ash e Uriah Heep. Essas eram algumas das maiores atrações do circuito de shows, e os promotores esperavam que, juntos, pudessem fazer dele um evento anual.

É impossível saber o que deu errado — talvez a localização em Wood Green, no norte de Londres, fosse um pouco fora de mão —, mas as pessoas simplesmente não apareceram para o que deveria ter sido um dos maiores eventos não apenas do ano, mas da década. Mais tarde alguém comentou que havia mais traficantes do que fãs no Palace. O Sabbath foi quem se deu melhor entre todas as atrações, com uma casa lotada e um público de nove mil pessoas, a banda fez um show empolgante e, algo fora do comum, recebeu ótimas avaliações.

Os boatos corriam soltos no estúdio na época em que eles pagaram Rick Wakeman por seu trabalho em *Sabbath Bloody Sabbath* não com dinheiro, mas com cerveja — dois copos da cerveja Best Bitter da John Courage Directors. Ele esteve presente no Morgan Studios em Londres em setembro de 1973 como convidado nas sessões de gravação, tocando teclado em uma faixa bem rock 'n' roll, "Sabbra Cadabra".

Se *Vol. 4* tinha sido o primeiro dos discos com o novo estilo do Sabbath, com suas diferentes direções musicais, a transformação continuou em *Sabbath Bloody Sabbath*, que a banda produziu sozinha. Eles até chegaram a convidar uma orquestra para tocar na faixa "Spiral Architect", mas não conseguiram enfiar todos os músicos e seus instrumentos no Morgan Studios. Acabaram indo para o Pye Studio, localizado ali perto na mesma rua, com Ozzy tentando explicar o que queria que eles tocassem como uma espécie de maestro maluco. Ele não tinha nenhuma partitura para dar à orquestra, apenas cantarolou o trecho da música e eles captaram a ideia.

Outras faixas eram menos experimentais. Os fãs ferrenhos foram bem servidos — o peso monstruoso e sinistro da faixa título é típico do Sabbath, e "Killing Yourself to Live", com um solo memorável de Iommi, não se afasta muito do estilo original.

Tony há muito tinha sido aceito como a principal força musical dentro da banda, a autoridade superior. Ainda que Geezer fornecesse a maioria das letras e Ozzy inventasse melodias para conectar tudo, eram quase sempre os riffs de Iommi, que surgiam de improvisações ou de horas praticando desacompanhado, que davam origem às músicas antes de mais nada. Ele passava horas sozinho no estúdio, trabalhando em arranjos e na produção. Ele desde então já declarou que sua dedicação total ao Black Sabbath arruinou sua vida pessoal — durante longos períodos ele não teve nenhuma.

Lançado em dezembro, *Sabbath Bloody Sabbath* disparou pelas paradas britânicas até alcançar a quarta posição e mais tarde chegou à décima primeira posição nos Estados Unidos. O disco obteve algumas resenhas excelentes, com a *Melody Maker* instruindo seus leitores: "Se você não o entende, não o critique!".

Depois de uma turnê britânica de quatro dias em dezembro, a banda descansou durante o Natal, e a agenda ficou vazia até meados de janeiro. Eles tinham prometido pegar leve em 1973 — e de fato conseguiram reduzir a pressão neles. Geezer Butler disse mais tarde: "Aquele foi um ano muito bom... Sempre que penso nesse álbum, me lembro dele com uma sensação ótima".

Bill ficou satisfeito o bastante para dizer ao periódico *Disc* em dezembro: "Nunca vamos nos separar. Não poderíamos estar mais unidos agora, porque amamos uns aos outros e porque gostamos das músicas uns dos outros".

E então foi nesse estado de espírito que o Black Sabbath voltou para a estrada para promover o álbum. Estava na hora de pensar em seu público cada vez maior nos Estados Unidos. Começaram de leve nas duas primeiras semanas de 1974, com uma turnê de oito datas na Europa. Na época, estavam fazendo um grande estardalhaço sobre uma crise do petróleo, e, por isso, passou a ter um racionamento de gasolina. Muitas bandas britânicas estavam se recusando a ir à Europa por conta dessa situação, mas não o Sabbath. Ignorando os alertas sobre restrições aos motoristas e medidas restritivas, a banda foi em frente e descobriu que havia poucos problemas do outro lado do Canal; a crise estava afetando os motoristas no Reino Unido mais que em qualquer outra parte da Europa, e mesmo assim havia maneiras de evitar os problemas.

Ao voltarem, criticaram seus colegas mais cautelosos. Ozzy foi citado na edição de 2 de fevereiro de 1974 da *NME* dizendo: "Só posso pensar que aqueles empresários e agentes que cancelaram turnês europeias simplesmente não investigaram a situação por completo. Ou pode ser que exista outra razão — talvez só precisassem da publicidade. Fizemos turnês pela Suécia, Dinamarca, Holanda, Alemanha e Suíça, e não tivemos nenhum problema com a gasolina ou o diesel. Na verdade, os europeus davam risadas dessa conversa de escassez. É verdade que tivemos mais empecilhos em casa do que lá. Quanto à eletricidade, simplesmente não existe uma crise de energia".

A turnê pela Europa foi um aquecimento. O Sabbath estava prestes a voltar aos Estados Unidos, onde os ingressos para seus shows em arenas com capacidade para 10 mil pessoas estavam sendo vendidos com bastante rapidez. Eles não se apresentavam nos Estados Unidos havia mais de um ano, e estavam prontos para isso. A banda tinha levado as coisas em um ritmo mais vagaroso durante 1973, não houve nenhuma turnê extenuante e eles tinham aproveitado o tempo livre para desfrutar das vantagens de sua recém-descoberta riqueza.

Essa ausência dos palcos pode ter sido causada, em partes, pelos boatos que circulavam pelos Estados Unidos, dizendo que eles estavam prestes a se separar. É verdade que aquela foi uma época difícil para o Sabbath, que estava tendo diferenças de opiniões e problemas de comunicação com o empresário a respeito de diversos assuntos financeiros. Eles mais tarde viriam a romper essa parceria. Graham recorda: "Lembro de levar Bill até Londres para encontrar o restante da banda no escritório de Meehan. Era muito elegante — cheio de couro e madeira polida. Ozzy ficou bastante irritado e entalhou cruzes no lambri de madeira".

Ao mesmo tempo, a banda estava sendo processada por seu antigo empresário, Jim Simpson, um processo que acabou indo parar na Suprema Corte.

Mas, longe de se separar, a banda estava empolgada em estar de volta ao território norte-americano para 22 shows, começando na cidade do chocolate, Hershey, Pensilvânia. Essa foi a turnê *Lear Jet*, visto que a banda alugou aviões particulares, a um custo muito alto, para viajar pelos Estados Unidos com conveniência e conforto.

A banda de abertura da turnê foi o Bedlam, uma banda britânica que contava com o incrível e extravagante Cozy Powell, já falecido, além do ex-guitarrista do Procol Harum, Dave Ball, seu irmão Dennis no baixo e Frank Aiello nos vocais.

O Sabbath viajou de volta ao Reino Unido em março de 1974 e, embora os shows tenham sido um grande sucesso, a atmosfera que pairava sobre a banda tinha ficado um pouco tensa. Os problemas com o empresário estavam corroendo seu costumeiro bom humor, e uma sensação de "Por que estamos fazendo isso?" começava a dominá-los. Eles também precisavam de um tempo longe uns dos outros. Tinham passado por muitas mudanças pessoais ao longo dos últimos quatro anos e conquistado muitas coisas, mas tinham se esforçado muito para isso.

Ao relembrar esse período, Tony Iommi disse que estava começando "a se ressentir da maneira como a banda dependia quase que completamente dele em termos musicais" e estava cansado das longas horas que passava no estúdio. Bill Ward lembrou que: "Eu estava bastante debilitado devido ao uso de narcóticos". E Ozzy revelou que foi nessa época que pensou pela primeira vez em sair da banda, ao mesmo tempo em que confessou: "Não estava preparado para admitir meus erros para o restante da banda. Não queria abrir mão do sucesso e do reconhecimento".

Nenhum integrante da banda confidenciou suas dificuldades e, à medida que as semanas foram passando, a tensão foi ficando mais leve e eles voltaram à velha forma cheios de energia.

Por ora, no entanto, eles tinham alguns dias de folga antes de um breve retorno aos Estados Unidos para uma apresentação importante no festival California Jam.

Spock Wall decidiu ficar nos Estados Unidos, pois não fazia sentido enviar todo o equipamento de volta para casa só para levá-lo de volta três semanas depois para o California Jam. Depois de se despedir do Sabbath temporariamente, ele começou a carregar o equipamento no caminhão, junto com o sistema de som que pertencia à empresa de aluguel de equipamentos Tycobrahe. Primeiro, Spock teve que ir a Detroit, onde o caminhão e o sistema de som seriam apanhados pelo Deep Purple.

Ao chegarem na "Cidade dos Motores", Spock e um motorista de Los Angeles, chamado Ryan, alugaram um caminhão baú de 6 metros de comprimento da empresa Ryder e o encheram com o equipamento do Sabbath. Seu destino era LA e, visto que tinham bastante tempo para chegar lá, pretendiam ver um pouco dos Estados Unidos no caminho.

Começaram a viagem na Costa Leste coberta de neve dos Estados Unidos e dispararam ao longo da Interstate 80 na direção da Costa Oeste e do sol. Ao pegarem um pequeno desvio através de Aspen, Colorado, onde pretendiam descansar um pouco, descobriram que uma banda chamada Sweathog iria se apresentar na cidade. O Sweathog tinha aberto para o Sabbath algumas vezes e Spock tinha se tornado amigo deles. Desnecessário dizer que houve uma festa depois do show, então eles não dormiram muito naquela parada.

No dia seguinte, Spock e Ryan voltaram à estrada, dirigindo pelas Montanhas Rochosas. Tudo parecia estar indo bem conforme avançavam junto com o vento ao longo das planícies desertas de Utah, seguindo para Las Vegas. Mas as montanhas devem ter exigido um esforço letal do caminhão; logo ficou claro que não havia mais nada impulsionando o caminhão a não ser o vento.

A filial da empresa de aluguel em Salt Lake City prometeu enviar um caminhão substituto imediatamente. Três horas e meia depois ele chegou, e os rapazes começaram a descarregar a carga, mas logo perceberam que o substituto era 60 cm mais curto do que o original. Depois de muito empurrar, apertar e xingar, Spock e Ryan tiveram que desistir. Nem toda a carga iria caber no caminhão novo. Tiveram que deixar para trás três caixas enormes de flocos de neve de plástico e tomar providências para buscar o resto depois.

Naquela época, o Black Sabbath usava grandes máquinas de neve em um de seus efeitos espetaculares nos shows. As máquinas funcionavam com um efeito de saca-rolhas e costumavam ficar suspensas pelos suportes da iluminação do palco, carregadas com os flocos de neve que Spock estava transportando. Quando o Sabbath começava a tocar "Snowblind", as máquinas liberavam uma nevasca enquanto Ozzy corria pelo palco com um dedo na narina, indicando para a plateia que queria encher o nariz com aquele negócio.

Enfim, Spock e Ryan não pensaram mais nisso. Recomeçaram a viagem. Chegaram em segurança a Las Vegas, Nevada, e fizeram check-in no hotel-cassino Circus Circus.

Eles logo descobriram que, se você jogar nas máquinas caça-níqueis de um dólar durante algum tempo, garçons e garçonetes lhe servem bebidas de graça. Passaram o tempo jogando nessas máquinas e fingindo ser grandes apostadores enquanto pediam uma bebida gratuita após a outra. Não ganharam o prêmio principal, mas deixaram o cassino se sentindo bem refrescados.

Por fim, ao chegarem na Califórnia, Spock e Ryan foram até o Portofino Inn em Redondo Beach. A equipe tinha passado a se hospedar ali quando estava em LA porque ficava perto das empresas de som e iluminação, a Tycobrahe e a Obie's.

Era hora do almoço. Spock e Ryan estacionaram o caminhão, fizeram o check-in e foram para seus quartos. Sem que soubessem, o estacionamento tinha estado sob vigilância de certos membros da equipe de iluminação da banda havia alguns dias. A equipe tinha voado de volta para LA depois do último show em Long Island, Nova York, chegando muito antes de Spock e Ryan.

Spock tinha acabado de se esticar na cama para um cochilo, despertando com um pulo quando ouviu batidas frenéticas na porta. Para sua surpresa, um dos rapazes da Obie's Lighting estava parado ali. Sem nem mesmo dizer um "oi", pediu as chaves da traseira do caminhão, dizendo que em Long Island ele tinha "deixado uma coisa lá dentro por engano".

Spock não estava a fim de conversa, então entregou a chave do cadeado e voltou a dormir. Por volta de uma hora depois, o telefone tocou.

— Cadê? — berrou a voz do outro lado da linha.

— Hein?

— A neve de plástico. Onde ela foi parar?

Spock se levantou e foi ver o motivo de toda aquela comoção. O estacionamento estava parecendo uma venda de garagem. O equipamento do Sabbath tinha sido espalhado por toda parte, e os dois sujeitos da Obie's estavam sentados na traseira do caminhão vazio, parecendo abatidos.

Spock lhes contou sobre a pane no caminhão e descobriu que eles tinham escondido doze garrafas de álcool de cereais nas caixas de flocos de neve — e Spock e Ryan tinham sido contrabandistas de costa a costa sem que soubessem.

Também conhecido como *White Lightning* ou *Moonshine*, o álcool de cereais é um destilado de milho ou arroz, parecido em sua potência absurda com a bebida irlandesa chamada *poteen*, feita com batatas. A equipe de iluminação tinha comprado as garrafas na Pensilvânia, um dos poucos estados onde a bebida podia ser adquirida legalmente; na maioria dos Estados Unidos existe uma multa pesada aplicada a quem é pego com posse da bebida.

Os rapazes da Obie's tinham pagado 20 dólares por garrafa, o que era bastante dinheiro naquela época, portanto queriam recuperar o contrabando. Isso também lhes renderia comentários de como eles eram machos nos círculos rock 'n' roll de bebedeiras. Entraram em contato com a empresa de aluguel em Salt Lake City e foram informados de que a empresa tinha encontrado e destruído "o destilado do diabo". Os flocos de neve, porém, poderiam ser coletados a qualquer momento. Em um ímpeto de malícia, Spock pensou em lhes informar sobre a importância da "neve", mas decidiu não dizer nada.

O Black Sabbath deveria estar fazendo as malas e se preparando para voltar para o California Jam no Ontario Speedway Circuit no sábado, 6 de abril. Esse foi o maior festival nos Estados Unidos em 1974, com um público estimado de 270 mil pessoas.

Mas eles pareciam estar prestes a arruinar essa oportunidade. A banda ainda estava resolvendo suas próprias insatisfações pessoais e visto que, fundamentalmente, se comunicavam muito pouco com o empresário, não havia nenhuma pessoa importante por perto na Inglaterra para levantar seu moral, reuni-los ou lidar com os arranjos para a viagem.

No fim das contas, tudo ficou a cargo de Spock, que percebeu que tinha que tomar as rédeas. Àquela altura, ele tinha se mudado para um apartamento alugado em Hermosa Beach, Los Angeles, mas não tinha uma linha telefônica. Pode ser difícil de acreditar, mas ele lidou com toda a crise internacional de um telefone público na esquina de sua rua, do lado de fora do Critters Bar.

Após uma série de telefonemas transatlânticos para os quatro integrantes da banda na Inglaterra, Spock conseguiu convencê-los de que eles tinham que tocar no festival. Era um show gigantesco que contava com o enorme apoio de anúncios no rádio, todos mencionando o Sabbath. Cancelar essa apresentação iria causar danos inimagináveis à sua credibilidade e reputação como uma banda de rock importante nos Estados Unidos. Havia também o pequeno detalhe de que os promotores iriam processá-los até deixá-los só de cueca se eles não aparecessem.

Foi tudo feito às pressas, mas eles conseguiram, encaixando quatro horas de ensaio no dia anterior ao festival em um velho teatro desativado em um bairro dilapidado no centro de LA. Eles foram até o local de helicóptero e se dirigiram aos bastidores, que tinha uma atmosfera carregada de discussões e ataques de raiva.

A princípio, o Sabbath e o Deep Purple tinham sido agendados como bandas principais, mas o Emerson, Lake and Palmer, que naquela época era uma atração enorme nos Estados Unidos, foi convocado de última hora para impulsionar a venda de ingressos.

O Deep Purple e o ELP estavam ditando as regras sobre a ordem das apresentações: O Deep Purple tinha concordado em se apresentar antes deles, mas com certas condições. Sua intransigência estava causando diversos tipos de transtorno. Esperando nos trailers que serviam de camarim e atrasando cada vez mais todo o festival, eles insistiam com Donnie Branker, o coordenador do festival, que não iriam colocar os pés no palco até ter anoitecido.

O Sabbath só queria tocar; eles não tinham nenhuma intenção de se envolver com aquela babaquice e batalha de egos. Ficaram contentes em tocar seu set de sessenta minutos em plena luz do dia. A tarde estava linda; a plateia estava ansiosa e atenta, e o Sabbath — de repente revigorado após semanas de confusão — estava pronto para detonar como os demônios sobre os quais cantava. Eles trouxeram o lugar abaixo, e ainda podem se lembrar do California Jam como um dos destaques de sua carreira.

As coisas não saíram tão bem para o Deep Purple. Quando finalmente se apresentaram, o mago da guitarra Ritchie Blackmore quebrou a cabeça da guitarra em uma das câmeras que filmavam o evento da lateral do palco.

O Emerson, Lake and Palmer tinha montado um sistema de som quadrifônico, o qual tinha proibido as outras bandas de usar. Claro que eles queriam o melhor som para si mesmos, mas sua grande ambição fracassou quando o sistema foi incapaz de funcionar direito.

A cobertura que a imprensa fez sobre o festival foi colossal e fez maravilhas pelo perfil do Sabbath nos Estados Unidos. Bastante encorajados, eles passaram a ensaiar cheios de entusiasmo para a turnê britânica de *Sabbath Bloody Sabbath* quando retornaram à Inglaterra.

O Black Oak Arkansas foi a banda de abertura, agendada pelo lendário promotor londrino Harvey Goldsmith. O Black Oak vinha do sul dos Estados Unidos e a turnê de maio e junho foi sua primeira visita à Grã-Bretanha.

O Black Oak era uma banda espetacular ao vivo. Jim Dandy era um frontman supremo. Com longos cabelos loiros e uma fala arrastada carregada de sotaque sulista, tocava um *washboard*[13] excelente e sugestivo.

---

13 Tábua de lavar roupa transformada em instrumento. (NT)

O SABBATH SÓ
QUERIA TOCAR;
ELES NÃO TINHAM
NENHUMA INTENÇÃO
DE SE ENVOLVER COM
AQUELA BABAQUICE E
BATALHA DE EGOS.

Incomum para um herói do heavy metal, ele agradava o público de ambos os sexos. Os rapazes o admiravam e as garotas o adoravam. O baterista do Black Oak, Tommy Aldridge, também era fantástico. Seu solo de bateria era o melhor do ramo, e o mais visual — ele atingia o ápice quebrando seu kit em um frenesi enquanto mantinha um ritmo perfeito no que restava dele. Em anos vindouros, Ozzy, em carreira solo, quis Aldridge em sua banda, e algum tempo depois conseguiu recrutá-lo.

A turnê com o Black Oak também foi memorável por causa de um show no Free Trade Hall em Manchester — em especial para Malcolm Horton, um artista amigo de Bill Ward. A neve falsa tinha criado outro problema. Dessa vez, a equipe descobriu que não havia espaço nos suportes de iluminação para as máquinas de neve. Malcolm, um camarada prestativo, se ofereceu para subir a escada de metal de 10 m de altura até o espaço sob o teto nos fundos do palco para jogar os flocos de neve de plástico com as próprias mãos quando a banda começasse "Snowblind".

Tudo tinha dado certo no ensaio. Malcolm tinha calculado o tempo exato que a neve levava para cair no palco e tinha encontrado o melhor lugar para jogá-la. Infelizmente, não considerou o tempo que levava para subir a escada e assumir sua posição.

Na hora do show, Malcolm estava um pouco chapado, tendo desfrutado de uns dois baseados, e começou a subida até o teto um pouco atrasado. Estava a apenas três quartos do caminho escada acima quando ouviu os primeiros acordes de "Snowblind". Destemido, correu lá para cima e começou a abrir os sacos de neve todo apressado.

Em sua pressa, derrubou um dos grandes sacos que estava meio aberto e, tomado pelo horror, assistiu enquanto este caia como uma tonelada de tijolos na cabeça de Ozzy com uma explosão perfeita. A plateia foi à loucura. Quando o show terminou, Malcolm se arrastou até o camarim, esperando tomar uma tremenda de uma bronca. "Porra, isso foi incrível, Malc!", exclamou Ozzy. "Você pode fazer isso de novo no próximo show?"

"Sem problema", respondeu Malcolm, corando um pouco. "Sem problema."

Graham Wright, coautor deste livo, passou três anos na Middlesbrough Art College, depois foi viajar pela Europa e morou em Amsterdã durante algum tempo. Ao voltar para a Inglaterra, teve alguns empregos antes de um amigo lhe perguntar se ele estaria interessado em ajudar uma banda chamada Osibisa em sua turnê europeia. E assim, por acidente, Graham se viu trabalhando como roadie de bateria para a banda, que usava um conjunto de percussão afro-caribenha.

Ele continuou sua carreira como técnico de bateria com os roqueiros glam do Silverhead, uma banda chamada Glencoe que viria a alcançar a fama com Ian Dury como The Blockheads, um músico de Liverpool chamado Jackie Lomax que tinha tocado com os Beatles, e a banda de Tony Kaye, o Badger. No verão de 1974, Graham já era um veterano de turnês europeias e norte-americanas, e dividia um apartamento em Notting Hill com amigos de seu nordeste natal.

O Sabbath estava nas estradas do Reino Unido em sua turnê para promover *Sabbath Bloody Sabbath* quando um passarinho verde contou a Graham que eles estavam procurando um técnico de bateria.

Àquela altura, Luke não estava mais trabalhando com a banda, uma vítima da ruptura entre o Sabbath e Patrick Meehan. Ele tinha sido o relutante intermediário, pego durante algum tempo entre o fogo cruzado. Mas Luke achava que Meehan não gostava dele e estava tentando se livrar dele. Ele afirma que o empresário esteve presente em uma reunião com a banda e os convenceu de que Luke tinha que ser mandado embora porque era "muito ambicioso".

Um colega roadie deu a Graham o número de telefone de Les Martin, e ele foi convidado a ir se encontrar com Bill Ward na tarde de 21 de maio, antes de um show em Londres no que na época se chamava Hammersmith Odeon. Graham relembra: "Eu me lembro vividamente de entrar na casa de shows naquela tarde e abordar um rapaz sentado em cima de uma caixa de transporte na lateral do palco. Perguntei-lhe se sabia onde Les Martin estava e ele apontou para a bateria que Les estava terminando de montar. Percebi que a plataforma da bateria tinha o formato de uma cama com dossel. Eu sabia que bateristas tinham a reputação de serem loucos, mas uma cama? Eu me perguntei se Bill passava muito tempo dormindo.

"Les ficou feliz por eu ter aparecido, explicando que precisava de ajuda com sua crescente carga de trabalho. Ele na verdade era roadie do Geezer, mas estava fazendo dupla jornada como técnico de bateria. Ele então me levou para conhecer Bill Ward, e nós andamos até o rapaz sentado na caixa de transporte. Eu tinha achado que ele era um ajudante de palco local. Ele com certeza não se parecia com a estrela do rock que eu tinha imaginado. Vestido como o restante de nós, pé no chão, afável e claramente de classe operária como eu, gostei dele logo de cara.

"Depois de alguns minutos conversando com Bill, eu soube que seria um prazer trabalhar com ele. Bill explicou que queria alguém não só durante as turnês, mas que estivesse à disposição em tempo integral, disposto a se mudar para Worcestershire."

Graham pensou em sua vida em Londres, considerou a oferta por alguns segundos e tomou a decisão que mudaria tudo.

CAPÍTULO 10
O NECROTÉRIO DA MAUDE

raham se encontrou com Bill Ward pela segunda vez no dia 9 de junho no Coventry Theatre, o último show da turnê de promoção de *Sabbath Bloody Sabbath*, e foi apresentado ao restante da banda. Ele se surpreendeu com o fato de todos serem amigáveis e simpáticos, e se identificou com o senso de humor deles; ele pôde perceber logo de cara que Ozzy era um comediante natural.

O Sabbath não estava em uma posição muito alta na lista de preferências pessoais de Graham naqueles dias. Gostava mais de música norte-americana, em especial bandas da costa Oeste como The Grateful Dead. No entanto, depois de começar a trabalhar com a banda, passou a gostar bastante da música deles. "Talvez eu tenha sofrido lavagem cerebral por ter ficado sentado atrás da bateria de Bill por tanto tempo", brinca.

Graham viajou para casa com Bill depois do show. Eles enfim chegaram à estrada principal que ia de Worcester a Hereford e entraram em uma estrada rural que levava a Bromyard. Um quilômetro e meio mais adiante, bem acima das lindas colinas Malvern, se encontrava Summerville House. Era uma antiga residência independente em estilo vitoriano cercada por extensas terras de cultivo, com muitos hectares dedicados a plantações de framboesas. Bill morava lá com sua parceira norte-americana, Mysti, e seu filho recém-nascido, Aaron. Era uma típica residência interiorana, até o fogão Aga na cozinha. Bill ainda bebia, mas apenas sidra ou cerveja, Graham relembra: "Ele tinha deixado os destilados de lado e decidido nunca mais tocar nas 'bebidas pesadas' de novo. Bill bebia bastante na época em que se separou da esposa, Theresa, e estava preocupado com a possibilidade de ser um alcoólatra. A solução foi ficar com bebidas mais leves. Quando entrei em cena, ele não bebia tanto quanto alguns conhecidos meus da minha cidade natal de Teesside. Ele não bebia 24 horas por dia. Nunca subia no palco bêbado; sempre tinha água do seu lado enquanto tocava. Em sua vida particular, ele bebericava, acho que para fugir das pressões dos negócios que rodeavam a banda na época. Não demorou muito para ele me apresentar ao seu pub local no vilarejo próximo de Cradley. A senhoria desse pub incrivelmente tranquilo se chamava Maude — e o apelido do lugar era Necrotério da Maude.

"Depois de um jogo de dardos e alguns copos, a birita de Bill sendo a sidra local, descobrimos que tínhamos coisas em comum. Eu lhe contei que era de Stockton-on-Tees e acabou que ele tinha lembranças afetuosas daquela região — quando criança, seus pais costumavam levar seu irmão Jim e ele a Seaton Carew durante as férias de verão."

Bill tinha cinco carros. O orgulho da frota era um lindo Rolls Royce azul-marinho e prata e, visto que ele não tinha carteira de motorista, grande parte do trabalho de Graham era levá-lo de carro para todos os lugares. Era por isso que Bill queria tanto que Graham morasse perto dele. Ele sugeriu que Graham se mudasse para Fields Farm, o lugar que Bill alugou em 1973 depois de se separar de Theresa. Quando Mysti chegou à Inglaterra para ficar com Bill, ele comprou Summerville House e se mudaram juntos para lá. Essa foi a realização do sonho da classe operária inglesa: uma casa grande no interior continua sendo um poderoso símbolo de status, a prova de que você de fato é bem-sucedido, assim como uma garantia de privacidade. O amigo artista de Bill, Malcolm Horton (que tinha sido responsável pelo dramático "serviço com a neve" no Manchester Free Trade Hall), tinha assumido o contrato de aluguel de Fields Farm e estava morando lá com dois amigos hippies. Graham ficou feliz em ir morar com eles: "Voltei para Londres, empacotei meus parcos pertences da época e parti para minha nova vida no interior. Era um lindo dia de verão em julho de 1974 quando viajei para Fields Farm, perto do vilarejo de Bishampton, em Worcestershire, uma casa de fazenda de três andares em estilo georgiano afastada da estrada que levava ao vilarejo, cercada por campos de trigo e cevada.

"Pela primeira vez, entrei no longo caminho que levava à fazenda. Havia um laguinho ao lado das construções da fazenda, e estacionadas ao lado do lago havia duas viaturas e uma ambulância. Fui informado de que, na noite anterior, um rapaz que estava visitando a fazenda tinha levado uma canoa para o lago. Tragicamente, a canoa virou e ele se afogou. Que recepção."

Bill também tinha passado a se dedicar à vida rural de corpo e alma, contando certa vez ao entrevistador Chris Walters: "Cultivar sua própria comida é muito gratificante. Você não acreditaria em como os vegetais têm um gosto bom quando você mesmo os plantou. Dou duro no meu terreno quando estou em casa. Isso me relaxa".

Graham passou alguns meses trabalhando como motorista e assistente pessoal de Bill. Seu primeiro trabalho de verdade com o Sabbath foi montar o equipamento em um centro esportivo no Cannon Hill Park, em Birmingham. Eles tinham decidido ensaiar para uma possível turnê australiana de duas semanas, algo que não os tinha deixado muito contentes.

O salão esportivo era o lugar mais improvável para encontrar o Black Sabbath. Era um edifício pequeno, espremido entre um campo de bocha na grama e alguns galpões de jardinagem. Surpreendentemente, não houve reclamações dos cidadãos idosos que jogavam bocha ali perto. Eles devem ter diminuído o volume de seus aparelhos auditivos.

Na noite de 3 de novembro, o telefone tocou na casa de Graham, e era Bill: "Graham, temos que ir para a Austrália em dois dias".

Ao chegar na Summerville House, ele encontrou Bill parado na cozinha, segurando um maço de contratos.

"Já assinei estes", disse Bill. "Preciso que vá até a casas de Geezer, Ozzy e Tony, peça a eles que assinem os contratos e depois leve tudo para Londres até as 8h30."

Graham conseguiu cuidar da papelada, e 48 horas depois eles estavam a caminho da Austrália: "Esse foi meu primeiro voo com o Sabbath e eu estava sentado com Les Martin, Spock e o restante da equipe na classe econômica. A banda e seu guarda-costas, Albert Chapman, estavam na primeira classe, na corcunda do jumbo. A tripulação logo deixou que nos juntássemos a eles para uma bebida".

O centro das atenções durante o voo de 24 horas não foi Ozzy, mas Albert Chapman, um velho amigo de Tony Iommi da época de escola. Ele apresentou um número de comédia e uma sequência interminável de piadas que mantiveram todos morrendo de rir. Ele era, e ainda é, um gigante com uma personalidade à altura de seu tamanho.

Albert mais tarde tornou-se dono de um clube e restaurante chamado Elbow Room, em Aston, Birmingham. Na época da viagem à Austrália, ele trabalhava como segurança da boate Rum Runner no centro de Birmingham. Foi um pugilista habilidoso em sua juventude, portanto tinha as qualificações ideais para cuidar da segurança da banda e, algum tempo depois, do gerenciamento das turnês. Durante sua carreira no ringue, Albert fez amizade com muitas pessoas da fraternidade do boxe, incluindo alguns dos vilões mais infames da década de 1960. Ele conheceu os gêmeos Kray, que tinham sido boxeadores promissores quando jovens, e era bastante íntimo do irmão mais velho deles, Charlie.

Graham se lembra muito bem dessa viagem: "Albert nos manteve entretidos durante horas. O voo foi tão longo que tivemos tempo de ficar bêbados, sóbrios e de nos embebedar de novo, diversas vezes. Aterrissamos em Perth para alguns passageiros descerem, e as comissárias de bordo andaram para cima e para baixo dos corredores borrifando inseticida em cima de todos os passageiros. Les percebeu que as danadinhas pareciam estar dando mais atenção a nós.

"Quando partimos para o trecho final do voo para Sydney, o jumbo começou a se inclinar bastante para um lado. Alguém gritou: 'O que diabos está acontecendo?', quando olhamos pelas janelas para um campo de golfe lá embaixo. O capitão pediu para os passageiros acenarem; estávamos sobrevoando um torneio patrocinado pela Qantas, nossa companhia aérea. Em uma questão de segundos disparamos de volta para a altitude certa."

Em Sydney, a comitiva tinha reservas no Kingsgate Hyatt Hotel, na região de Kings Cross. A localização era perfeita por causa da vida noturna, e a banda e a equipe saíram para explorar os bares e clubes do bairro chamado Woolloomooloo. Graham tem lembranças estranhas dessa primeira excursão: "No final da noite, nos vimos em um clube decorado com estampas de zebra. Quando pensamos ter visto o Tarzan e a Jane se balançando nas vigas, decidimos que, com certeza, estava na hora de voltar ao hotel.

"Cambaleamos pelo saguão até chegarmos aos elevadores. Quando apertei o botão para chamar o elevador, Ozzy disse: 'Preciso mijar e tem que ser agora!'. Olhei para cima e vi que o elevador ainda estava no 24º andar. Ozzy tinha aberto o zíper da calça e estava direcionando uma torrente contínua para um vaso com uma palmeira ao lado das portas dos elevadores.

"Olhei para o mostrador que indicava o progresso do elevador. Ele estava descendo em câmera lenta e parando em todos os andares. Ozzy olhou para mim com seu sorriso bobo e perguntou: 'Você já deu uma mijada que achou que nunca iria acabar? Acho que essa vai ser a mais longa que já dei na vida'.

"Àquela altura, o vaso com a planta estava transbordando a um ritmo alarmante. De novo, verifiquei onde o elevador estava. Estava parado no sexto andar, e um rio de urina estava escorrendo pelo piso de mármore polido do saguão. Gritei: 'Ozzy, dá um nó nisso aí!', mas foi em vão. Ele continuou o que estava fazendo. Eu estava prestes a sair correndo porque tinha visto a recepcionista olhando horrorizada para o chão.

"Naquele momento, as portas do elevador abriram e um casal bem-vestido saiu de dentro dele. Agarrei o Oz pelo cangote, o empurrei para dentro do elevador passando pelo casal e me joguei em cima dos botões. Nunca vou me esquecer do olhar de choque no rosto daquelas duas pessoas pouco antes de as portas fecharem, quando olharam para trás e viram Ozzy no canto do elevador, ainda urinando um fluxo constante. Por incrível que pareça, a bagunça foi limpa com toda discrição. Não ouvimos nada a respeito disso dos funcionários do hotel.

Ozzy não teria tanta sorte quando foi preso em San Antonio no famoso episódio em que urinou profusamente no Álamo, no Texas, em 1982. É claro que ele precisava mijar, e tinha que ser 'agora!'"

A turnê começou no dia 5 de novembro com um show que teve os ingressos esgotados no Hordern Pavilion, em Sydney, um triunfo retumbante para o Sabbath. Les Martin foi procurar Graham enquanto a banda de abertura estava no palco, o incitando: "Você precisa ver isso. Tem um garoto de uniforme escolar com um boné e uma mochila, saltitando pelo palco e tocando guitarra". Todos deram umas boas risadas à custa do AC/DC, sem saberem na época que em três anos eles estariam abrindo para o Sabbath em uma turnê europeia e que iriam seguir ascendendo na direção de seu próprio superestrelato.

A banda seguiu viagem até Brisbane, conforme Graham relembra: "O dia seguinte seria livre. Eu estava ansioso por uma folga. Errado! Bill decidiu que estava cansado de viajar de avião e quis percorrer de carro os 805 km até Brisbane para o show no dia 7 de novembro. Ele era excelente em arrumar dores de cabeça.

"Existe uma expressão britânica usada nas West Midlands, 'going round the Wrekin'. Ela significa escolher o jeito mais demorado para fazer alguma coisa, escolher o jeito difícil em vez do fácil. Bill era um grande expoente disso. Mas não fiquei muito chateado por perder o dia de folga, porque tive a oportunidade de ver um pouco do interior australiano.

"Alugamos um carro, nos afastamos da extensão urbana de Sydney e logo a espessa pradaria australiana surgiu ao nosso redor. Bill se esparramou do meu lado no banco do passageiro, o odor reconfortante de uma terra distante irradiando dele — ou talvez fosse só a sidra. A estrada era pouco melhor do que uma estrada agrícola, e Bill estava enfeitiçado pela estranha vegetação. De repente, ele exclamou: "Puta merda, você viu o tamanho desses coelhos?". Não tive coragem de lhe contar que eram aqueles pequenos cangurus chamados *wallabies*.

"Pareceu que demoramos um ano para chegar em Brisbane, e eu carreguei Bill, que ainda estava bêbado, para seu quarto de hotel. Os outros rapazes estavam deitados em volta da piscina, aproveitando o calor subtropical. Ozzy se esgueirou até o quarto de Bill e cortou uma perna de sua calça jeans, sabendo que ele não tinha levado nenhum short. Bill mais tarde desfilou em volta da piscina com seu jeans customizado e o usou assim durante alguns dias até que a outra perna caiu.

"O show em Brisbane foi ao ar livre em um tipo de quadra de tênis. Não lembro muita coisa sobre ele, visto que estava acabado por causa da viagem através do desértico *outback* australiano."

A banda voou de volta a Sydney para outro show no Hordern Pavilion, e o promotor os convidou para um passeio de barco vespertino pelo porto, uma enorme vastidão de água. Ao subirem a bordo da lancha, foram recebidos pelo capitão, vestindo uma camisa branca da Marinha, short, um lenço de pescoço e um quepe de marinheiro em um ângulo garboso sobre a cabeça. Graham relembra: "Fomos navegar, comendo, bebendo e aproveitando a hospitalidade e a vista. À medida que nos aproximávamos da entrada do porto, o capitão disse que iríamos chegar perto da costa porque havia uma praia da qual talvez fôssemos gostar de ver. Havia muitas figuras acenando e gritando para nós. O capitão acenava de volta cheio de entusiasmo.

"Algum tempo depois, conseguimos ver que era uma praia de nudismo. E, à medida que navegávamos para mais perto, percebemos que todas as figuras nuas eram homens, um monte deles, em pé em cima das rochas agitando seus pintos para nós. Lembro que o capitão estava sorrindo. E lembro de alguém gritando com um sotaque carregado de Birmingham para ele virar o barco a toda velocidade. Aquela não era uma época muito esclarecida; pelo menos não para um bando de rapazes de Aston."

Depois de Sydney, a banda seguiu para Melbourne. Todos os voos tinham sido reservados, embora não tenha sido nenhuma surpresa para Graham quando Spock o abordou no bar na noite anterior à partida para explicar que Bill estava dando mais dor de cabeça. Mais uma vez ele tinha decidido não viajar de avião, e eles tinham feito reservas em um vagão-dormitório do trem noturno da Southern Aurora Express. Duas passagens tinham sido compradas: uma para Bill e outra para Spock.

Apenas duas horas antes do trem partir, Bill anunciou que tinha, afinal de contas, reunido coragem para viajar de avião. Sua passagem estava disponível e Graham ficou com ela. Ele queria vivenciar tudo o que podia.

O último show foi em Sydney, e a banda e a equipe, depois de viajarem pela Austrália em duas semanas, estavam igualmente exaustas e sofrendo com a diferença de fuso horário.

Eles passaram o fim de ano em suas casas de campo. Graham às vezes era chamado para levar Bill até a casa de Ozzy, e não teria sido Natal sem uma ou duas visitas ao Necrotério da Maude. Mas com certeza esse período foi uma calmaria antes da tempestade. O Black Sabbath estava, mais uma vez, se preparando para o ataque, e um disco novo começaria a tomar forma no início de 1975 na casa de fazenda de Ozzy.

CAPÍTULO 11
SABOTADOS

casa de fazenda de Ozzy em Ranton, Staffordshire, foi o local escolhido para os ensaios do novo álbum do Black Sabbath, marcados para começar em janeiro de 1975. A banda se instalou em um cômodo grande que Ozzy tinha construído como extensão nos fundos da casa, com janelas que davam para um amplo jardim. Era confortável, e um urso-pardo empalhado ficava de guarda junto à porta. Ozzy pretendia, algum dia, transformar a sala em um estúdio de gravação completamente funcional. Agora, porém, os únicos equipamentos eram um gravador Revox, um pequeno equipamento de som e o sintetizador de Ozzy.

Graham passou inúmeras semanas na estrada com Bill Ward e Geezer Butler, levando-os para os ensaios e, então, de volta para suas casas. Eles costumavam viajar no Rolls Royce de Bill, que contava com um toca-fitas de ponta de oito trilhas, tecnologia inovadora naquela época. "Nosso álbum favorito era *Band on the Run*, de Paul McCartney", relembra Graham. "Cantávamos juntos no Roller mudando a letra para *boils on the bum*! (furúnculos na bunda)."

As conversas no carro eram sempre joviais. Bill e Geezer não tratavam de assuntos da banda na presença de Graham, ainda que, assim como Ozzy e Tony, estivessem preocupados e chateados com os incessantes problemas relacionados aos negócios — a disputa com o empresário, as questões financeiras, a interminável ação judicial e o futuro da banda. Essas desilusões amargas em relação ao que tinha acontecido anteriormente estava transparecendo nas músicas que surgiam na sala dos fundos na casa de Ozzy.

Pouco tempo antes, os integrantes do Sabbath tinham tomado a decisão de serem os próprios empresários e mestres do próprio destino. Dizia-se que o acordo que fizeram com Meehan tinha lhes permitido ficar com as casas, os carros, o nome da banda e muito menos dinheiro do que gostariam. Tony Iommi foi citado dizendo que a banda tinha sido forçada a recomeçar do zero no âmbito financeiro. Se ele estava exagerando ou não, eles sem dúvidas ficaram arrasados e determinados a nunca mais perder as coisas de vista. O integrante mais diligente da banda era Bill. Ele ficava pendurado no telefone, cuidando dos negócios, e é provável que nunca tenha sido muito valorizado por isso. Bill pode ter sido um voluntário improvável, mas sua natureza afetuosa e sua constante necessidade de cuidar dos outros integrantes foram uma grande força motriz. Essa foi uma época estressante, e o Sabbath tinha optado por lidar com as complexidades legais dos negócios enquanto também dava duro na parte musical. Bill optou por tirar o peso dos ombros dos outros integrantes ao estabelecer uma ligação com os advogados contratados pelo Sabbath a um custo exorbitante para colocar seus negócios de volta nos eixos depois de terem parado de trabalhar com Meehan. Bill provavelmente estava tão fora da sua área de conhecimento quanto o restante da banda, mas fez o melhor que pôde.

Enquanto isso, no Roller, Graham estava começando a conhecer Bill e Geezer como pessoas em vez das estrelas do rock mundialmente famosas que o público enxergava: "Bill era o cavalheiro da banda. Sempre se preocupava se os outros integrantes e a equipe estavam bem. Ele era a pessoa que se preocupava mais.

"Geezer era um dândi, sempre bem-vestido. Transparecia ser um pensador profundo, ainda que tivesse um senso de humor surreal e fosse fã de futebol. Adorava o Aston Villa FC e ia torcer por eles sempre que conseguia ir ao estádio Villa Park. Eu torcia pelo Middlesbrough, e costumávamos fazer piadas sobre a situação de nossos times. Em anos futuros, fomos a muitos jogos juntos."

Bill costumava ser a vítima das pegadinhas da banda, mas Geezer às vezes também caía em algumas delas. Graham se lembra de como uma das boas ações de Geezer se voltou contra ele de uma forma terrível — graças a Tony Iommi: "Geezer convidou um fã que morava em seu vilarejo para ir com ele a um dos shows. O garoto estava nas nuvens enquanto perambulava pelos bastidores, e quando Tony descobriu que ele tinha ido até lá no carro de Geezer, colocou em ação uma de suas pegadinhas mais elaboradas. Ele escapuliu da casa de shows com um punhado de queijo gorgonzola e o escondeu em uma das saídas de ar do carro.

"Alguns dias depois, perguntamos ao Geezer o que o jovem amigo tinha achado do show. Ele fez cara feia: 'Essa foi a primeira e a última vez que ele foi a um show comigo. Ele fedia tanto que tive que dirigir para casa com as janelas abertas. E até hoje não consegui tirar o fedor do carro'."

Ninguém sabe se Geezer chegou a descobrir a causa do odor incômodo.

A residência dos Osbourne era uma grande casa de campo independente no fim de uma rua, e sua mobília refletia a paisagem interiorana. Havia uma cozinha espaçosa e a sala de estar era dominada por um enorme sofá Chesterfield de couro e uma lareira aberta. Ozzy morava lá com Thelma, Elliot e Jessica, e estavam prestes a dar as boas-vindas a um recém-nascido, seu filho Louis.

Os Osbourne costumavam ser incrivelmente normais. Ozzy era um pai feliz e hábil, e Thelma era uma adorável esposa e mãe que gostava de sua casa e das diversas rotinas domésticas que mantinham tudo funcionando bem. Ela cozinhava, limpava, levava Elliot aos grupo de escoteiros. Às vezes, era possível imaginá-los como qualquer outra família "comum". Mesmo assim, ainda que Ozzy adorasse sua vida familiar, não conseguia esconder o brilho travesso nos olhos quando os amigos lhe visitavam. Ozzy, como Bill, adorava ter companhia.

Algumas semanas após o início dos ensaios, o Sabbath decidiu trocar de ares. Eles se mudaram da casa de fazenda para uma casinha chamada Weobley, perto de Norton Canon, Herefordshire, se acomodando em uma residência paroquial que pertencia a um executivo aposentado da indústria de energia nuclear. Ele a tinha transformado em uma instalação residencial onde as bandas podiam ensaiar.

Ele era uma figura e tanto: todas as noites preparava um jantar completo com carne e dois tipos de legume, servido em um prato feito de osso, para seu adorado dogue alemão. A primeira refeição que serviu à banda foi codorna assada, mas todos acharam que ele estava servindo pardal.

A residência paroquial era assustadora e, como esperado, diziam que era mal-assombrada. Como sempre, Tony Iommi estava se sentindo em casa, pregando peças em todo mundo. Uma de suas favoritas era se esgueirar atrás de membros distraídos da comitiva usando uma máscara com o rosto de um velho de cabelos brancos e um nariz comprido e verruguento.

Para não ficar atrás, Ozzy tinha a própria maneira de chocar o grupo. Certa vez, ele cozinhou um prato à base de curry com alguns ingredientes bastante exóticos. Bill o atacou de maneira voraz e acabou pescando no prato uma de suas meias velhas que tinha desaparecido mais cedo naquele mesmo dia. De acordo com Ozzy, ela deu à receita um sabor especial. Depois disso, as responsabilidades em relação ao bufê foram delegadas a um restaurante local, o Penrose Court, na próxima Lyonshall, cujo proprietário era a estrela de *Monty Python*, Terry Jones.

A banda teve certeza de que tinha sido incluída em dos esquetes de Terry no dia em que um caça Harrier aterrissou no campo ao lado da casa paroquial. O piloto desembarcou e, com passos tranquilos, caminhou até a casa e perguntou se podia usar o telefone. Ao que parece, ele estava tendo problemas de comunicação na aeronave.

O Black Sabbath decidiu batizar o álbum seguinte de *Sabotage*, exatamente o que eles achavam que estava acontecendo com sua carreira por conta dos problemas relacionados aos negócios. Voltaram ao Morgan Studios em Willesden, Noroeste de Londres, para as sessões de gravação, realizadas ao longo de fevereiro e março de 1975.

Durante esse período, a banda ficava hospedada no Holiday Inn no bairro Swiss Cottage, de segunda a sexta-feira, e voltava para suas casas de campo nos fins de semana.

O Holiday Inn tinha uma lanchonete 24 horas, o que era incomum para um hotel de Londres em meados dos anos 1970, e Graham ainda sente prazer em relembrar uma visita em particular: "Tínhamos acabado de voltar do estúdio. Era por volta das 3 horas da madrugada e a lanchonete estava surpreendentemente movimentada, mas todos queríamos um lanche, então pegamos nossos lugares na fila. Ozzy ficava atormentando Bill por causa de suas roupas casuais, insistindo que ele parecia um mendigo, mas Bill, como sempre, se recusava a cair na provocação. Ele esperou na fila em silêncio e pediu um sanduíche. Chegou a hora de Ozzy fazer seu pedido e seus olhos pousaram em um bolo floresta negra de 30 cm de diâmetro e pelo menos 20 cm de altura. Ele perguntou à atendente quanto custava uma fatia e, ao ouvir a resposta, lhe entregou 20 libras, anunciando: 'Vou ficar com o bolo inteiro'. Ela perguntou se ele gostaria que o bolo fosse cortado em fatias, mas ele disse que não. Ela insistiu: 'Você vai comer o bolo todo sozinho?'. 'Não', Ozzy sorriu, 'vou dar ao Bill como prêmio por ter bom gosto para moda!'. Dito isso, Ozzy tirou o bolo do prato e o jogou com firmeza em cima da cabeça do baterista. Ficou parecendo uma grande coroa preta de chocolate. Sem se abalar, Bill se virou para Ozzy e lhe agradeceu com amabilidade, acrescentando: 'Mas você não precisava ter se incomodado. Estou bem satisfeito. Acabei de comer um sanduíche'."

Às sextas-feiras, com o trabalho semanal encerrado, Graham primeiro levava Bill para a Summerville House e depois deixava Geezer em sua casa em Cleobury Mortimer. Tony costumava dirigir o próprio carro, enquanto um dos diversos motoristas levava Ozzy de volta à sua casa de fazenda. A maioria dessas viagens para o norte eram tranquilas, embora Bill e Geezer às vezes fizessem uma parada para uma sessão de bebedeira em um pub interiorano se ainda fosse cedo. Como Graham estava dirigindo, um ou dois coquetéis panaché[14] eram seu limite.

Em uma manhã de segunda-feira, Graham como sempre estava levando Bill e Geezer pela A40 no Rolls, a caminho de Londres. Tinham acabado de passar por Oxford quando um Bentley branco conversível emparelhou com eles, como Graham relembra: "O motorista era John Bonham do Led Zeppelin e o passageiro era Robert Plant, o vocalista. Abri a janela do carro e Bill berrou um 'oi' para Bonzo, seu velho amigo e colega baterista. De imediato, Bonzo nos desafiou para uma corrida até Londres, declarando que a rotatória no final da A40 seria a linha de chegada.

---

14 Bebida feita com cerveja e refrigerante de limão ou limonada. (NT)

BLACK SABBATH

"Com Bill prometendo pagar quaisquer multas que tomássemos, partimos em disparada. Os dois carros avançavam a uma velocidade acima dos 160 km/h. Estávamos emparelhados à medida que nos aproximávamos da rotatória, e eu brequei para evitar bater contra ela. Bonzo passou voando pelo centro da rotatória e parou cantando pneus no acostamento seguinte. Por um milagre, ele, Robert e o conversível saíram ilesos. Batemos um papo com os rapazes do Zep e então seguimos para o estúdio.

"Naquela noite, Bonzo, Robert Plant e o baixista do Zeppelin, John Paul Jones, fizeram uma visita ao Morgan Studios e logo estavam tocando com o Black Sabbath. Foi incrível de ver. Eles tocaram 'Long Tall Sally' e improvisaram outras músicas, com John Bonham descendo o braço na bateria de Bill. Fiquei preocupado que ele fosse quebrar alguma coisa, mas a bateria aguentou. Felizmente, eu tinha adquirido o costume de pregar tudo no chão."

As sessões de gravação costumavam avançar noite adentro. Tony Iommi estava trabalhando bastante no âmbito da produção com o coprodutor da banda, Mike Butcher, e passava muito tempo testando sons de guitarra. Bill também estava experimentando com a bateria, dando preferência especial ao efeito do "prato invertido". Ele batia no prato, gravava o som, tocava a gravação de trás para a frente e depois a acrescentava à faixa. A banda estava trabalhando no que viria a ser seu equilíbrio mais convincente e impressionante entre o som bombástico e estrondoso pelo qual tinha ficado famosa e os elementos mais suaves e incomuns que tinha começado a introduzir em *Vol. 4*.

Para uma das músicas, a banda empregou o coral de quarenta integrantes do London Chamber Choir, liderado por Will Malone, e uma harpista. Toda a trupe entrou no estúdio, gravou a faixa, cobrou uma taxa de 120 libras e foi embora com a mesma rapidez com que tinha chegado. Naquela época, a faixa tinha o título provisório de "We Sell the Worst Chips in the Country" (nós vendemos as piores batatas fritas do país), o que estava em desacordo com a atmosfera criada pelo coral. Eles não tinham "cantado" no sentido comum da palavra, mas criado um pano de fundo vocal. Era o som de um bando de anjos demoníacos. A faixa que, com a exceção do coral, era uma música instrumental recebeu mais tarde o título um pouco mais apropriado de "Supertzar" (mudando o *star*, estrela, para *tzar*, czar). Ozzy gostava de jogos de palavra e os usava, geralmente, para evitar que a banda fosse acusada de ser presunçosa. Graham relembra: "Ele costumava chamar a banda de Slack Haddock [Hadoque Frouxo, em tradução livre], e em homenagem a isso, mudei o nome em estêncil em uma das caixas de transporte da bateria de Black Sabbath para Slack Haddock".

David Tangye aparecia no estúdio de vez em quando com os rapazes do Necromandus enquanto o Sabbath gravava o álbum. Em determinada ocasião, Bill Ward recrutou Dave, Graham e seu irmão Jim Ward para bater palmas em uma das faixas. Seus esforços estão imortalizados em "The Thrill of it All".

A faixa principal em todo o álbum era uma música chamada "The Writ" (a ordem judicial), a manifestação de fúria por parte do Sabbath contra os empresários e as disputas legais que causaram tanta preocupação e raiva. Tony Iommi disse mais tarde: "Aquela foi uma época terrível para nós, porque estávamos recebendo as porcarias dos processos enquanto estávamos no estúdio. As pessoas estavam nos entregando ordens judiciais e tal".

Até mesmo a capa do álbum foi confiscada.

Graham, um artista que há muito tempo vem exibindo suas obras na Grã-Bretanha e nos Estados Unidos, esteve conversando com Bill sobre a arte da capa na época das gravações. Graham teve uma ideia baseada em um quadro famoso do artista surrealista Magritte, no qual um homem em um terno escuro está parado de costas para um espelho. O reflexo mostra a frente do homem, não suas costas. Em essência, sua imagem tinha sido sabotada. Graham explica o conceito: "Decidimos usar uma imagem da banda ao longo de um corredor em um castelo antigo, tudo escuro e lúgubre com vitrais emitindo luz em uma das pontas. Os integrantes da banda estariam vestidos de preto, e atrás de cada um haveria um antigo espelho de corpo inteiro mostrando um reflexo invertido. Essa ideia foi entregue à gravadora, que marcou uma sessão de fotos para dali a duas semanas. Para meu horror, fomos informados de que ela não seria realizada em algum castelo antigo, mas no pequeno estúdio de um fotógrafo no Soho. A banda foi instruída a levar algumas roupas de palco para algumas fotos preliminares. Ozzy jogou um quimono e uma cueca bastante esquisita em uma bolsa. Bill levou um par de meias-calças. Ele nunca usava calças no palco — apenas meias-calças ou short —, visto que não queria que nada ficasse preso nos pedais de seu bumbo.

"Quando eles chegaram, nenhuma roupa preta tinha sido disponibilizada, e alguém lhes perguntou o que queriam vestir. Nesse momento ficou óbvio que o conceito original tinha sido rejeitado. Os designers não faziam ideia de nada. Eles realizaram a sessão de fotos, explicando que iriam sobrepor imagens em um estágio subsequente e que tudo ficaria ótimo, 'honesto'. A sessão foi incrivelmente apressada, e o resultado ficou longe do que tinha sido imaginado a princípio. A banda ficou tão desgostosa quanto eu, mas a coisa toda foi um exemplo típico de tudo o que estava acontecendo. Por ironia, a arte da capa que pretendia ilustrar a ideia de sabotagem tinha em vez disso sido vítima de uma sabotagem. Quando a banda a viu, era tarde demais para mudar.

"Ali estavam eles, Ozzy vestido, como ele mesmo descreve, como 'um homossexual de quimono', com Bill Ward espremido na cueca quadriculada de Ozzy em um par meias-calças vermelhas embaraçosamente reveladoras compradas para ele por sua parceira, Mysti."

No final da primavera de 1975, com o álbum pronto, o Black Sabbath estava cuidando dos arranjos para ir aos Estados Unidos, onde apresentaria o material do disco em uma pré-estreia.

Bill tinha dado um desafio interessante para Graham. Ele tinha que encontrar alguém que pudesse construir uma enorme concha de fibra de vidro, que seria posta atrás do kit de bateria para projetar o som do instrumento para a frente e evitar que a microfonia da guitarra fosse captada pelos microfones da bateria. Depois de telefonar para dezenas de fabricantes ao redor do Reino Unido, Graham acabou em Scunthorpe. Ele tinha encontrado uma empresa especializada em fibra de vidro que construía dinossauros, girafas e outros animais para parques temáticos e exposições.

Eles conseguiram criar uma concha que media 3,60 m por 3 m, a um custo de 500 libras. Bill ficou feliz, disse que estava bom, e assim a banda adicionou um novo item à sua coleção de adereços para palco. Entre eles, havia uma enorme cruz de madeira suspensa acima do palco durante os shows. Ela tinha sido feita pelo pai de Les Martin e era transportada ao redor do mundo em um caixão de madeira construído com esse propósito.

A concha, o caixão, as máquinas de neve, os amplificadores, as caixas de som, a bateria e os teclados — tudo resultava em muito trabalho para o pessoal da equipe, visto que eles tinham que carregar, descarregar e garantir o transporte seguro de cada item.

A equipe viajou para os Estados Unidos uma semana antes da banda para começar o trabalho de pré-produção, alugando equipamentos de som e iluminação e se preparando para a turnê. Não houve nenhuma algazarra hollywoodiana no hotel "Riot House" dessa vez. Em vez disso, os rapazes se instalaram no Portofino Inn, perto das empresas Tycobrahe Sound e Obie's Llighting — cujos funcionários tinham tentado de maneira tão desastrosa contrabandear álcool de cereais pelos Estados Unidos junto com os flocos de neve do Sabbath.

O Portofino ficava localizado em Hermosa Beach, às margens do oceano Pacífico, e os quartos tinham sacadas com vista para o mar. Ele era tão tranquilo quanto o Hyatt era tumultuado, o que agradava bastante a equipe. Ele tinha se transformado em um lar longe de casa. Todos ainda se lembram com afeto dos cafés da manhã em uma cafeteria pequena junto ao mar, apelidada com carinho de "Casa das Tetas" por causa das garçonetes amigáveis.

Essa foi a maior turnê norte-americana que o Sabbath encarava desde 1972, quando tinham decidido diminuir a quantidade de viagens de longa duração. Eles estavam sentindo um novo entusiasmo em tocar e um impulso de voltar aos palcos e provar seu valor, agora que tinham assumido o controle dos próprios negócios e recrutado um coordenador e contador de turnês chamado Mark Forster. Ele era muito conhecido na indústria musical como empresário, tendo trabalhado em turnês com diversas bandas desde o final dos anos 1960. Também era um cavalheiro, com fama de ser escrupulosamente justo. O Sabbath o contratou para cuidar dos aspectos financeiros de suas turnês e para receber os pagamentos após os shows.

O Sabbath tinha quarenta shows marcados em arenas de algumas das maiores cidades dos Estados Unidos ao longo do verão. A turnê foi um sucesso gigantesco, com a banda se apresentando de maneira brilhante em casas lotadas em todos os lugares aonde iam. Na verdade, houve um tumulto em grande escala do lado de fora de um show realizado em um local menor. O Santa Monica Civic Auditorium tinha sido reservado por uma produtora para que a banda pudesse ser filmada para a respeitada série televisiva norte-americana *Don Kirchner's Rock Concert*. O público foi limitado a dois mil fãs e parecia que todos em LA ficaram sabendo disso.

Para uma banda tão popular, o Black Sabbath empregava uma equipe relativamente pequena de mais ou menos quinze pessoas. Hoje em dia, uma banda que se apresenta em lugares de tamanhos parecidos tem uma equipe de até oitenta pessoas. Não era assim naquela época. Graham se diverte: "Nos anos 1970, não tínhamos coordenadores de ambiente de camarins e cozinheiros particulares. Na verdade, não havia nenhum serviço de bufê, e conhecíamos os melhores restaurantes de todas as grandes cidades que visitávamos com regularidade.

"Em Chicago, por exemplo, o Sabbath tocava na International Arena, ao lado de antigos currais. Do outro lado da casa, havia um restaurante chamado Old Stockyards, que supostamente era frequentado por muitos dos gângsteres mais infames da cidade. Você comia o melhor bife do Centro-Oeste naquele lugar.

"Outra grande diferença era que não usávamos ônibus de turnê naquela época. A banda voava de cidade em cidade, viajando de limusine para os shows".

Nessa turnê não houve jatinhos particulares — provavelmente porque a banda estava se autogerenciando e tinha percebido o imenso custo de ter tal luxo. Além disso, eles não se sentiam mais seguros viajando dessa maneira. Tinham passado a acreditar que os pilotos estavam festejando mais do que eles. Bill achava que eles usavam aqueles óculos escuros de aviador o tempo todo para esconder os olhos injetados.

Quando a turnê começou, Spock Wall entregou a cada membro da comitiva uma pasta cheia de passagens aéreas para toda a turnê, e estas foram vigiadas com muita atenção. O itinerário exigia três conexões por dia e, depois de dois meses nisso, eles conheciam os principais aeroportos do país, como Atlanta, Chicago e Dallas, como a palma da mão.

A rotina do Sabbath — aeroporto, hotel, entrevistas, show, hotel, aeroporto — era bem tranquila levando em conta as circunstâncias. Eles podiam dormir um pouco mais pelas manhãs, visto que tinham parado de fazer as passagens de som e só precisavam chegar ao local do show à noite, embora Tony às vezes aparecesse mais cedo se seu equipamento tivesse causado problemas na noite anterior. A banda viajava com Albert Chapman e Mark Forster.

Era um cronograma muito mais puxado para aqueles membros da equipe de roadies que tinham que empacotar os equipamentos depois do show, carregá-los nos caminhões e partir de imediato para a cidade seguinte. O restante da equipe viajava de avião, hospedando-se em hotéis perto do aeroporto para que pudessem acordar e partir ao raiar do dia, como Graham relembra: "As coisas eram assim: arraste-se para fora da cama depois de algumas horas de sono. Pegue as malas e entre, com cara de sono, em um carro alugado, dirija como um louco e devolva-o — ou, se você estiver atrasado, deixe-o junto ao meio-fio na frente do ponto de devolução com um bilhete de desculpa rabiscado às pressas no para-brisa. Faça o check-in do voo, corra até o portão e desmaie em seu assento enquanto eles fecham a porta da cabine. Esses voos matinais costumavam estar cheios de executivos, todos de terno agarrados às suas maletas de couro. Nós chamávamos bastante atenção, todos cabeludos e de barba por fazer com nossas calças de brim e camisetas. Erámos grandes fãs da antiga pegadinha de prender um bilhete nas costas de algum empresário inocente enquanto ele saía do avião e seguia na direção da área de desembarques para encontrar seus clientes, sem saber que estava anunciando ao mundo: 'Sou um idiota!'".

A maioria dos voos era bem comum, embora fosse possível vislumbrar algumas vistas espetaculares pelas janelas, em especial acima dos estados ocidentais. As paisagens desérticas e montanhosas eram deslumbrantes e era fácil apreciar a grande vastidão do país. No entanto, de acordo com o alerta de Graham: "Se você viaja de avião com bastante frequência, a lei da probabilidade decreta que em algum momento vai se deparar com algum evento de borrar as calças. Um voo para Knoxville, Tennessee, em um dia de folga, foi memorável por todos os motivos errados. A equipe tinha tido o luxo de poder dormir um pouco mais e pegar um voo mais tarde do que de costume. Estávamos voando com as Linhas Aéreas Temerárias das Montanhas Ozark, ou algo parecido e, à medida que nos aproximávamos de Knoxville, vimos o céu ficando preto.

"O comandante nos disse para esperarmos uma 'leve turbulência', e os sinais de 'apertem os cintos' foram acesos, e tudo virou um pandemônio. Estávamos voando para dentro de uma tempestade elétrica. O avião sacudiu como uma lata velha enquanto erámos arremessados pelos céus; raios caíam por todos os lados. Os compartimentos de bagagem acima de nossa cabeça se abriram e as máscaras de oxigênio caíram diante de nosso rosto.

"As comissárias de bordo presas pelos cintos de segurança aos dois assentos frontais ficaram pálidas feito fantasmas e estavam agarradas uma na outra. Então o comandante anunciou, com um sotaque sulista arrastado, que tentaria aterrissar aquela belezinha. Parecíamos estar indo para trás e de ponta-cabeça enquanto sacolejávamos pela pista de pouso. Bem quando parecíamos estar parando, houve um estrondo gigantesco e disparamos de volta para um céu escuro para desafiar a morte outra vez naquela montanha-russa.

"Tínhamos ficado sem espaço na pista de pouso e tivemos que tentar aterrissar outra vez. Felizmente, conseguimos pousar inteiros na segunda vez. Aliviados, mas abalados, descemos cambaleando do avião, e eu entreouvi uma das comissárias dizendo que o piloto não tinha desviado o avião para outro aeroporto porque tinha um encontro em Knoxville naquela noite."

A banda voltou à Inglaterra para ver *Sabotage* entrar nas paradas na sétima posição depois de ser lançado em setembro de 1975. O disco chegou à vigésima oitava posição nos Estados Unidos.

Um mês depois, Dave Tangye aceitou o emprego de braço direito de Ozzy Osbourne e se mudou para a casa dele, onde testemunhou diversas proezas bizarras e extravagantes do célebre "Homem Desvairado do Rock".

CAPÍTULO 12
A ENTRADA DO ARTÍFICE

O primeiro trabalho de Dave com o Sabbath durou um dia. Ele tinha se juntado à equipe para ajudar com o equipamento e carregou tudo para dentro e para fora do Southampton Gaumont Theatre com o típico entusiasmo de um novato. O show seguinte foi em Bristol, no Colston Hall. Por volta de quinze minutos antes do horário marcado para o Black Sabbath subir no palco, Les Martin pediu a Dave para ir ao camarim pegar um amplificador reserva que Tony Iommi tinha usado para afinar a guitarra.

Dave bateu na porta, se desculpou pela intromissão e pediu o amplificador. Tony pareceu surpreso em vê-lo, perguntando quando ele tinha começado a trabalhar para o Sabbath. Dave explicou que estava apenas ajudando Les na turnê britânica. Tony então quis saber como os rapazes do Necromandus estavam, ao que Ozzy comentou: "Uma pena eles terem terminado. Eram uma banda muito talentosa".

Dave concordou e logo levou o amplificador para o palco, conforme relembra: "Depois do show, estávamos no palco desmontando os equipamentos quando Spock Wall veio até mim e disse: 'Ozzy quer falar com você. Ele está no camarim'. Perguntei: 'Sobre o quê?'. Ele apenas disse: 'É melhor você ir ver'.

"Andei até o camarim com certo receio, me perguntando se tinha feito alguma coisa errada ou irritado alguém. Foi como ser mandado para a sala do diretor. Quando entrei, a banda estava toda agitada depois do show, eles estavam entusiasmados e joviais.

— Oi, Oz. — Eu me atrevi a dizer. — Você queria falar comigo sobre alguma coisa?

— Sim — respondeu ele. — Queria saber se você está interessado em fazer um trabalho para mim.

— Sem problema, que trabalho?

— Estou procurando por um motorista para esta turnê e queria saber se você gostaria de fazer isso.

"Eu fiquei atônito. Isso tinha vindo do nada, e gaguejei:

— Quando você quer que eu comece?

— Não existe momento melhor do que o presente — disse um Ozzy tipicamente prático. — Você poderia me levar para minha casa em Stafford hoje à noite?

"Fiquei preocupado com o Les.

— E o equipamento? — perguntei.

— Não se preocupe com isso — respondeu Ozzy. — Vai tirar suas malas do caminhão. Você trabalha para mim agora."

Dave nasceu no dia 11 de maio de 1950 em Cleator Moor, Cumberland. West Cumberland, como era conhecida na época, era uma região movimentada e próspera habitada por uma diversidade de pessoas que descendiam daqueles que tinham chegado durante o período pós-Segunda Guerra Mundial.

Dave deixou a Cúmbria em 1973 para trabalhar em engenharia e construção civil. Foi funcionário na filial de Birmingham da multinacional Babcock & Wilcox como especialista em solda, fazendo reparos de precisão em sistemas de caldeiras de alta pressão em usinas hidrelétricas. O trabalho era "sazonal" — com um acordo chamado "em casa por quarenta horas", ele era pago como mensalista enquanto tinha longos períodos de folga entre cada serviço. Trabalhava por volta de seis meses por ano.

Isso era perfeito para Dave, que tinha conhecido uma banda local chamada Necromandus e se juntado à sua equipe como ajudante voluntário. Já que seu emprego regular lhe possibilitava fazer isso, Dave seguiu trabalhando e viajando com o Necromandus até seu término em 1975, e foi durante o tempo em que passou com eles que conheceu o Black Sabbath. Ele esteve na estrada com o Necromandus quando eles ofuscaram a banda de Tony Kaye, o Badger, na turnê britânica que fizeram com o Sabbath em março de 1973.

Dave tinha iniciado uma sólida amizade com Les Martin, roadie do Sabbath, e se mudado para um quarto em sua espaçosa casa em Erdington, Birmingham. Pouco depois de o Necromandus se separar, o emprego de Dave na Babcock & Wilcox também chegou ao fim. Era o final do verão de 1975, e Dave, com 25 anos, estava prestes a voltar para a Cúmbria para refletir sobre o futuro quando Les retornou da turnê norte-americana do Sabbath com uma oferta irrecusável.

O Black Sabbath faria uma turnê pelo Reino Unido no outono, e Les sugeriu que ele talvez pudesse gostar de ajudar com o carregamento e descarregamento da quantidade cada vez maior de equipamentos. Dave se juntou à comitiva no terceiro show da turnê, no Gaumont Theatre, em Southampton, no dia 11 de outubro, como ele relembra: "Fiquei muito empolgado com a perspectiva de trabalhar para uma banda da qual era um grande fã. Foi como um sonho que virou realidade. Chegamos no Gaumont por volta das 10h30, descarregamos o caminhão e montamos o palco para a banda. Eles chegaram à tarde, fizeram uma rápida passagem de som e correram de volta para o hotel. Então não houve muito contato naquele dia em particular, mas me lembro vividamente do show.

"A energia da banda foi arrebatadora e o público estava frenético. Naquela época, Southampton tinha a reputação de ser uma cidade bastante perigosa, um porto movimentado e uma base tanto da Marinha Real quanto da Marinha Mercante. Havia marinheiros por lá que tinham acabado de voltar de uma longa operação militar ou estavam prestes a partir em uma. De qualquer maneira, esse pessoal estava decidido a ficar chapado.

"Eu nunca tinha visto tantas pessoas tão completamente fora de si. Dava para ficar alto só de respirar a fumaça de maconha dentro da casa de shows. E então havia os bêbados. Eles estavam descontrolados; o lugar estava um caos total e brigas irrompiam por todos os lados. A segurança não tinha nenhuma condição de controlar a multidão, ainda que o Sabbath tenha feito isso — eles mandaram em tudo naquela noite."

Vinte e quatro horas depois, Dave estava sentado ao volante de uma linda Mercedes verde-metálica customizada com Ozzy Osbourne como passageiro, dirigindo pela rodovia em direção à casa do vocalista em Staffordshire.

Eles não eram estranhos — Dave tinha, afinal de contas, ensopado os jeans de Ozzy com sidra para evitar que ele fosse incinerado no castelo Clearwell — e sozinhos no carro a conversa fluiu sem nenhuma pausa desconfortável, diz Dave: "Ele era normal e legal, e tudo foi muito amigável. Simplesmente nos demos bem. Tínhamos o mesmo senso de humor. Ozzy adorava contar piadas, e de ouvi-las. Lembro de uma das suas: 'Você já ficou com uma bicha?'. 'Não, mas fiquei com um camarada que já...'. Era uma coisa bem anos 1970.

"Ozzy falou bastante sobre a Mercedes e o que ela podia fazer, e conversamos sobre a Cúmbria e sobre os shows que o Sabbath costumava fazer por lá. Não me lembro de muitas coisas sobre a conversa por que eu nunca, jamais, tinha dirigido um carro tão caro e estava me concentrando na estrada."

Quando finalmente chegaram à casa de fazenda de Ozzy depois de percorrerem uma sequência de estradas rurais estreitas e serpenteantes no meio da noite, Dave estava bastante desorientado: "Estávamos no meio do nada. Eu não teria encontrado o caminho de volta sozinho nem em um milhão de anos sem meu 'copiloto'. Eu me perdi mais de uma vez nas primeiras duas semanas.

"Quando entramos na casa naquela primeira ocasião, pensei: 'Uau, que lugar ótimo para morar'. Mas não tive tempo para absorver mais nada; essa foi uma parada rápida, já que eu tinha que acordar cedo para buscar meu carro em Birmingham e voltar a tempo de levar Ozzy para o show seguinte em Bradford. Eles haviam decidido fazer a passagem de som e tinham que estar no local às 15h."

As responsabilidades de Dave aumentavam à medida que a turnê avançava. Ele ficou encarregado de todas as necessidades de Ozzy no palco e tinha que se certificar de que o spray antisséptico para a garganta, o mel líquido e a garrafa de água mineral estivessem sempre à mão. Ozzy nunca bebia álcool antes ou durante suas apresentações — embora costumasse compensar no bar do hotel depois.

O Sabbath comemorou o último show da turnê com uma festa de encerramento no bar no andar superior do Hammersmith Odeon no dia 22 de outubro. A entrada para o bar e o bufê livres eram apenas por convite, visto que a banda não queria que aproveitadores e hordas de jornalistas entrassem de penetra. Eles andaram recebendo algumas resenhas bastante negativas nos últimos tempos — ainda que isso não fosse novidade nenhuma. Nunca foram os queridinhos da imprensa. Na verdade, um resenhista norte-americano sugeriu que sua cidade poderia ter dado cabo de toda sua gente imprestável de uma tacada só se tivesse bombardeado a arena onde o Sabbath tinha tocado. Portanto, a banda não viu motivo nenhum para estender sua hospitalidade à imprensa.

O DJ da Radio 1, Alan "Fluff" Freeman, e os roqueiros de Birmingham da Steve Gibbons Band estavam entre aqueles que tiveram a permissão de Dave, que estava cuidando do acesso ao evento, para entrar: "Vinte ou trinta pessoas foram até o bar sem ingressos. Educadamente proibi que entrassem, mas tive um pouco de problema com alguns deles. Usei minha melhor voz de subalterno para lhes dizer: 'Eu não faço as regras!'.

"Três sujeitos cabeludos se aproximaram da porta e, quando pedi seus ingressos, disseram que estavam 'com o Queen'. Não entendi. Eu disse: 'Não estou nem aí se vocês estão com o Duque de Edimburgo, vocês não vão entrar sem ingressos'. Felizmente, Tony Iommi percebeu a discussão e logo reconheceu Brian May, John Deacon e seu gerente de turnês. 'Deixe-os entrar', disse ele, 'são amigos meus'.

"Outro momento embaraçoso tinha acontecido mais cedo na turnê, quando saímos do Newcastle City Hall depois do show e encontramos a multidão de fãs e caçadores de autógrafos de sempre. À medida que eu abria caminho através da multidão para chegar ao carro, alguém gritou: 'É melhor deixar ele passar, acho que é o pai do Ozzy'. Deve ter sido meu cabelo cheio de entradas. Ozzy me chamou de 'pai' durante um bom tempo depois disso. Ainda recebo cartão de aniversário dele dizendo: 'Parabéns ao papai, com amor, Ozzy'."

Em grande parte, Dave tinha passado a turnê com os olhos bem atentos abertos e a boca fechada: "Eu estava absorvendo tudo, me certificando de fazer meu serviço direito. Estava conhecendo um novo círculo de amigos. Gostava do jeito que todos se davam bem, tanto a banda quanto a equipe. Estava ansioso para demonstrar disposição para fazer o trabalho e para me adaptar ao ambiente.

"Geezer era o integrante mais quieto do Black Sabbath. Ele tinha uma aura de misticismo, parecia distante, e achei bastante difícil conhecê-lo bem. Se eu tentasse começar uma conversa, ele dava respostas curtas, e comecei a achar que talvez ele simplesmente não quisesse falar comigo. Mas, com o tempo, descobri que Geezer na verdade tem um ótimo temperamento e um senso de humor bastante seco. Ele enxerga as coisas de uma perspectiva diferente da maioria das pessoas. Sua dedicação ao Aston Villa beirava o fanatismo. Se não pudesse estar presente em um jogo, sempre precisava descobrir como o time tinha se saído, independentemente de onde estivesse ou o que estivesse fazendo. Também era dedicado à banda e dava tudo de si. Ele é um músico e um compositor brilhante."

"Tony podia ser tranquilo e se dedicava de corpo e alma ao Sabbath, como líder não oficial. Ele é um músico sério e uma pessoa estudiosa. Na estrada, não era comum ver Tony com muita frequência, exceto quando a banda estava viajando ou tocando. Ele passava bastante tempo tocando guitarra em seu quarto de hotel. Quando se reunia com o restante da banda e da equipe, era para aprontar alguma coisa. Estava sempre à procura de uma oportunidade para pregar uma peça em alguém.

"E se Bill Ward costumava ser a vítima das pegadinhas, Tony não tinha medo de aprontar com as autoridades, conforme Dave relembra: "Ele costumava pregar peças nos agentes alfandegários do aeroporto de Heathrow. Por estarmos com uma banda, éramos submetidos ao que considerávamos uma atenção zelosa demais. Tony comprou alguns objetos para trotes em uma loja em algum lugar nos Estados Unidos que costumava levar consigo quando passava pela alfândega, torcendo para que os agentes os investigassem. Um era uma Bíblia que dava choque quando a pessoa a abria. Outro era uma lata redonda. Quando a tampa era levantada, umas cobras de papel pulavam de dentro da lata e batiam na cara da pessoa."

MAS, COM O TEMPO, DESCOBRI QUE GEEZER NA VERDADE TEM UM ÓTIMO TEMPERAMENTO E UM SENSO DE HUMOR BASTANTE SECO. ELE ENXERGA AS COISAS DE UMA PERSPECTIVA DIFERENTE DA MAIORIA DAS PESSOAS.

Três dias depois do fim da turnê britânica, o Black Sabbath viajou para a Europa para alguns shows, e Ozzy convidou Dave para ir junto e ajudar. Eles chegaram em uma Copenhagen implacavelmente fria e congelante, onde fizeram o check-in no luxuoso Plaza Hotel ao lado dos mundialmente famosos Jardins de Tivoli.

O primeiro show, no Falconer Centre, estava marcado apenas para o dia seguinte, então diversos integrantes da banda e da equipe decidiram ir ao bar. Estavam acompanhados de John Birch, o sujeito que fazia as guitarras de Tony. Ele havia sido convidado por Tony para ir a Copenhague para resolver um zumbido irritante que atormentou seu som de guitarra durante os shows no Reino Unido.

A comitiva queria experimentar a melhor cerveja que a Dinamarca tinha a oferecer, portanto pediram a recomendação do bartender. O nome dele era Hans, então, claro, ele virou Hans Christian Andersen pelo resto daquela noite. Ele recomentou uma cerveja local chamada Elephant Beer e, ao final da primeira rodada, o consenso foi que, de fato, aquela era uma birita excelente. Dave conta: "Hans nos alertou sobre o teor alcoólico da cerveja e nos aconselhou a bebericar como se fosse vinho e saboreá-la. 'Não se preocupe com a gente', nos gabamos enquanto virávamos outra rodada como se fossem as últimas cervejas da face da Terra. Alguns integrantes da banda norte-americana Dr Hook, que estavam em turnê pela Escandinávia, se reuniram a nós no bar e a festa logo começou para valer. Tony e Geezer não estavam no clima e foram embora cedo. Bill ficou para mais duas rodadas, mas não estava a fim de exagerar naquela noite. Os rapazes do Dr Hook estavam curtindo a festa, e Ozzy estava disposto a se divertir um pouco, como sempre. O bartender balançava a cabeça todas as vezes que pedíamos outra rodada. Algumas horas depois, John Birch de repente pegou no sono em sua cadeira no meio de uma frase. Ozzy, sempre o brincalhão, pegou emprestado com Hans uma caneta hidrográfica e escreveu com letras de forma na careca de John: 'Sou um idiota'. John acordou mais ou menos dez minutos depois e continuou falando como se tivesse acompanhando toda a conversa.

"Por volta da meia-noite, estávamos todos chapados. Ozzy e eu nos arrastamos até o quarto duplo que estávamos dividindo e desmaiamos nas camas. Nas primeiras horas da manhã, fui acordado pelo barulho do Ozzy vomitando e da descarga. Saí da cama e cambaleei até o banheiro para investigar. 'Chame um médico depressa!', gemeu ele. 'Acho que batizaram minha bebida.' Ele estava em péssimo estado, e eu não estava muito melhor."

Dave ligou para a recepção pedindo ajuda e um médico chegou pouco tempo depois. Ao descobrir o que eles beberam, ele diagnosticou Ozzy e Dave com intoxicação por álcool, aplicou uma injeção de Valium para acalmá-los e fez um sermão sobre os perigos da Elephant Beer.

"Na manhã seguinte", continua Dave, "nos arrastamos para o restaurante onde serviam o café da manhã para tomar um pouco de café forte. E ali estava John Birch devorando um café da manhã abundante. Era óbvio que ainda não tinha se lavado, porque as palavras 'sou um idiota' ainda estavam estampadas em sua cabeça."

As guitarras de John Birch hoje são conhecidas em todo o mundo e são consideradas por muitos como as melhores no mercado.

Seguindo viagem para a Alemanha com o grupo de Roger Chapman, Streetwalkers, como banda de abertura, o Sabbath tocou em Ludwigshafen no primeiro dia de novembro, chegando no dia seguinte em Düsseldorf — cena da briga espetacular no clube Why Not.

Um show em uma base militar norte-americana em Frankfurt se transformou em um local do mais puro caos. Para Dave, foi como sua primeira noite em Southampton outra vez: "Houve problemas desde o começo. Pessoas tentavam passar por cima das grades para subir no palco, simplesmente estragando o show para todo mundo. Caras brigavam por todos os lados. A banda seguiu tocando enquanto tudo isso acontecia. Lembro de Ozzy pedindo para o público 'ir com calma!' mais de uma vez, mas ninguém prestou atenção".

De volta à casa de fazenda, Ozzy sofreu um acidente com sua moto para trilhas e lesionou os músculos das costas, portanto o Sabbath teve que cancelar uma curta turnê britânica agendada para novembro. Ele recuperou a boa forma a tempo de uma turnê norte-americana de duas semanas, e a banda viajou no dia primeiro de dezembro de 1975. Alguns dias depois, o Sabbath foi apresentado a uma jovem banda teatral chamada KISS, que tocaria com eles em um show no estado de Nova York.

Graham não ficou nem um pouco feliz com as exigências hostis da banda de abertura. Ele nunca tinha se deparado com uma atitude assim antes e, em retrospectiva, pode considerar essa como sua primeira experiência com a mudança da indústria musical na direção do mundo corporativo e da promoção impiedosa que existe hoje em dia: "Pela manhã, estávamos montando o sistema de som como sempre, quando quatro caminhões semirreboque, cada um estampado com a palavra KISS, estacionaram no lado de fora da casa de shows. Eu estava lá dentro, no salão vazio, tirando fotos do nosso setup. De repente, um segurança enorme chegou do nada e arrancou a câmera da minha mão. 'O KISS está no local — portanto fotografias estão proibidas', rosnou ele, no exato momento em que tive meu primeiro vislumbre do vocalista e baixista Gene Simmons caminhando pelo palco, sem maquiagem.

"Era muito incomum para uma banda de abertura ditar as regras, e o pior ainda estava por vir. Aquela banda não pegava leve. Eles reclamaram que, pelo posicionamento de nosso sistema de som, eles não tinham espaço suficiente para montar seu equipamento. Tínhamos lhes reservado, com bastante generosidade, 3,70 m naquele palco relativamente pequeno, então lhes dissemos que simplesmente teriam que se virar. Seguiu-se uma série de discussões desagradáveis e telefonemas para empresários, depois dos quais o KISS ameaçou não fazer o show e sua equipe começou a levar o equipamento embora. Eles tinham quase acabado quando informamos ao seu gerente de palco que tínhamos movido o sistema de som do Sabbath outros 60 cm para trás.

"Então a equipe do KISS começou a esvaziar o caminhão de novo, levando o equipamento de volta para dentro do auditório — notavelmente, eles estavam usando apenas metade de um de seus quatro caminhões — e o show foi realizado. Ao que parece, eles não chegaram a perceber que não tínhamos movido nosso sistema de som nem um centímetro.

"O KISS foi a banda de abertura de novo em Boston um ou dois dias depois, e alguns pôsteres tinham sido colocados do lado de fora da casa de shows anunciando sua apresentação, mas sem mencionar o Sabbath. Isso teria sido irritante, não tivesse sido pelo fato de algum engraçadinho ter mudado o 'K' em KISS para 'p', soletrando assim *piss*, ou mijo."

O Black Sabbath já tinha feito o show mais importante da turnê no extremamente prestigioso Madison Square Garden, na cidade de Nova York, com o Aerosmith como banda de abertura. Foi realizado no dia 3 de dezembro — o aniversário de 27 anos de Ozzy, e este acabou se tornando um dos shows mais memoráveis do Sabbath, para bem ou para o mal, como Dave relembra: "Eu estava arrumando os lanches da banda para depois da apresentação quando vi um objeto grande e preto quicar pela lateral do palco, que tinha por volta de 4,60 m de altura. Alguém tinha pulado da galeria atrás da área do palco e tentado aterrissar mais ou menos onde eu estava. Ele calculou errado a distância e quebrou o pescoço quando bateu no chão, e a última vez que o vi, o pobre coitado estava sendo retirado da casa em uma maca e sendo levado para uma ambulância que estava à espera".

O Sabbath ainda estava em seu camarim, e o Aerosmith, que tinha encerrado sua apresentação, estava no deles. Não houve nenhuma interação entre as duas bandas.

E então chegou a hora do show. Assim que o Sabbath começou a primeira música, Tony Iommi foi atingido na cabeça por uma lata de cerveja cheia, arremessada por alguém na plateia. A banda fez uma pausa enquanto um médico fazia um curativo no ferimento. Enquanto isso, Dave e Luke — que tinha voltado a fazer parte da equipe agora que Patrick

Meehan não era mais o empresário — estavam no meio da plateia tendo uma "boa conversa" com o culpado.

As coisas só podiam melhorar, e melhoraram, exceto por Ozzy fazendo palhaçadas durante "Black Sabbath", trocando a letra, *Oh no, please God, help me!* (Ah não, por favor Deus, me ajude), por, *Oh no, please God, get that chip pan on!* (Ah não, por favor Deus, coloque as batatas para fritar). Ele sempre gostou de batatas fritas, o Ozzy.

A plateia de Nova York adorou o Sabbath e ficou ensandecida quando Ozzy foi presenteado com um enorme bolo de aniversário, organizado pelo promotor Howard Stein. Alguns ajudantes de palco o apresentaram na metade do show e, assim que o colocaram no chão na frente do Oz, a parte de cima do bolo foi aberta com um estrondo. De dentro dele pulou uma jovem vestida de diabinha com meias-arrastão e um rabo longo e preto despontando da parte de trás. Velas pretas tremeluziam ao redor da camada do meio do bolo e, quando a garota pulou para fora, ela meio que estragou sua entrada ao queimar o traseiro em uma das velas. Ozzy passou mal de tanto rir.

Depois do show, Howard convidou a banda para jantar em um elegante restaurante indiano, localizado no sexto andar do que parecia ser um prédio comercial. Dave relembra: "Era um lugar maravilhoso. Quando você saía do elevador, era recebido por uma estátua enorme do Buda junto à porta do restaurante. Dava para assistir aos chefs trabalhando através de painéis de vidro, e os paparis eram estufados como discos voadores".

Enquanto a banda — e Dave — se banqueteavam feito reis, a equipe de roadies ainda estava tentando tirar o equipamento da casa de shows. Graham, Spock e Les tinham tido um dia difícil e frustrante, visto que o Madison Square Garden estava sujeito à autoridade do sindicato dos ajudantes de palco, o IATSE, como Graham explica: "Não podíamos encostar em nosso próprio equipamento, mas apenas supervisionar os ajudantes de palco da casa, que tinham um jeito diferente de fazer as coisas. Depois do show, eles logo fizeram um intervalo e se recusaram a deixar que carregássemos tudo. Para piorar ainda mais as coisas, estava fazendo −10 ºC naquela noite em Nova York. Já eram 6h quando fomos embora do Garden. Preciso destacar que muitas outras casas de espetáculos que funcionam de acordo com a política do sindicato nunca nos deram problemas. Logo depois disso, as regras no Madison Square Garden foram afrouxadas e nossa visitas futuras foram sempre um prazer".

Enquanto a equipe exausta se dirigia ao hotel, a banda estava dormindo para se recuperar da refeição suntuosa. "Não havia nada que o Sabbath gostasse mais do que um bom prato à base de curry, embora restaurantes indianos fossem poucos e espaçados nos Estados Unidos na década de 1970", diz Dave. "Não importava em qual cidade estivéssemos, íamos direto para as páginas amarelas em busca de um restaurante Ruby Murray."

Ozzy com certeza aproveitou seu costumeiro vindalho: os Estados Unidos em dezembro de 1975 estavam sofrendo com as nevascas e geadas mais fortes e intensas dos últimos anos. O Rio Ohio tinha congelado, e havia sido declarado estado de emergência em Buffalo, no norte de Nova York. A turnê seguiu para o sul no dia seguinte, mas nem mesmo a Flórida tinha escapado do mau tempo — nevou em Miami pela primeira vez em 52 anos. De alguma forma, não pareceu tão ruim voltar para a Inglaterra para um Natal friorento.

CAPÍTULO 13
CASA DE CAMPO DAS ATROCIDADES

Ozzy sempre dizia que comprou a casa de fazenda porque ficava perto de um pub — por volta de 200 m estrada acima. Ele costumava brincar que teria sido mais barato comprar o pub, mas estava errado; teria sido mais barato comprar a cervejaria.

Sua casa era uma linda residência com quatro quartos no fim de uma rua com o maravilhoso nome de Butt Lane[15], com uma placa nos portões que dizia "O Fim". Localizada em muitos hectares do interior idílico de Staffordshire, ela era bastante modesta para os padrões atuais das estrelas do rock, embora seu preço de venda de 25 mil libras fosse uma bela quantia naquela época. Havia uma estufa grande de um lado e, com o acréscimo de um estúdio nos fundos, ela assumiu um formato de um L alongado. Estacionada ali perto havia uma carroça cigana pintada em cores tradicionais. O extenso jardim dos fundos ostentava uma sauna de pinheiro e um solário, e mais além havia um amplo campo conhecido como Oflag 14, que abrigava o galinheiro. Ozzy era dono de um segundo campo de diversos hectares a mais ou menos 800 m da casa, onde permitia que o time de futebol local treinasse e jogasse. No topo daquele campo, havia um bosque e uma lagoa, reabastecida o tempo todo por uma nascente natural.

Ozzy, Thelma, Elliot, Jessica e Louis compartilhavam seu lar com uma enorme variedade de animais. "Nossa garagem parece o seriado *Daktari*", grasnou Ozzy, que há alguns anos se transformou no lendário dono de animais de estimação e catador de cocô no programa *The Osbournes*. "Tem animais por toda parte."

---

15 *Butt* tem diversos significados, mas pode significar *traseiro, bunda*, portanto o nome da rua poderia ser traduzido como Alameda da Bunda. (NT)

Seus animais de estimação incluíam dois setters irlandeses, Gilligan e Shaun. Este último gostava de cochilar no meio da rua do lado de fora da casa, onde encontrou seu lamentável fim. A família também tinha um mainá chamado Fred, cuja gaiola ficava em cima da máquina de lavar. Ele se tornou especialista em imitar a máquina de lavar em funcionamento, com seu rolamento desgastado e guinchante.

A casa sempre tinha uma atmosfera agradável. Era simples e confortável, e era ali que Ozzy Osbourne, príncipe herdeiro do heavy metal, era apenas John Michael Osbourne, homem de família. Ozzy amava estar em turnê ou gravando em algum lugar exótico, mas também era um homem que adorava sua casa e sua família e sentia muita saudade deles quando estava fora. Sempre ficava ansioso para voltar, e Dave, pelo menos, já o viu sentado em sua sala de estar de chinelos e com um cachimbo diante de uma lareira — o que não quer dizer que ele não tinha seus momentos rock 'n' roll.

Ranton tinha sido uma região tranquila do país antes da chegada do "Ozzman". Ele, com certeza, era assunto das fofocas dos vizinhos, ainda que fosse querido na comunidade. Até mesmo o policial local, Peter, aparecia de tempos em tempos em sua minivan branca para tomar uma xícara de café. A maioria das pessoas estava satisfeita e até mesmo impressionada por morar tão perto de uma celebridade e não reclamava dos frequentes grupos de fãs que apareciam por lá esperando ter um vislumbre dele.

O predecessor de Dave tinha morado na casa de fazenda junto com a família. Tinha como função organizar os assuntos pessoais de Ozzy, levá-lo de carro aqui e ali, e para o pub, buscar as cervejas e, basicamente, trabalhar como um criado de plantão 24 horas por dia.

Dave o encontrou uma vez quando trabalhou com o Necromandus na turnê britânica de 1973 com o Sabbath: "Ele se parecia com uma mistura de Jimmy Hill e o ator e comediante norte-americano Steve Martin. Oz me disse: 'Precisei mandá-lo embora, Dave. Ele ficava perambulando pela casa todo pelado. Eu não ligava, mas ele era um cavalo da cintura para baixo, então eu disse para a patroa: 'Ele tem que ir embora'. Infelizmente, não existem registros sobre o que a 'patroa' teve a dizer sobre isso.

"Descobri que esse sujeito tinha sido um discípulo de Maharishi Mahesh Yogi, o outrora guru dos Beatles, e tinha passado um longo período na Índia, onde era legal perambular por aí como se veio ao mundo."

Após o fim da turnê norte-americana de 1975, com todo seu ritmo alucinado e empolgação, a banda diminuiu a velocidade para aproveitar o Natal com suas famílias. Foi quando Ozzy convidou Dave para se mudar para a casa de fazenda: "Eu agora era Assistente Pessoal de Ozzy Osbourne, o Homem Desvairado do Rock, o Emissário do Diabo e Príncipe das Trevas — um apelido que foi ressuscitado por mim, depois de ler sobre Vincent Price sendo descrito dessa maneira na revista *Sounds*. Eu tinha entrado no mundo de classe alta cheio de hotéis elegantes e carros chamativos. Era uma vida para quem vivia no luxo; eu estive vivendo no lixo.

"Ao mesmo tempo, havia uma grande sensação de fazer parte de uma equipe. O Sabbath tinha alcançado o auge do sucesso, eles eram recebidos com adoração onde quer que se apresentassem, mas eram muito, muito pés-no-chão. Não eram estrelinhas e nunca nos tratavam como 'funcionários'. Nós trabalhávamos com eles, não para eles.

"O relacionamento interno deles parecia ser bastante equilibrado, embora Ozzy e Bill gostassem de fazer palhaçadas juntos, e Tony e Geezer tivessem uma conexão íntima por meio do processo de composição. A equipe de roadies de costume era um grupo de ótimos rapazes, sempre à disposição se você precisasse de alguma coisa. Todos pareciam reunir esforços, cada um fazendo sua parte. Éramos todos profissionais; colocávamos o serviço acima de tudo. Eu me dava bem com todo mundo, embora Graham e eu tivéssemos um vínculo especial por sermos do Norte."

Longe da estrada, os quatro integrantes do Sabbath ficavam na deles na maior parte do tempo; não viviam grudados, em partes porque não eram vizinhos de porta, mas também porque passavam meses confinados na estrada ou em estúdio, e precisavam de um pouco de espaço quando tiravam férias. Era raro outro integrante da banda visitar o Ozzy quando estavam descansando, relembra Dave: "Quando apareciam, era para uma reunião de negócios em vez de um encontro social. Bill e Ozzy às vezes se encontravam socialmente, e conversavam com bastante regularidade por telefone. Bill considerava o Sabbath sua família e tratava todos ligados a eles como parentes. Ele é uma das pessoas mais carinhosas e sinceras que

O RELACIONAMENTO INTERNO DELES PARECIA SER BASTANTE EQUILIBRADO, EMBORA OZZY E BILL GOSTASSEM DE FAZER PALHAÇADAS JUNTOS, E TONY E GEEZER TIVESSEM UMA CONEXÃO ÍNTIMA POR MEIO DO PROCESSO DE COMPOSIÇÃO.

já conheci. Era uma rocha para todos, você sempre podia contar com ele, mesmo que costumasse ser o pateta das pegadinhas com todo mundo.

"Suas contas de telefone eram astronômicas. Ozzy uma vez disse que iria comprar um telefone de ouro para ele. Bill costumava ligar para saber se você estava em casa ou não — e, se você atendesse, ele dizia: 'Te ligo de volta daqui a quinze minutos, agora que sei que você está em casa'. Esse tipo de coisa era encantador. Bill nunca foi complicado; ele era quase paternal de um jeito engraçado. Tenho certeza de que seus telefonemas eram uma maneira de ele se certificar de que tudo estava bem e que sua família extendida estava lá caso precisasse."

A vida na casa de fazenda raramente tinha momentos enfadonhos. A voz de Ozzy era tão potente em casa quanto era no palco. Ele devia alcançar cem decibéis enquanto caminhava pelos cômodos, chamando aos berros os vários membros da família, relembra Dave: "Ele na verdade conseguia mudar os canais da TV só de gritar com ela. Ele gritava, 'Lamot!' — uma marca de cerveja — e a TV pulava para o canal seguinte. Devia ser o tom ou a vibração, mas você precisava ver para crer. Eu caia na gargalhada quando ele gritava chamando a Thelma no estilo Fred Flintstone, trocando o 'Vilmaaaaa' por 'Thelmaaaaa!'

"Eles fizeram com que eu me sentisse parte da família o tempo todo em que morei lá. Eu costumava dormir na extensão onde ficava o estúdio em um sofá grande e confortável. Em outras noites, todos simplesmente dormiam onde pegassem no sono. Thelma me tratava muito bem. Era uma ótima cozinheira e uma mãe dedicada. Ela tinha que aturar muita coisa porque Ozzy gostava de beber, e às vezes, quando você gosta de beber, outras coisas são negligenciadas. Mas Ozzy sempre sentia saudade de Thelma e das crianças quando estava em turnê no começo dos anos 1970. Ele ficava com bastante saudade de casa e telefonava para ela com regularidade quando estava nos Estados Unidos. Ele nunca escondia nada da Thelma. Era muito honesto em tudo que fazia e, de sua parte, ela se deu conta de que ele nunca mudaria. Ele não era o tipo de pessoa que acordava e enrolava um baseado, mas tinha um 'quarto de jogos' na Casa de Campo das Atrocidades. Ele ficava no anexo do estúdio, bem longe da parte principal da casa e do dia a dia da família.

"Em determinada ocasião, ele mandou trazer de Londres um saco de coca. É provável que fosse muito pura. Depois de cheirar algumas fileiras, ele de repente começou a ficar paranoico, agarrou o saco e o esvaziou na privada. Dez minutos depois, se arrependeu e fez um telefonema para combinar a entrega de um carregamento substituto. Isso era típico do Ozzy e de sua relação de amor e ódio com as drogas. Ele chegava a abusar, mas mesmo assim havia épocas, principalmente quando estava trabalhando, em que ele sequer encostava nelas.

Ozzy tinha um estilo de vida confuso e sua técnica de sobrevivência era bem simples. Ele criou um alter ego e, à medida que os anos foram passando, esse personagem se transformou em 'Ozzy Osbourne, o homem desvairado do rock', o oposto do bom e velho John Michael Osbourne, filho do Jack e da Lillian. John M. Osbourne era e ainda é um sujeito decente e honesto que dá nome aos bois e se mistura com os fãs, pessoas comuns e trabalhadoras com a mesma facilidade com que se relaciona com celebridades do rock. Ozzy Osbourne, no entanto, é explosivo, atrevido, um mestre do escândalo e do horror que não relaxou nem um pouco ao longo dos anos; ele ainda está andando na montanha-russa na qual pulou em 1968 quando iniciou sua jornada.

"Havia ocasiões em que Ozzy Osbourne e John M. Osbourne se confrontavam, e havia épocas difíceis quando uma das personalidades se virava contra a outra. Thelma tinha passado a esperar o inesperado de Ozzy e, na maioria das vezes, lidava com a situação de uma maneira realista."

Luke também tem lembranças afetuosas dela: "Thelma era educada, sensata e amigável quando você a conhecia melhor. Eu a considerava uma âncora para as atitudes erráticas de Ozzy, e alguém que proporcionava às crianças uma infância o mais normal possível em se tratando de uma vida com Ozzy. Ela era uma moça muito independente e mantinha contato com os amigos que tinha antes de conhecer o Ozzy".

Ozzy encerrava a maioria das noites no pub local, o Hand & Cleaver (Mão e Cutelo). Na região, o lugar era conhecido afetuosamente como Hand & Claypit (Mão e Poço de Argila). Ele se dava muito bem com o proprietário, Richard — o que não é nenhuma surpresa, visto que é provável que ele fosse seu melhor cliente. Ele bebia o máximo de cerveja que conseguia aguentar, o mais rápido que podia, e costumava cair no sono em cima da mesa ou do balcão do bar. Como sempre, Dave estava lá: "Outro dos clientes regulares era uma personalidade televisiva chamada Shaw Taylor. Ele apresentava um programa de televisão nas Midlands chamado *Police 5*, que foi o precursor do *Crimewatch* da BBC. Ozzy e eu costumávamos fazer planos para roubar o Jaguar de Shaw, rindo da ideia de ele ter que noticiar o roubo do próprio carro. Felizmente para ele, e para nós, nunca passamos do estágio de planejamento.

"Às vezes, nos aventurávamos um pouco mais para longe, até um pub antiquado chamado The Anchor, uma cervejaria da Ansells ao lado de um canal onde o dono, Graham, servia a cerveja direto do barril no porão. Certa noite, ele bebeu muito do próprio produto e rolou escada abaixo até o porão. Conseguiu se arrastar de volta para cima, onde nos desejou uma boa-noite, cambaleou para cama e nos deixou sozinhos para que nos servíssemos. Grande erro."

Certa noite, Ozzy de supetão decidiu ir a Edgbaston, Birmingham, para se encontrar com alguns velhos amigos. Dave levou Thelma, as crianças e ele até a casa de Christopher e Stephanie Sedgwick e, algum tempo depois, Ozzy sugeriu que os rapazes fizessem uma visita a Aston para dar uma olhada no lugar. Dave relembra: "A ideia era nos divertirmos um pouco, mas fizemos um desvio pela alameda das lembranças e Ozzy ficou um pouco nostálgico enquanto apontava lugares interessantes. A primeira parada foi no número 14 da Lodge Road, a casa onde passou a infância. Ele falou um pouco sobre como todos ficavam espremidos dentro daquela casa e então nos levou ao pub que costumava frequentar nos anos 1960. Nunca demorava muito para um pub entrar na história. O apelido do lugar era Coletor de Ratos, e ele de fato estava à altura de nossas baixas expectativas. As figuras que encontramos eram mesmo um grupo bastante variado. Um camarada no balcão do bar usando uma toca de lã com um pompom em cima tinha claramente mijado nas calças. Um rapaz estava ajoelhado na frente da privada, vomitando intensamente. Perguntei se ele estava bem, e ele respondeu: 'Tô. Só bebi uma cerveja ruim'. Pelas minhas estimativas, ele tinha bebido uma dúzia de cervejas ruins.

"O pub estava tomado pelo doce aroma de maconha que vinha de um grupo de jamaicanos na casa dos sessenta anos rindo, brincando e jogando dominó. Um deles estava fumando um cachimbo com um bojo enorme. Eu lhe perguntei o que tinha no cachimbo. Ele afastou o olhar das peças de dominó, os olhos revirando na cabeça, riu consigo mesmo e disse: 'Cooperative Black Twist' [uma marca barata de fumo para cachimbo]."

O apelido do pub remontava à época em que o governo oferecia uma recompensa pelos rabos dos ratos devido a um aumento em sua população. Qualquer um que matasse um rato levava a cauda ao coletor de ratos como prova, onde a pessoa receberia o pagamento.

"Terminamos nossas cervejas", continua Dave, "e seguimos para um lugar chamado Ickquick Club. Éramos os únicos brancos no lugar, e a atmosfera estava tão pesada que acabamos logo com nossas cervejas e fomos embora. Aston era um lugar perigoso naquela época. Teria sido um ótimo campo de treinamento para guerra urbana do SAS, o batalhão de forças especiais do Exército britânico."

As boas pessoas de Stafford eram de uma estirpe mais refinada, embora um dos fazendeiros que morava perto de Ozzy fosse uma figura incomum pelos padrões de qualquer um. Dave o encontrou pela primeira vez quando estava dirigindo até a estação ferroviária de Stafford para buscar alguns convidados de Ozzy: "Fiz uma curva com o Range Rover e vi um galho enorme caído no meio da estrada. Pulei do carro e comecei a arrastar o galho para fora do caminho quando avistei um trator estacionado no campo vizinho. O motorista estava parado junto à roda traseira dando uma mijada. Nada particularmente estranho nisso, exceto pelo fato de que essa pessoa estava usando um vestido florido embaixo de uma parca e um chapéu de aba mole com uma pena enorme se projetando dele. Se fosse uma mulher, ela obviamente tinha aperfeiçoado um truque bastante incomum.

"O motorista voltou para o trator e avançou mais ou menos na minha direção, exibindo, pela primeira vez, uma barba cerrada e espessa. Pensei que poderia estar tendo uma alucinação. Mas só para ter certeza de que não tinha imaginado aquilo, contei ao Ozzy sobre o encontro quando voltei para casa. Ele disse: 'Ah, sei de quem você está falando. Ele é um travesti'*.

"Ainda que o camarada gostasse de arar os campos e plantar sementes usando um belo vestido, Ozzy ficou preocupado com a possibilidade de eu o ter incomodado, visto que, apesar das aparências, ele era um sujeito durão."

Nada assustava aquele sujeito, mas até mesmo ele teria ficado espantado com o arsenal particular de Ozzy. Ele tinha mais armas do que a Royal Artillery[16]. Sua despensa era cheia de espingardas de ação de bombeamento, bestas, rifles de alto calibre, estilingues, espadas... Ele até tinha uma bola de metal com espinhos presa a uma corrente da época medieval.

"Na primeira vez que ele me mostrou essa coleção de armas, eu lhe perguntei: 'Você está esperando encrenca?'. Ele só deu risada", conta Dave. "Ele tinha uma licença para portar espingardas que incluía todo o seu armamento — ainda que a bola com espinhos pudesse ter sido uma exceção."

Apesar da artilharia pesada, havia uma estranha atmosfera de tranquilidade na casa de fazenda. Era como se os pássaros locais soubessem que era melhor não sobrevoar aquele triângulo das Bermudas onde os riscos de serem mortos por um disparo eram bem grandes. Nenhum pássaro tinha salvo-conduto para voar naquele espaço aéreo particular. Até mesmo as galinhas de Ozzy recebiam uma saraivada de alerta por cima da cabeça caso se recusassem a botar ovos. As sortudas eram aquelas que botavam alguns belos ovos caipiras na manhã seguinte. Dave foi testemunha da grande atrocidade galinácea que aconteceu no verão de 1976: "Fazia três dias que as galinhas não botavam nenhum ovo, e Ozzy tinha disparado os tiros de alerta sobre elas. Eu estava dentro da casa quando ouvi os

---

* Alguns termos utilizados neste livro para se referir às pessoas trans e travestis não são adequados, mas foram mantidos porque refletem a linguagem da época e dos envolvidos na obra.

16 Departamento que fornece armas ao Exército britânico. (NT)

disparos da espingarda. Fui até lá e ali estava o Ozzy mirando as galinhas em fuga. De repente havia sangue e penas por todos os lados. Ele acertou quatro galinhas, e quase matou as outras de susto. Dennis Armstrong, que morava na casa ao lado, estava em seu jardim na hora. Ele fez o célebre comentário: 'Estamos dando uma relaxada, John?'.

"Foi então que a casa de fazenda foi batizada de Casa de Campo das Atrocidades. Não era nada fora do comum estar assistindo à televisão na sala de estar e de repente ser incomodado pelo barulho de um disparo de espingarda. Lembro de estar relaxando e assistindo a *Songs of Praise* em uma noite de domingo quando ouvi os cinco disparos da espingarda calibre doze de Ozzy. Ele tinha enviado um pombo-torcaz para conhecer seu criador antes da hora."

O interesse de Ozzy por armas não tinha sido causado pelo desejo de estar à altura de sua reputação como Homem Desvairado do Rock. Ele estava mais interessado em cultivar uma imagem de senhor de terras, relembra Dave: "Ele comprou um par de espingardas Westley Richards feitas à mão sob medida, de acordo com suas próprias especificações, e foi a Birmingham para fazer com que se adequassem ao comprimento de seus braços. Essas armas custaram uma pequena fortuna. Cada detalhe era único, e elas vinham em seus próprios estojos de couro para transporte".

Mas se Ozzy tentava impressionar seus vizinhos e geralmente conseguia, ele cometeu pelo menos um erro. Certo dia, os amigos do Sabbath da Climax Blues Band, que moravam naquela região, estavam ensaiando para um disco novo no salão municipal de Ranton. O pároco local, passando por lá, ouviu música vindo do salão e entrou para perguntar se a banda poderia fazer um show beneficente para arrecadar fundos para o telhado da igreja.

Eles ficaram felizes em atender ao pedido e sugeriram que o pároco entrasse em contato com outro de seus paroquianos, o famoso vocalista John Osbourne, que morava na Butt Lane. O pároco correu até a casa de fazenda, mas chegou em uma hora inapropriada. O distinto cavalheiro grisalho com o colarinho clerical e a cruz de prata em volta do pescoço se deparou com a visão de Ozzy atirando contra os céus com sua espingarda de repetição calibre 12.

Oz ignorou a presença do clérigo e continuou atirando. Desnecessário dizer que sua visita deixou o local balançado a cabeça e fazendo *tsc tsc tsc*, para nunca mais voltar. Em qualquer outro momento, Ozzy teria, claro, concordado em fazer um show beneficente para a comunidade; ele era bastante benevolente. Mas, quando estava em seu estado de espírito de atirador, nada era capaz de o distrair, Dave explica: "Certa noite, voltamos para casa depois de muitas cervejas no Hand & Claypit. Já era bem tarde. Oz decidiu sair para atirar nos campos, e eu não me juntei a ele porque tinha um compromisso em Birmingham na manhã seguinte. Ozzy desapareceu noite adentro com sua roupa de Hortelino: chapéu de caçador, roupa de tweed, apito para chamar patos e uma garrafa de uísque Famous Grouse Scotch no bolso da jaqueta. Estava um frio de rachar, e eu tinha certeza de que ele estaria de volta em uma hora.

"Na manhã seguinte, quando estava fazendo chá e torradas na cozinha, olhei para a geada no campo do lado de fora da casa e percebi que o Range Rover não estava lá. Fui até a sala de estar e encontrei Oz esticado no sofá, ainda vestindo sua roupa de caça. Ele cheirava à água parada, e havia ovos de rã presos em seu chapéu. Eu o chacoalhei e perguntei onde o Range Roger estava. Ele resmungou alguma coisa sobre o campo e logo voltou a apagar.

"Tirei uma das motos para trilhas da garagem e parti para o campo para investigar. Por fim, avistei um teto brilhante refletindo o sol frio da manhã. O Range Rover estava no meio da lagoa, que tinha pelo menos 90 cm de profundidade. Ao inspecionar mais de perto, avistei a garrafa de uísque vazia em cima do painel. Um fazendeiro local chamado Arthur — felizmente vestido como homem — veio ajudar. Ele foi buscar um trator, e três horas depois, tínhamos conseguido puxar o carro para fora da lagoa pantanosa. Claro, eu tinha perdido meu compromisso em Birmingham.

"Não acho que Thelma estava em casa para encontrar o marido com sua auréola de ovos de rã, ainda que estivesse acostumada a vê-lo jogado na traseira do Range Roger, dormindo e se recuperando da noite anterior. Isso acontecia com bastante frequência durante o período em que a banda precisou lidar com todos aqueles problemas legais e financeiros. Ozzy curtia roubar uma garrafa de vodca de John Wood, o advogado de primeira categoria contratado pelo Sabbath, e a bebia enquanto viajávamos de volta à casa de fazenda, geralmente mandando que eu parasse inúmeras vezes no acostamento para que ele pudesse esvaziar a bexiga. Quando chegávamos à Casa de Campo das Atrocidades, ele estava desmaiado no assento traseiro, e uma parelha de cavalos selvagens não teria conseguido arrastá-lo para fora do carro.

"Eu me preocupava em ter que deixá-lo lá dentro, mas não havia nada que pudesse fazer. Quando eu conseguia acordá-lo, ele só resmungava, 'vai pegar um saco de dormir', que eu jogava em cima dele. Sempre que conversava comigo a esse respeito quando estava sóbrio, ele sempre dizia: 'Se certifique de que eu esteja deitado de bruços, caso eu vomite'. Ele não tinha certeza de que estaria melhor caso se forçasse a sair do Range Rover para ir se deitar dentro de casa.

"Thelma, de sua parte, tinha um ótimo senso de humor, mas, se soubesse que havia um jogo intenso de baralho acontecendo na casa, ela nos deixava sozinhos. Às vezes, levava as crianças para visitar seus pais. Ela com certeza não estava em casa na hora da grande atrocidade galinácea nem nas outras vezes em que Ozzy atirava na vida selvagem. Ele nunca teria se atrevido a fazer uma coisa dessas na frente da família; eles teriam pegado no pé dele. Ele queimou o canil alguns dias depois e contou a Thelma que tinha encontrado ratos morando lá dentro e que as galinhas fugiram. Essa explicação pareceu desviar a atenção do massacre das galinhas. Sempre achei que essas coisas eram seu jeito de aliviar a tensão. Naquela época, qualquer coisa podia acontecer.

"Ozzy era extrovertido e costumava brincar de representar papéis. Isso parecia satisfazer uma necessidade. Ozzy tinha que ser o centro das atenções o tempo todo. Ele adorava ter pessoas ao seu redor e era, acredito, um pouco exibido de um jeito agradável. Ele era bem louco, e eu gostava muito de sua companhia. Parecíamos provocar um ao outro.

"Havia momentos, porém, em que a habitual animação e bom humor de Ozzy o abandonavam. Ele se afundava em um estado de espírito pensativo e melancólico, parecendo carregar o peso do mundo todo nos ombros, e ficava sentado bem quieto, como se estivesse em transe. Ele não costumava ser um bobão infeliz e, sempre que o encontrava nesse estado, eu lhe perguntava se estava tendo um ataque completo ou só parcial, e ele voltava ao normal. Quando se tem vinte anos, você não fica para baixo por muito tempo. Ele também tinha uns ataques daqueles: uns acessos de petulância ou raiva que passavam com a mesma rapidez com que tinham começado.

"O Black Sabbath foi uma enorme curva de aprendizado para o Ozzy, e às vezes isso podia parecer limitador para ele. Ele costumava me dizer que, acontecesse o que acontecesse, ele era um 'sobrevivente'. Conversava comigo sobre como queria gravar o próprio álbum, sobre ideias que tinha para o disco, como gostaria de passar essas ideias para uma fita e gravar do que jeito que bem entendesse.

"Como o restante da banda, ele às vezes sofria muita pressão: não somente das viagens em si, que podiam ser exaustivas, mas também pelas responsabilidades financeiras.

"Em outros momentos, ele podia ser descontraído e muito divertido. Ele sentia muito prazer em lhe mostrar as coisas que possuía e em compartilhar os altos e baixos de sua vida.

"Ozzy, às vezes, conseguia se machucar com suas armas. Certa vez, ele comprou uma grande faca Bowie em uma loja em Keswick. De volta à Casa de Campo das Atrocidades, começou a exibi-la, explicando como a lâmina era afiada em uma máquina de amolar de diamante para que o gume mais aguçado pudesse ser obtido. Vinte minutos depois, estávamos sentados no pronto-socorro do Stafford Hospital enquanto um médico enrolava um curativo do tamanho de um turbante no polegar do Ozzy."

Em um típico ato de generosidade para com seus vizinhos, Ozzy certa vez convidou um fazendeiro local para semear cevada em um de seus campos. Havia apenas uma complicação: era o mesmo campo usado pelo time de futebol. Ozzy tinha avisado o time anteriormente que, quando e se ele quisesse usar o terreno para plantio, eles teriam que retirar as traves dos gols para que o trator pudesse arar o campo. Semanas se transformaram em meses e ainda não havia nenhum sinal da equipe de remoção das traves. Em um belo anoitecer de verão, depois de um churrasco abundante, Ozzy reuniu uma força-tarefa para remover os itens incômodos.

"Não tínhamos nenhum trator nem caminhão-reboque, nem mesmo picaretas ou pás", conta Dave, "mas estávamos armados com o que Ozzy carinhosamente chamou de ferros niveladores — suas espingardas calibre 12.

As traves dos gols desmoronaram em questão de segundos sob uma rajada de cartuchos de chumbo. Deixamos tudo em pedacinhos; devemos ter salpicado as traves com pelo menos cem balas."

Afora as traves dos gols e a fauna local, não houve nenhuma outra vítima do dedo nervoso de Ozzy — exceto Eric. Eric era o urso empalhado que ficava no vestíbulo entre a estufa e o estúdio caseiro. Era um urso--pardo medonho, com enormes braços estendidos que matava as pessoas de susto, incluindo o próprio Ozzy. Certa noite, o urso teve o que merecia: recebeu uma chuva de chumbo. Ozzy abateu Eric onde ele se encontrava. Alegou: "Achei que era um invasor". Muitas pessoas próximas do Oz acreditavam que ele esteve planejando fazer isso havia algum tempo.

O perigo de levar um tiro nunca desencorajava as visitas de Ozzy. Sempre alguém aparecia na Casa de Campo das Atrocidades para uma cerveja e um papo, e eles costumavam voltar para casa com algumas histórias extraordinárias para contar. Dave viu tudo isso acontecer. E, enquanto isso, passou a ter uma compreensão melhor do Ozzy, do homem por trás do mito, suas mudanças de humor e a profundidade da personalidade mascarada por seu aparente comportamento exuberante.

Ozzy e Dave tiraram fotos em uma cabine quando estavam voltando de uma reunião em Londres com o advogado do Sabbath, John Wood. Foi neste local que Ozzy pegou uma garrafa de vodka para a longa viagem de volta a Stafford.

Ozzy faz o símbolo da paz em Brisbane (Les Martin)

Spock e Geezer em passagem de som no show de Brisbane (Les Martin)

Earth, na frente do lendário
Star Club de Hamburgo

Fields Farm, o retiro dos roadies (Les Martin)

Passe de backstage,
Sacramento

Drum kit da última gravação de estúdio no final da *The End Tour*

Da esquerda para a direta, Dave Tangye, Bill Ward e Terry Lee, da Light and Sound Design

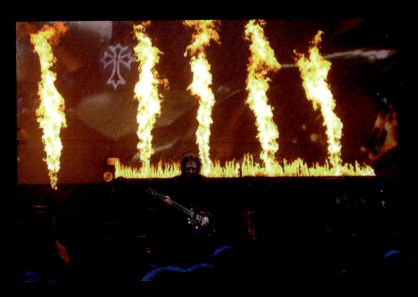

Último solo de Tony no palco

Tony, Graham e Ozzy

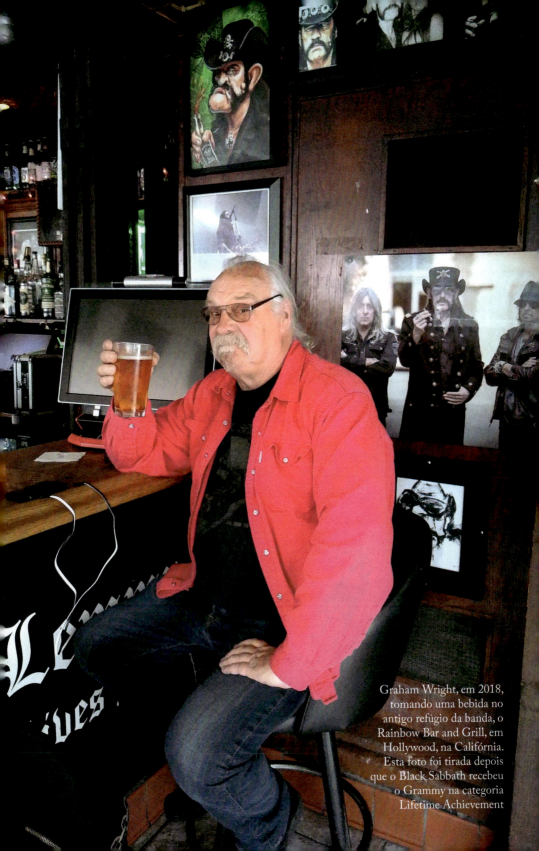

Graham Wright, em 2018, tomando uma bebida no antigo refúgio da banda, o Rainbow Bar and Grill, em Hollywood, na Califórnia. Esta foto foi tirada depois que o Black Sabbath recebeu o Grammy na categoria Lifetime Achievement

Tony, Dave e Ozzy

O PERIGO DE LEVAR UM TIRO NUNCA DESENCORAJAVA AS VISITAS DE OZZY. SEMPRE ALGUÉM APARECIA NA CASA DE CAMPO DAS ATROCIDADES PARA UMA CERVEJA E UM PAPO, E ELES COSTUMAVAM VOLTAR PARA CASA COM ALGUMAS HISTÓRIAS EXTRAORDINÁRIAS PARA CONTAR.

CAPÍTULO 14
RÉPLICA DE MÁSCARA DE TRUTA

A festa durou três dias. Era véspera de Ano-Novo, e Ozzy tinha organizado uma comemoração em seu estúdio na Casa de Campo das Atrocidades.

Dave tinha voltado de um Natal em família na Cúmbria com um grupo de amigos, incluindo os rapazes do Necromandus — Dennis McCarten, Frank Hall e Baz Dunnery — e seus melhores amigos, Ian Walsh e Geoff Sharpe. Dave e Geoff tinham trabalhado juntos com o Necromandus. Acompanhando-os também estava um cantor de cabaré chamado Don Mackay. Luke, Spock e Les Martin estavam presentes, John Bonham, do Led Zeppelin, fez uma aparição, assim como Keith "Evo" Evans, roadie da banda de heavy metal das West Midlands, Judas Priest. Thelma Osbourne se juntou ao espírito festivo com grande entusiasmo enquanto as crianças ficaram na parte principal da casa com as babás, em segurança, longe do caos e do barulho no estúdio com isolamento acústico.

Ozzy deu início às comemorações com um pouco de vinho caseiro em garrafas rotuladas com um crânio e ossos cruzados. Ele anunciou que era vinho de sabugueiro "com infusão de haxixe libanês vermelho maturado com espetinho de maconha tailandesa". A bebida teria colocado King Kong para dormir. Um otário espertinho deu tequila para o mainá. Ozzy disse que o encontrou bêbado feito um pirata, deitado no chão da gaiola cantando canções de amor mexicanas.

Os farristas se dividiam entre a casa de fazenda e o Hand & Cleaver. Naquela época, não havia esse negócio de ficar aberto o dia inteiro; havia algumas poucas variações regionais, mas, em Ranton, os pubs só tinham permissão para funcionar entre 11h e 15h, e depois de novo das 17h30 às 22h30. Ozzy e seus convidados não perderam uma única sessão. Estavam esperando junto à porta sempre que o pub abria, e literalmente secaram o bar.

Tudo ficou tranquilo durante um curto período depois da festança de Ano-Novo, mas as coisas nunca ficavam paradas por muito tempo na Casa de Campo das Atrocidades. Ozzy agarrava qualquer desculpa para dar uma festa, e em uma ocasião memorável — para Dave em especial — decidiu fazer um grande churrasco em um sábado. Isso também lhe daria a chance de exibir seu mais novo brinquedinho. Oz gostava de tecnologia e tinha gastado por volta de mil libras em um novo sistema de som quadrifônico comprado em uma das lojas da rua comercial de Stafford.

Dave explicou a Ozzy que, para obter o efeito total de um sistema de som quadrifônico, era necessário tocar discos quadrifônicos. Todos os discos de Ozzy eram em estéreo. Ele desconsiderou essa observação, insistindo que isso não tinha importância — quando os convidados tivessem entornado alguns copos de seu vinho caseiro, eles não iriam nem saber onde estavam.

O pessoal da loja de sons de alta fidelidade chegou na Casa de Campo das Atrocidades para instalar o enorme sistema de som no estúdio de Ozzy. Eles levaram por volta de 8 km de cabos para conectar todo aquele negócio — havia fios e plugues por toda parte — e demoraram três horas para montar tudo, mas valeu a pena. O som era incrível.

No dia da reunião, Ozzy colocou caixas de som no jardim e abasteceu a churrasqueira com a generosidade de sempre. Ele nunca fazia as coisas pela metade. Ele deve ter comprado uma vaca, um porco, um carneiro e uns 800 m de linguiça para garantir que todos tivessem um ótimo banquete. Dave concordou, com algum receio, em ser o DJ: "Depois de uma hora quebrando a cabeça, finalmente entendi como fazer aquele sistema de som monstruoso funcionar. Ozzy levou todo mundo para o estúdio para que o sistema fosse ligado pela primeira vez com grande cerimônia, mas o único disco quadrifônico que tínhamos era *Strings*, de Mantovani, que tinha sido levado pelos instaladores para fazer uma demonstração do sistema. Nada que servisse para agitar uma festa.

Por volta das 22h30, os convidados estavam bastante chapados graças às diversas substâncias intoxicantes, e de repente todo o sistema de som parou de funcionar. Eu não conseguia fazer com que o negócio desse nem um pio. Estava em pânico tentando encontrar o defeito, me inclinando por trás daquele sistema enorme, quando uma voz retumbou nos meus ouvidos.

— Ei! Por que a música parou?

"Sem me virar, respondi:

— Acho que um fusível queimou.

— Você acha! — estrondeou a voz. — Você não é pago para achar! Conserte logo essa porra.

"Aquele cara estava sendo bastante irracional, mas eu não queria aborrecer nenhum convidado do Ozzy. Eu me virei para ver quem estava me dando esse sermão e eis que era John Bonham. Eu lhe disse:

— Primeiro, não sou engenheiro eletrônico e, segundo, não trabalho para você, porra.

"Ele recuou e logo perguntou:

— OK, onde posso encontrar o vinho caseiro?

"Indiquei o caminho para a cozinha. O som voltou à vida enquanto Bonham caminhava cheio de determinação na direção da cozinha."

Algumas das pessoas que apareceram na casa de fazenda ao longo dos anos eram muito mais estranhas do que outras. Certo dia, um velho amigo de Ozzy telefonou para dizer que estava viajando pelo país com um monge budista e perguntou se eles poderiam ficar ali por alguns dias. Como sempre, Ozzy disse: "Sem problemas". Uma dupla de hippies chegou algumas horas depois em um velho trailer VW todo detonado. Oz lhes ofereceu uma xícara de chá e um sanduíche de carne, e eles aceitaram o chá, mas não a comida. Vegetarianos rigorosos que acreditavam em reencarnação, eles achavam que poderiam estar devorando algum ente querido falecido se comessem carne.

O monge, todo enrolado em seus mantos, se apresentou como Dada. Ozzy logo o rebatizou de Gaga, e ouviu a visita explicar o significado da vida antes de se retirar para o estúdio para entornar meia caixa de cerveja Newcastle Brown Ale, como Dave relembra: "Algum tempo depois, estávamos todos tão inebriados quanto o monge e fomos dormir. Eu me aconcheguei na sala de estar, tentando parar de pensar na história que Ozzy tinha me contado sobre o fantasma de um velho fazendeiro que tinha se enforcado em uma das vigas daquele mesmo cômodo muitos anos antes. Tive medo daquela sala para todo o sempre. Tinha certeza de que podia sentir alguma coisa gélida e misteriosa naquele cômodo.

"Tive um sono bastante agitado até que, por volta das 3h, Ozzy irrompeu na sala para me dizer que estava sentindo cheiro de comida. Fomos até a cozinha e encontramos Gaga, o vegetariano dedicado, preparando um sanduíche de bacon. Ozzy ficou ultrajado. 'Vegetariano teu cu!', gritou ele, enquanto o monge budista se encolhia de vergonha."

A vergonha foi toda de Ozzy no dia em que ele fez a prova para tirar a carteira de motorista. Ele estava extremamente nervoso. Ele podia ser uma estrela que se apresentava em arenas enormes ao redor do mundo, mas estava muito mais preocupado com a prova do que jamais esteve antes de subir em um palco. Pediu que o Rolls fosse tirado da garagem e, no café da manhã, tomou metade de um Valium e uma xícara de café. Isso não ajudou muito a acalmar seus nervos, então entornou meia garrafa de vodca, só para garantir. Claro que foi um erro fatal. Ele chegou no centro de exames tão relaxado que não o deixaram fazer a prova.

Mas isso não foi nada se comparado com a vergonha de Dave na ocasião em que teve um abscesso na gengiva. Ele tinha se revirado na cama a noite toda de tanta dor e, pela manhã, seu rosto estava parecendo uma bola de futebol de tão inchado: "Eu me levantei cedo porque não conseguia dormir e desci para a cozinha, onde Ozzy e Thelma já estavam preparando o café da manhã. Eles ficaram chocados com minha aparência e preocupados pelo fato de eu estar sentindo tanta dor. Thelma telefonou para seu dentista em Birmingham para marcar uma consulta de emergência para mim naquela mesma manhã.

"Ozzy era sempre atencioso. Ele assumiu o papel de dentista-barra-paramédico, e estava tentando fazer uma compressa gelada para diminuir a dor e o inchaço. Eu o ouvi gritando para Thelma que não tinha gelo e que estava tentando encontrar outra coisa na gaveta do freezer. Uns cinco minutos depois, ele voltou com uma truta congelada e uma atadura do armário de primeiros socorros. 'Isso vai servir', ele sorriu enquanto prendia o peixe congelado na minha mandíbula. Eu parecia um completo idiota, mas não me importei porque ninguém mais iria me ver. Não estávamos esperando ninguém àquela hora da manhã.

"Oz disse: 'Entre no carro e vamos direto para Birmingham'. Eu tinha acabado de passar pela porta da frente quando o carteiro apareceu no caminho que levava à garagem. Que *timing* terrível. Ele já tinha visto algumas coisas bastante peculiares durante suas entregas na Casa de Campo das Atrocidades, mas nada comparado à visão com a qual tinha se deparado naquele momento: metade homem, metade truta. Eu me senti como uma espécie de sereia do heavy metal. Para lhe dar crédito, ele não demonstrou nenhuma surpresa, apenas perguntou: 'Tudo bem?'.

"Eu respondi: 'Estou com um abscesso'. Ele olhou para mim: 'Bom, acho que infeccionou — tem uma grande cabeça verde nele'. Ele caiu na gargalhada, e eu quase chorei."

Apesar das festas e de alguns shows pelo Reino Unido que tinham sido remarcados por causa da lesão que Ozzy tinha sofrido nas costas em novembro, os primeiros meses de 1976 foram deprimentes para o Black Sabbath. Todas as conversas eram sobre o iminente processo judicial, levado à Suprema Corte pelo seu antigo empresário, Jim Simpson. Dave se lembra de inúmeras viagens ao escritório dos advogados da banda em Londres, onde participavam de longas reuniões.

Simpson alegava que, embora tivesse conduzido a banda da obscuridade ao estrelato, não tinha conseguido colher os benefícios de seu trabalho quando eles deixaram sua agência. Ele estava processando os quatro integrantes da banda por quebra de contrato e também queria uma indenização de Patrick Meehan e de seu sócio, Wilf Pine, alegando que eles tinham roubado o Sabbath dele. Todos os réus contestaram a ação judicial.

Ozzy, Tony, Bill e Geezer estavam presentes na Suprema Corte quando a audiência de cinco dias teve início em 16 de março. Seu "amigo erudito", o advogado, falou sobre questões legais e outros detalhes minuciosos para o juiz que estava conduzindo os procedimentos. A coisa toda foi se arrastando e deixou todos morrendo de tédio.

O caso não teve um resultado feliz para o Sabbath, tampouco, em especial, para Meehan. A banda foi obrigada a pagar 7.500 libras para Jim Simpson. Meehan, sob os termos do acordo, teve que desembolsar 27.500 libras. O único vencedor entre os réus foi Wilf Pine; nenhuma ação foi movida contra ele. Depois da audiência, Simpson disse que tinha processado pelo dinheiro que poderia ter ganhado caso o Sabbath tivesse permanecido com ele, explicando que investiria a quantia total de 35 mil libras na Big Bear Records, que na época tinha uma dívida de 5 mil libras.

O advogado do Sabbath, John Wood, disse que a banda agora estava ansiosa para sair do tribunal e entrar em estúdio. Na verdade, o pagamento feito a Simpson foi uma merreca para o Sabbath, que, de acordo com o que foi dito no tribunal, tinha ganhado 7 milhões de libras em sua carreira até então.

Mantendo sua promessa, o Black Sabbath logo começou a trabalhar em seu próximo álbum. Eles sempre tinham gostado do País de Gales e tinham ouvido falar de um estúdio para ensaios chamado Glasspant Mansion. Descobriram que o lugar era uma velha casa geminada dilapidada, perto de Newcastle-in-Emlyn. O Sabbath aguentou ficar por uma semana, por fim fazendo as malas quando os rapazes descobriram que um perigoso buraco de 3,70 m de profundidade tinha sido aberto quando as tábuas apodrecidas do assoalho de um dos cômodos cederam.

Eles se mudaram para os estúdios Ridge Farm em Rusper, Sussex, o qual desde então passou por diversas reformas. Na época em que o

Sabbath trabalhou lá, a sala de ensaios era apenas um celeiro, mas o lugar tinha uma atmosfera reconfortante e as acomodações eram perfeitas. Dave e Graham estavam dividindo uma grande casa de campo com Ozzy e Bill no complexo ao lado do celeiro.

Certo dia, Bill sugeriu que jantassem comida chinesa, e Dave e Graham concordaram em ir até Dorking para comprar. A banda sairia dos ensaios por volta das 21h. Dave e Graham saíram às 18h30 para que pudessem beber algumas cervejas antes. Esse desvio até um pub, relembra Dave, acabou sendo divertido: "Fomos até um pub chamado Star & Garter, perto da estação ferroviária, e ficamos conversando com o proprietário. Ele nos contou que Oliver Reed morava ali perto e que costumava aparecer para um tomar uma ou duas cervejas, ou uma garrafa de uísque.

Ele tinha algumas histórias ótimas sobre o lendário ator e encrenqueiro. Certo dia, ele nos contou, Ollie estava bebendo no balcão do bar e apostou 500 libras com um dos habitantes do lugar que ele não teria coragem de sair correndo pelado por Dorking em uma tarde de sábado. O fenômeno de correr pelado tinha começado alguns anos antes, quando foi imortalizado por um cantor chamado Ray Stevens em um single de grande sucesso chamado, como dá para imaginar, 'The Streak'[17]. O sujeito agarrou a chance de tirar 500 libras de Oliver Reed.

"O aspirante a corredor pelado concordou em se despir e sair do pub às 14h em ponto. Oliver Reed exibiu um maço de notas de 10 libras enquanto o sujeito tirava a roupa e dobrava a esquina em disparada como um cão da raça whippet. Infelizmente, ele não conseguiu voltar ao Star & Garter para vencer a aposta. Foi preso do lado de fora da loja Victoria Wine na rua comercial, poucos minutos depois do começo de sua corrida. Reed tinha telefonado para a polícia para dizer que um homem estava planejando se expor na rua comercial em Dorking pouco depois das 14h. Entrando em ação após receberem essa informação, realizaram a prisão."

Esse foi um interlúdio divertido para Dave e Graham, e depois de umas duas cervejas foram buscar a comida e voltaram para Ridge Farm. Bill e Ozzy tinham saído do estúdio e estavam sentados na sala da casa de

---

17 Que significa "correr pelado". (NT)

campo, assistindo a um faroeste na televisão. Dave e Graham foram para a cozinha e começaram a servir a comida, mas tinha havido um engano. O prato de Bill não era o que ele tinha pedido.

Ozzy, Dave e Graham pegaram seus pratos na cozinha e foram para a sala para assistir ao resto do filme, deixando Bill na cozinha, xingando consigo mesmo. "Estávamos começando a atacar a comida", Dave relembra, "quando Bill irrompeu pela sala em uma explosão de imprecações e jogou o frango ao curry que tinha recebido na tela da TV."

"Ah, olhe, Bill", brincou Ozzy, rápido como um relâmpago. "Agora estamos assistindo a *The Good, the Bad and the Curry*."[18]

A sala ficou fedendo a temperos chineses durante uma semana.

Dave permaneceu na Casa de Campo das Atrocidades enquanto Ozzy e a banda aproveitavam um mês de folga antes das sessões de gravação de seu sétimo álbum, marcadas para começar na ensolarada Flórida. Certo dia, Dave recebeu um telefonema de Bill Ward. Bill queria portões de ferro forjado para sua casa em Malvern, e Dave — que já tinha sido aprendiz de ferreiro — tinha prometido fazê-los quando tivesse algum tempo livre: "Quando cheguei na casa do Bill, achei estranho as decorações de Natal ainda estarem por toda parte. Estávamos em abril. Bill explicou que gostava de ver um toque de cor pela casa. Ele não tinha muitos móveis. Havia uma sala grande e bonita com um conjunto de sofás de couro Chesterfield e o que Bill descrevia como 'reproduções genuínas de uma escrivaninha e uma cadeira estilo Luís XIV'. Eu me perguntei como alguma coisa podia ser ao mesmo tempo genuína e uma reprodução, e não consegui me obrigar a perguntar quanto ele tinha pagado por aquilo.

Quando estávamos saindo para o Necrotério da Maude para tomar um copo ou dois antes do jantar, um carretão encostou na porta dos fun-

---

18 O título do filme é *The Good, the Bad and the Ugly*, que, no Brasil, recebeu o título de *Três Homens em Conflito*. (NT)

dos da casa do Bill com o suprimento de sidra daquele mês. Ele mandava que fosse entregue direto do fabricante para eliminar o intermediário!"

Dave desfrutou de toda a hospitalidade oferecida por Bill e Mysti, sua parceira norte-americana, durante sua estadia. "Acho que ela foi modelo no passado. Ela cozinhou para nós e foi incrivelmente acolhedora. Eu me dava tão bem com ela quanto com Bill."

Os portões de ferro forjado de Dave fizeram muito sucesso. Ele pediu para Spock Wall escrever as notas de abertura de "Paranoid" como se estivessem em uma partitura. Dave então construiu cinco barras para colocar nos portões duplos, criou uma clave de sol e soldou as notas nas barras. Bill ficou tão satisfeito que decidiu convidar Dave para tomar algumas bebidas no pub, embora a viagem até lá tenha sido mais memorável do que as bebidas: "Estávamos a meio caminho de lá, viajando na Land Rover 4 x 4 do Bill. De repente, Bill exclamou: 'Ah, merda, estou sem dinheiro!'. Eu tinha o suficiente para um copo ou dois, então seguimos dirigindo. Quando nos aproximamos do pub, Bill avistou um conhecido e me pediu para encostar o carro. Ele se inclinou para fora da janela e perguntou a um fazendeiro de rosto corado: 'Você quer comprar esta Land Rover? Pode ficar com ela por 50 libras'. O fazendeiro foi pego de surpresa. Ele perguntou: 'Tem certeza? Ele deve valer mais de 50 libras'. Bill insistiu: 'Estou desesperado, só me dê o dinheiro e pode ficar com ela'. Levamos o homem até sua fazenda, pegamos o dinheiro e fomos de carona com ele até o pub. Não voltamos a ver a Land Rover".

A generosidade de Bill era infinita, e havia quem, às vezes, tirasse vantagem dela. Depois de instalar os novos portões, Bill quis pintar a cozinha. Graham e Dave recomendaram Denny, um amigo nortista que era um pintor e decorador talentoso e que ficaria agradecido pelo serviço. Também era um baixista desempregado. Denny apareceu à porta de Bill em um piscar de olhos, com o pincel na mão. Ele se ofereceu para fazer o serviço por um preço bastante razoável, além de alojamento e comida. As coisas não saíram de acordo com o planejado, porém, como Graham explica: "Umas duas semanas depois, estava em Fields Farm quando recebi um telefonema de Mysti, a parceira de Bill, me dizendo que Denny estava demorando demais para pintar a cozinha. Fui até lá para ver o que estava acontecendo. Quando cheguei na Summerville House, pude ver que a cozinha não estava nem perto de estar terminada, e o único sinal da presença de Denny era um pincel de 2,5 cm enfiado em um vidro de geleia com aguarrás velho.

"Meus instintos me disseram para procurar por Denny no Necrotério da Maude. E com certeza lá estava ele, encostado no balcão do bar vestido mais como um deus do rock do que como um pintor e decorador. Quando caminhei em sua direção, pude ouvi-lo contar a dois velhos trabalhadores rurais tudo sobre sua vida como músico de rock. Ele claramente tinha virado Denny McEstrela. Eu o convidei para tomar uma bebida em Worcester naquela noite para que pudesse ter uma conversa com ele, longe dali. Bill foi bastante gentil em nos emprestar seu Rolls Royce e nos dirigimos a um pub chamado Dirty Duck, popular com os jovens descolados.

"Fui direto ao balcão pegar as cervejas enquanto Denny esquadrinhava o salão em busca de uma 'hippie' que pudesse impressionar e pegar. Por incrível que pareça, ele a encontrou antes mesmo de eu pegar as bebidas. Ela era gótica antes de os góticos existirem, parecida com a Mortícia da Família Addams. Denny grudou em seu ouvido cheio de brincos, sussurrando algum papo-furado."

Do jeito que tinha estacionado, Graham tinha bloqueado diversos outros carros e não demorou muito para que o proprietário pedisse em voz alta para "o dono do Rolls Royce" manobrar seu veículo. Enquanto se dirigia até a saída para atender ao pedido, Graham viu todas as cabeças se virando em sua direção. Um hippie cabeludo com um Roller! O que mais faltava acontecer? Quando voltou para o bar, a conversa que Graham tinha planejado ter com Denny começou a cair por terra: "Depois de mais ou menos meia hora, cheguei à conclusão de que não iria conseguir conversar com Denny sobre o serviço de pintura na casa do Bill. Ele estava com a cabeça em outro lugar, entretido com a moça, e estava na hora de ir embora. Mortícia foi embora com a gente. Enquanto eu dava partida no Rolls, Denny pediu: 'Motorista, você poderia por favor nos deixar na casa da minha nova amiga?'. Eu obedeci e os levei ao projeto habitacional nos limites de Worcester onde a Mortícia morava. Disse boa-noite a Denny, sem esquecer de mencionar que havia um trem para o norte da Inglaterra que saía de Worcester às 10h30, e que era melhor ele estar nele.

"Eu mesmo terminei o serviço de pintura para o Bill."

CAPÍTULO 15
MIAMI 1976: A AGONIA E O ÊXTASE

Ninguém sabia por que o Sabbath tinha escolhido a Flórida. Em meados da década de 1970, o estado era bem diferente do destino turístico que é hoje. O Walt Disney Resort, nos limites de uma cidadezinha chamada Orlando, ainda estava dando seus primeiros passos. A única fama que o estado podia reivindicar era de ser um refúgio de inverno para aquelas pessoas do norte do país que queriam fugir do frio e da neve. Os preços dos hotéis despencavam durante o verão, e a maioria dos norte-americanos evitava o lugar por conta das temperaturas extremas e dos furacões. A equipe, com a típica bravata de somos "ingleses e aventureiros", fez zombarias dizendo que seria necessário mais do que um furacão para mantê-los longe dali. Eles logo iriam se arrepender de brincar com tais coisas.

O equipamento foi levado para Miami em um avião de carga, enquanto os roadies — Graham Wright, Les Martin e Spock Wall — viajaram em um jumbo da United Airlines que partiu do aeroporto de Heathrow. O voo atrasou duas horas por conta de tempestades tropicais no sudoeste da Flórida, embora esse fosse se tornar o menor de seus problemas, como Graham relembra: "Depois de um longo voo, ficamos felizes em aterrissar no Miami International Airport e ver as palmeiras e o límpido céu azul. Recebemos o costumeiro tapa na cara do calor tropical quando desembarcamos. Ao entrarmos no setor de imigração, notamos que os outros voos pareciam estar chegando das Américas do Sul e Central; o nosso foi o único voo europeu a chegar. Enquanto esperávamos na fila para sermos entrevistados por um agente da imigração dentro de uma cabine de vidro, parecia quase possível que tivéssemos aterrissado no país errado. Estávamos cercados por passageiros e agentes que falavam apenas espanhol.

"Uma agente da imigração falou conosco em um inglês imperfeito com um pesado sotaque espanhol; ela perguntou o propósito de nossa visita aos Estados Unidos. Dissemos que éramos a equipe de roadies de uma banda de rock britânica chamada Black Sabbath, o que fez com que ela fechasse a cara de preocupação. Tínhamos ido a Miami para gravar um álbum, nós explicamos. Ela fez um telefonema rápido, e logo apareceram dois guardas armados. Eles não nos escoltaram até a área de retirada de bagagens, mas para uma sala de interrogatório. Olhei para Les e Spock com seus cabelos longos e bigodes pontudos, me dando conta de como eles se pareciam com uma dupla de contrarrevolucionários.

Sentados naquela sala, fomos informados de que estávamos sendo 'detidos por tentar entrar nos Estados Unidos ilegalmente, com o único propósito de encontrar trabalho'. Estávamos viajando com vistos de trabalho e nossos interrogadores pareciam achar que deveríamos ter vistos de trabalho temporário. Eles não conseguiam entender que estávamos lá a negócios, trabalhando para uma banda.

"De imediato fomos escoltados não para a prisão, para nossa surpresa, mas para o Miami International Airport Hotel. Em se tratando de celas, aquelas acomodações eram cinco estrelas. Fomos trancafiados em um quarto espaçoso com janelas que não podiam ser abertas, três camas grandes, uma televisão em cores, um telefone, um banheiro e ar-condicionado. O guarda armado se acomodou no canto do quarto e, em questão de minutos, pegou no sono. Sua compreensão do inglês era bem pobre, o que foi uma coisa boa, considerando os comentários que estávamos fazendo sobre ele.

"Depois de mais ou menos cinco minutos assistindo ao seriado *Agente 86* na TV, ficamos entediados. Pegamos o telefone para pedir serviço de quarto e uma voz disse: 'Olá. Podemos servir alguma coisa, senhor?'. Vinte minutos depois, um carrinho cheio de bebida e comida foi entregue em nosso quarto. Caímos em cima do banquete e limpamos todos os pratos, enquanto nosso cuidador dormia no canto.

"Na manhã seguinte, fomos conduzidos a uma van e levados para a delegacia, com nossos guardas nos encarando o tempo todo e nos assegurando de que logo estaríamos no caminho de volta para casa. Fomos entrevistados por uma agente alfandegária loira, deslumbrante, que carimbou nossos passaportes e nos liberou em questão de minutos, se desculpando profusamente pelo engano. Ela chamou um táxi para nos levar ao nosso destino, o Thunderbird Hotel na Collins Avenue, North Miami Beach.

"Largamos nossas malas nos quartos, fomos direto para a praia e mergulhamos no mar. Alguns minutos depois, uma moça linda nos abordou depois de notar que éramos ingleses e perguntou: 'Oi, rapazes, vocês estão a fim de uma festa?'. Sim, nós tínhamos chegado! Durante nossa estadia, ela fez de tudo para que todos nós, equipe e a banda, fôssemos bem recebidos em Miami. E ficamos admirados com sua disposição de festejar sozinha, para colocar as coisas de uma maneira educada. Seu apelido de 'Perna de Cadeira' não teve a nada ver com os detalhes do programa sobre antiguidades *The Antiques Roadshow*."

O Black Sabbath chegou dois dias depois da equipe, na sexta-feira, 28 de maio de 1976. Eles tinham passado por um voo turbulento depois de partirem de Heathrow, em Londres, o que não tinha ajudado em nada o medo que Bill tinha de voar. Nessa ocasião, o restante da banda ficou tão aterrorizado quanto ele. Dave, viajando com Ozzy, relembra: "O avião estava sendo jogado de um lado para outro como uma pipa em um furacão, e os raios se refletiam nas asas. À medida que nos aproximávamos de nosso destino, Ozzy começou a provocar todo mundo, anunciando que tínhamos entrado no triângulo das Bermudas e que poderíamos desaparecer como todas as outras aeronaves que tinham passado por aquele corredor de ar.

"O piloto anunciou pelo autofalante que iríamos nos desviar para Fort Lauderdale em virtude de fortes ventos laterais no Miami International. 'Estamos nos aproximando rápido demais!', gritou Ozzy quando o avião começou a descer na direção da pista de pouso através de trovões, raios e nuvens espessas e carregadas de chuva. Depois de desembarcarmos em segurança em Miami, logo sentimos a sufocante umidade atmosférica. 'Então este é o Estado Ensolarado', alguém murmurou."

A comitiva se dirigiu para o hotel em uma perua alugada. Eram mais ou menos 20h quando eles chegaram na recepção e foram confrontados pelo gerente do hotel exigindo uma garantia de pagamento da conta final. Os roadies tinham se deparado com alguma hostilidade e precisaram colocar as cobranças dos quartos em seus cartões de crédito pessoais até que as finanças fossem resolvidas. Depois de uma série de telefonemas frenéticos, o representante local da Warner Bros. salvou o dia e garantiu que os quartos fossem reservados para toda a estadia. Mas o gerente não se tornou mais amigável depois disso. É provável que estivesse com dificuldades em ignorar todos os cabelos compridos e os crucifixos.

Max, o bartender, era muito mais divertido. Ele trabalhava no bar da piscina do Thunderbird, onde todos se reuniram para uma "festa pré-gravação" e para trocar suas respectivas histórias sobre a horrível viagem até Miami. Max se parecia com Dean Martin. Originalmente de Nova Jersey, tinha se mudado para o sul por causa do sol. Ele preparava um coquetel matador e acreditava que fazia a melhor piña colada do sul da Flórida.

Ele era um verdadeiro piadista. Sua piada favorita era: 'Quente! Vou te contar como está quente — estou usando cueca samba-canção, e tenho certeza de que está um verdadeiro samba aqui embaixo'. Ele passou a gostar muito de toda a comitiva, e em uma adequada troca cultural, eles lhe contaram sobre o panaché, a clássica cura para a ressaca.

O pessoal do Sabbath ocupou grande parte do quarto andar. Todos estavam dividindo quartos para manterem as despesas ao mínimo, visto que aquela viagem tinha sido programada para ser de baixo orçamento. A Warner Bros. tinha concordado em disponibilizar dinheiro para a banda em parcelas semanais para cobrir as despesas operacionais, e Bill Ward organizou idas ao banco para sacar o dinheiro. A equipe trabalhou como guarda-costas e Bill planejou o papel de cada um nos mínimos detalhes. Os caixas do banco pareciam nitidamente desconfortáveis com aquelas invasões regulares de hippies, talvez suspeitando que Bill e seus guarda--costas estivessem planejando um assalto.

Dave ficou em um quarto duplo com Ozzy e descreve seu colega de quarto como "a pior pessoa do mundo com quem compartilhar um quarto. Ele era completamente hiperativo. Não conseguia ficar parado por mais de cinco minutos. Lembro-me de dividir um quarto com ele na Filadélfia. Ele tinha comprado uma caixinha de música de uns 25 cm² com uma cordinha presa a ela. Quando você puxava a corda, ela tocava 'Yankee Doodle'. Passamos a noite bebendo no bar, só voltando para o quarto do hotel de madrugada. Tínhamos um voo para Nova York bem cedo no dia seguinte, então me larguei na cama e torci para Ozzy fazer o mesmo.

"De repente, ouço a caixinha de música. Depois de suportar 'Yankee Doodle' pela décima vez, olhei para o lado e vi Ozzy sentado na cama com um sorriso enorme no rosto, usando um chapéu bobo de marinheiro norte-americano. Perguntei se podia dar uma olhada na caixinha de música. Quando ele a entregou a mim, eu a arremessei contra a parede no melhor estilo o Gordo e o Magro e voltei para a cama.

"Cinco minutos depois, fui acordado pelos acordes de 'London Bridge is Falling Down'. Ozzy tinha conseguido arrumar a caixinha e agora estava tocando o lado B do disco de plástico sem parar. Isso se estendeu por mais ou menos meia hora até ele, por fim, pegar no sono.

"Certa vez dividi um quarto com ele em um hotel em Wembley. Estávamos em Londres a negócios e tínhamos ido ver a Steve Gibbons Band abrir para o The Who na London Arena. De volta ao hotel depois do show, levamos alguns amigos para o quarto, incluindo o baterista da Gibbons, Bob Lamb, para tomar alguma coisa e fumar.

Algum tempo depois, ouvimos o som de alguém cantarolando e entoando cânticos através das paredes. Bob disse que tinha visto integrantes da John McLaughlin's Mahavishnu Orchestra entrando no quarto ao lado. Eles obviamente tinham se juntado para entoar seu mantra. Ozzy logo ligou para o serviço de quarto e pediu um engradado de Guinness para nossos vizinhos de quarto, declarando que eles precisavam de uma bebida."

BLACK SABBATH

O comportamento imprevisível de Ozzy em hotéis significava que sempre havia a chance de precisar da ajuda de seu colega de quarto no fim da noite. Depois das sessões de gravação no primeiro dia na Flórida, a comitiva voltou para o Thunderbird em Miami Beach. Eles decidiram jantar no Christine Lee's, um restaurante chinês que fazia parte do hotel.

Ao término da refeição, todos leram as mensagens em seus biscoitos da sorte e então se dirigiram ao conforto do bar, onde o especial da casa tinha o nome apropriado de Zumbi. Era uma beberagem feita com sete tipos de rum caribenhos. Ozzy os adorou e entornou meia dúzia deles em rápida sucessão. Em seguida, decidiu se deitar no balcão acolchoado do bar. Depois de inúmeras reclamações dos funcionários, ficou claro que alguém teria que tirar o vocalista comatoso do bar e levá-lo para o quarto. A tarefa coube ao Dave, como sempre: "Peguei o carrinho de bagagem do porteiro no saguão e coloquei o vocalista mamado nele. Conforme eu o manobrava pela área da recepção, o gerente de plantão afastou o olhar do que estava fazendo por um instante, balançou a cabeça e voltou a atenção para suas tarefas. Isso que foi levar o serviço de quarto a outro nível".

Na manhã seguinte, Ozzy acordou se sentindo grogue e, seguindo o conselho de Dave, desceu para tomar café da manhã e alimentar sua ressaca com bacon, ovos, bolinhos de batata e torrada. Bem, havia muitas figuras incomuns perambulando pelo hotel, mas nenhuma tão notável quanto um gigante com braços como os do Popeye que usava um andador para se arrastar pelo restaurante. Ele se sentou diante de Ozzy e Dave, as mãos enormes cobrindo todo o prato de seu café da manhã enquanto perguntava ao Oz se ele era menino ou menina. "Somos ingleses", respondeu Ozzy, de maneira peculiar. Ao ouvir isso, o homem disparou: "Uma vez lutei com um inglês em Londres; dei uma puta de uma surra nele". Dave se lembra do resto da história: "Ele começou a nos contar que tinha lutado contra o lendário campeão de boxe Joe Louis, conhecido como 'Bombardeiro Marrom'. Ele não nos contou que Louis o tinha nocauteado no primeiro round. Acontece que ele era King Levinsky, um peso-pesado em todos os sentidos da expressão, que tinha sido um boxeador de primeira entre 1928 e 1939. Tinha lutado contra oponentes formidáveis na sua época, incluindo Max Baer e Tommy Loughran. Ele até chegou a enfrentar o incomparável Jack Dempsey em uma luta amistosa.

O COMPORTAMENTO IMPREVISÍVEL DE OZZY EM HOTÉIS SIGNIFICAVA QUE SEMPRE HAVIA A CHANCE DE PRECISAR DA AJUDA DE SEU COLEGA DE QUARTO NO FIM DA NOITE.

"Nós o encontrávamos com frequência depois disso. Ele tinha se mudado para a Flórida e costumava ir ao hotel em seu tempo livre. Sempre que passava por nós, murmurava pelo canto da boca, 'ingleses desgraçados', e sorria."

O Sabbath iniciou as gravações do que iria se tornar o álbum *Technical Ecstasy* no Criteria Studios no sábado, 29 de maio. Todas as sessões começavam por volta das 16h para que a banda pudesse trabalhar durante a noite, quando estava mais fresco. Criaturas noturnas por natureza, eles conseguiam ficar acordados sem que ninguém sequer desse uma pescada, como Graham explica: "No primeiro dia, enquanto montávamos o equipamento, todos sentimos uma vibração estranha vindo dos funcionários do estúdio. Descobrimos que eles estavam morrendo de medo de nós — boatos sobre satanismo e adoração ao diabo tinham precedido nossa chegada. Tudo isso mudou rápido quando perceberam que éramos pessoas bem pé-no-chão, e logo desenvolvemos uma rotina.

"No caminho até o estúdio, tínhamos que atravessar uma ponte de metal que passava por cima de uma estrada. Os pneus faziam barulho em um ritmo distinto sobre a superfície de metal, e Bill sempre pegava suas baquetas e batia no painel do carro em sincronia com o ruído. Logo a batizamos de Ponte do Bill — e mais tarde ouvimos o mesmo ritmo usado pelos Bee Gees em sua música 'Jive Talking'. Costumávamos nos perguntar se eles se inspiraram ao dirigir pela Ponte do Bill."

Tony Iommi logo decidiu que precisava de um técnico de guitarra para ficar responsável por sua grande gama de instrumentos. Escolheu alguém na Inglaterra e tomou providências para que ele viajasse até Miami. Graham foi buscar esse sujeito no aeroporto: "Fiquei no salão de desembarques, esperando alguém com o típico visual de um roadie passar. Todos os passageiros passaram por mim, mas não consegui identificar ninguém que chegasse perto da imagem que eu tinha na minha cabeça. Achei que talvez ele tivesse perdido o voo, então andei na direção do balcão de informações do outro lado de um salão quase deserto.

"Havia apenas uma pessoa entre mim e o balcão. Esse sujeito estava vestido com um terno branco e botas plataforma, ostentava uma permanente e segurava um chapéu-panamá. Quando passei por ele, o sujeito me lançou um olhar nervoso e disse: 'Oi, sou Memphis. Sou de Huddersfield'. Eu tinha encontrado meu passageiro.

Durante o trajeto até o hotel, ele me explicou que gostava de artes marciais, não bebia nem usava drogas e que antes tinha trabalhado em uma turnê de Cliff Richard. Algo me disse que o coitado do Memphis não servia para ser membro da equipe do Sabbath. Poucos dias depois de sua chegada, ele tinha sido rebatizado; seu novo nome foi tirado de um chute de karatê chamado *mawashi geri* e encurtado para Mushy.

"Na manhã seguinte, eu estava na sacada do meu quarto com vista para a piscina e ali estava o Mushy, em pé no trampolim. Abaixo dele havia garotas deitadas sobre toalhas nas espreguiçadeiras e o funcionário da piscina estava recolhendo seu equipamento de limpeza e os diversos produtos químicos que usava para deixá-la pronta para o uso. Ao ver o Mushy, ele começou a acenar feito louco e a gritar: 'Não! Não! Não!'. Tarde demais. Mushy mergulhou. Até aquele dia eu nunca tinha visto alguém pular para fora com a mesma rapidez com que tinha mergulhado.

"O funcionário correu para ajudar um Mushy encharcado e aos berros cujos olhos estavam lacrimejando por conta da concentração de cloro na água. Desnecessário dizer que seu público feminino não ficou nada impressionado.

"Logo descobrimos como Mushy era propenso a acidentes. Em outra ocasião, ele acidentalmente se eletrocutou ao colocar a mão na parte de trás de um amplificador ligado; ele quebrou o recorde de corrida em velocidade, os cabelos todos espetados, enquanto disparava ao redor do estúdio. Ele não era um sujeito ruim, o velho Mushy. Ele era uma figura e todos riam de suas palhaçadas, mas estava no lugar errado. Ele não tinha que estar trabalhando com uma banda dessa.

"Acho que ele chegou ao limite quando Ozzy jogou um balde de água fria nele enquanto dormia. Ele deu um pulo de surpresa, e Ozzy logo pediu desculpas e lhe ofereceu a própria cama. Meia hora depois, enquanto dormia na cama quente e seca, Ozzy o ensopou pela segunda vez. Huddersfield chamou e, infelizmente, Mushy voltou para casa."

A temperatura estava na casa dos 32 ºC e todos estavam ficando bastante bronzeados — todos, quer dizer, menos o Bill. Ele não era fã do sol e evitava as expedições diárias de natação, quando a banda e a equipe desfrutavam de um mergulho no mar. Depois da experiência de Mushy, eles não confiavam mais nos níveis de cloro na piscina.

Bill não saía muito do quarto e quase se transformou em uma criatura noturna. Suas raras aparições na sacada do quarto eram recebidas com uma salva de palmas de qualquer pessoa da comitiva do Sabbath que acontecesse de estar no bar da piscina olhando para cima. Os outros hóspedes se juntavam às palmas e às comemorações, pensando que devia ser seu aniversário. Ao final das oito semanas na Flórida, Bill estava mais branco do que quando tinha chegado.

"Também não víamos Tony ou Geezer com muita frequência", relembra Dave, "exceto quando os levávamos com Bill para os estúdios e depois de volta ao hotel. Eles estavam gravando as faixas às quais Ozzy mais tarde iria acrescentar seus vocais."

Geezer Butler era o principal letrista da banda, mas Spock também gostava de anotar algumas ideias. Certo dia, ele saiu do estúdio para uma caminhada e se sentou em um jardim próximo. Estava cuidando da própria vida, aproveitando o sol e rabiscando algumas letras em uma folha de papel quando dois policiais o abordaram e lhe perguntaram o que estava fazendo. Ao que parece, alguém tinha telefonado para a delegacia para relatar uma figura cabeluda agindo de maneira suspeita no jardim. Spock explicou que estava acompanhando a banda de rock Black Sabbath, que estava trabalhando no estúdio ali perto. "Ah", disse um dos policiais. "Você está procurando inspiração divina? Isto aqui é um cemitério."

Os estúdios estavam bastante agitados. Era uma instalação muito movimentada, com três estúdios separados, A, B e C. Durante as gravações do Sabbath, algumas das bandas que ficavam indo e vindo incluíam Fleetwood Mac, The Eagles, Joe Cocker, Stephen Stills e Neil Young, The Bee Gees e KC and the Sunshine Band.

O The Eagles estava terminando seu novo álbum, *Hotel California*, e muitos boatos circulando sobre grandes diferenças de opiniões entre eles. Com certeza não pareciam estar se dando bem; iam e voltavam do estúdio em carros separados. Isso era muito diferente do modo como o Sabbath trabalhava. "Naquela época", diz Dave, "éramos um grupo muito unido e a atmosfera de trabalho era amigável. Nos divertíamos bastante entre nós e com todos que conhecíamos."

No dia 4 de julho de 1976, feriado do Dia da Independência dos Estados Unidos, o The Eagles e o Fleetwood Mac estavam entre as bandas agendadas para tocar em um festival ao ar livre diante de 120 mil pessoas em Tampa, Flórida. O festival marcaria as comemorações do bicentenário norte-americano, que estavam acontecendo em diversas partes do país.

Graham e Dave foram ao festival a convite de um velho amigo, um roadie norte-americano chamado Bob McPhee, que na época estava trabalhando para o Fleetwood Mac. Os Fleetwood tinham alugado um luxuoso ônibus de turnê que pertencia a Frank Zappa. Ele tinha uma pintura lateral como aquela em um ônibus Greyhound, incluindo o cachorro — mas a palavra "Greyhound" tinha sido substituída por "Fido"[19]. Ele tinha um senso de humor estranho, o Frank.

Foi um dia muito bom para todos. O The Eagles, fechando a noite, esteve incrível, especialmente porque teve que tocar depois de uma apresentação

---

19 *Greyhound*, nome de uma empresa de transporte rodoviário norte-americana, também é uma raça de cães, o galgo, por isso a pintura de um cachorro nas laterais de seus ônibus. *Fido* é um apelido jocoso para cães em geral. (NT)

brilhante do Fleetwood Mac. Toda a área dos bastidores estava bastante agitada, assim como Graham e Dave, que tinham aproveitado seu dia de folga na barraca do bufê, como Dave relembra: "Depois do show, todos seguimos para o Ramada Inn, onde passaríamos a noite. Todos estávamos para lá de chapados. Fizemos o check-in e seguimos direto para o bar, que ficava ao lado da piscina. Estávamos batendo um papo com Bob, nosso amigo roadie, quando John McVie, baixista do Fleetwood Mac, foi se juntar a nós. Depois de ser apresentado a ele, eu lhe contei que era gerente de turnês de Ozzy Osbourne. Ele resmungou alguma coisa e se sentou. De repente, ele jogou um jarro de cerveja em cima de mim. Bom, se alguém me dá uma cerveja, gosto de devolver o favor, e com certeza retribuí o gesto de John McVie — bem em cima de sua cabeça.

"De repente, sua própria equipe levantou sua cadeira, com McVie ainda nela, e o jogou na piscina, para a diversão dos espectadores. Ele se parecia com um pinguim, o que era bastante apropriado, visto que era famoso por acreditar ser a reencarnação de um e por ostentar a tatuagem de um pinguim no braço.

"Até hoje, não faço ideia do motivo de ele ter começado aquela briga. Às vezes me pergunto se ele guardou rancor de nós pelo dia em que Ozzy tentou fazer uma pirueta com o avião com o Fleetwood Mac dentro. Talvez tenha sido só o álcool. Na verdade, todos estávamos com dores de cabeça na viagem de volta a Miami no dia seguinte. As semanas estavam voando, e fizemos alguns ótimos amigos lá na Flórida, ainda que em uma noite em particular tenhamos nos deparado com algumas pessoas que preferíamos não ter encontrado..."

CAPÍTULO 16
A NEVASCA ANTES DA TEMPESTADE

Aconteceu do lado de fora da antiga casa de Eric Clapton, no número 461 da Ocean Boulevard. A equipe tinha recebido um dia de folga para fazer um pouco de turismo, visto que o álbum estava praticamente terminado e o Sabbath estava começando a relaxar.

Graham, Dave, Spock, Luke e Les tinham tido uma noite tumultuosa em Fort Lauderdale, indo de bar em bar, assistindo a shows e no geral passando da conta. Depois de se espremerem dentro da perua para a viagem de volta, escolheram desconsiderar o limite de velocidade de 90 km/h e logo foram vistos por uma viatura. Dave tem lembranças vívidas do policial fazendo o retorno, as luzes piscando, atravessando o canteiro central e encostando atrás da perua. "A polícia nos Estados Unidos sempre obriga você a encostar se aproximando por trás; eles não ultrapassam os motoristas como acontece no Reino Unido. O policial nos fez encostar bem na frente do endereço que Clapton imortalizou no título de seu disco de 1974. Podíamos ver os dois tiras pelo espelho retrovisor enquanto permaneciam sentados na viatura durante algum tempo, nos fazendo ficar mais nervosos. Pouco depois, outra viatura conduzida por um policial sozinho se aproximou de nós e estacionou no canteiro central. Podíamos ver o que parecia ser uma espingarda dentro do veículo.

"Um dos policiais da primeira viatura saiu com a mão no revólver, andou até a perua e pediu ao motorista — Spock — para entregar os documentos. Ele obedeceu sem demora. Em seguida, nos mandou sair do veículo. Tivemos que ficar parados no acostamento com as mãos na cabeça enquanto nós e a perua passávamos por uma revista. Satisfeito porque nós, e o carro, não tínhamos armas nem drogas, o policial focou sua atenção em nós. Não estávamos caindo de bêbados, mas todos tínhamos consumido um fluxo constante de álcool ao longo do dia. Spock e depois Les foram obrigados a realizar testes de coordenação na beira da estrada. Primeiro, tiveram que andar ao longo da faixa branca contínua do acostamento. Depois foram instruídos a se inclinarem para trás e tocar o nariz com o dedo indicador, o que é bastante difícil de fazer mesmo quando se está sóbrio. Les se deu melhor do que Spock e o policial disse a ele para assumir o volante.

"Ao perceber que éramos ingleses, o policial nos perguntou o que estávamos fazendo em Miami. Contamos a ele que éramos da equipe de roadies do Black Sabbath e que estávamos ali para gravar um álbum. Parecendo impressionado, ele chamou seus colegas e repassou essa informação a eles. Ele então perguntou se poderia dar uma passada no hotel no dia seguinte para conseguir alguns autógrafos e talvez umas duas camisetas e um disco se tivéssemos algum. É claro que todos dissemos que tudo bem.

"O tira decidiu que seria melhor voltarmos ao hotel com uma escolta policial. Pouco antes de chegarmos à entrada, ele deu seta para indicar uma curva à direita. Les obedeceu e fez a curva, mas não antes de demolir a placa de 'estacionamento' do hotel. Corremos para nossos quartos e nos escondemos. Ficamos na nossa no dia seguinte também, então nunca soubemos se o tira chegou a voltar para pegar os autógrafos."

A banda tinha apenas mais uma semana naquele refúgio tropical, e alguns membros da comitiva tiveram a chance de visitar as Everglades, o SeaWorld e todas as outras atrações turísticas da região que não tinham conseguido explorar. Alguns rapazes pediram para suas parceiras viajarem até lá para umas breves férias antes de terem que voltar à Inglaterra. A noiva do Spock e a namorada do Les também foram. Elas tinham ordens expressas de enfiarem algumas latas de cerveja Newcastle Brown Ale nas malas e foram muito gentis em obedecer. É incrível as coisas das quais você sente falta quando fica fora de casa por algum tempo.

Estávamos em julho, e o calor e a umidade do verão em Miami estavam aumentando a cada dia. Tony Iommi, Spock Wall e o produtor do disco, Robin Black, ficariam mais algum tempo para dar alguns toques finais em *Technical Ecstasy*. Graham e Les seguiriam para a Califórnia com o equipamento da banda.

O restante da banda, Dave e Luke estavam ansiosos para voltar para casa. Sabiam que o Reino Unido esteve desfrutando de um dos verões mais quentes já registrados, ainda que sem os furacões e as monções que tinham sido uma parte dramática da experiência do Sabbath. De volta ao território inglês, dirigindo pelo interior, eles ficaram surpresos diante da visão de grama ressecada nos campos. Até mesmo as margens das rodovias estavam queimadas.

Graham se lembra de Ozzy caminhando por Miami com uma camiseta que dizia "Blizzard of Ozz" (nevasca de Ozz). Ele também se lembra do vocalista afirmando que, se algum dia fosse gravar um álbum solo, esse seria o título. Graham não deu muita importância a isso na época, ainda que, em retrospecto, esse tenha sido o primeiro sinal de que havia algo novo e diferente na visão que Ozzy tinha para o futuro. Dave estava recebendo os mesmos sinais. Ozzy revelou a ele que queria montar uma banda solo quando voltasse de Miami, apenas pela experiência de trabalhar com músicos diferentes e experimentar ideias que talvez não se encaixassem no conceito do Black Sabbath.

Como Graham, Dave não viu nada agourento nisso e sugeriu que Ozzy convidasse os antigos integrantes do Necromandus para viajar da Cúmbria para Stafford. Eles seriam perfeitos — tinham tocado juntos por bastante tempo, e eles e Ozzy se conheciam e gostavam uns dos outros. Eram também músicos talentosos. Ozzy gostou da ideia e pediu que Dave cuidasse de tudo. Os rapazes do Necromandus ficaram bastante interessados em tentar alguma coisa, e Dave concordou em ir buscá-los.

Três dias depois de voltar de Miami, Dave partiu da Casa de Campo das Atrocidades e viajou para sua cidade natal de Egremont. Primeiro, obviamente, fez uma visita à sua mãe. Depois foi buscar o guitarrista Baz Dunnery e o baterista Frank Hall. O baixista Dennis McCarten foi o último a ser apanhado, visto que tinha se mudado para Birmingham. O projeto solo de Ozzy até que começou bem, como Dave relembra: "Chegamos ao estúdio prontos para os ensaios. Ozzy tinha toneladas de caixas de som e amplificadores, Frank levou sua bateria e eu passei o gravador de rolo Revox pelo sistema de som para garantir que tivéssemos um registro de tudo o que acontecesse. Durante os primeiros dias as coisas estavam indo bem, mas logo tudo começou a degringolar sob uma nuvem de álcool. Acho que os rapazes do Necromandus estavam maravilhados com Ozzy e concordavam com tudo o que ele sugeria. Isso incluía visitas ao Hand & Cleaver para uma cerveja ou dez sempre que o pub estava aberto. Ozzy estava exagerando nas palhaçadas e o projeto todo se transformou em uma bebedeira total".

A certa altura, a esposa de Ozzy, Thelma, decidiu que aquela seria uma boa hora para visitar sua família. Ela estava certa. A bagunça continuou durante dias, como Dave relembra: "Voltamos do pub certa noite e Ozzy disse que ia preparar alguma coisa para comermos. Ele olhou na geladeira para ver o que poderia usar, mas voltou cheio de pesar: 'Não tem porra nenhuma lá. Pensei que tinha um pouco de frango'. Segundos depois, ele saiu para o jardim com uma enorme espada estilo cimitarra e correu direto para o galinheiro, o que sempre significava encrenca. Em um intervalo de vinte minutos, ele decapitou, eviscerou, depenou e cortou duas galinhas. Os pedaços ainda estavam quentes quando os jogou em uma frigideira e, quando terminaram de cozinhar, estavam tão duros que ninguém conseguiu comê-los. Nem mesmo Gilligan e Shaun, os setters irlandeses, quiseram saber deles.

"Fomos dar uma volta de carro certo dia e acabamos em uma cidadezinha chamada Eccleshall. Como sempre, fomos tomar uma ou duas cervejas já que estávamos por lá. Enquanto avançávamos pela rua comercial, Ozzy avistou dois jovens com as palavras Black Sabbath nas costas de suas jaquetas de couro e gritou 'Pare!', o que eu fiz. Ele pulou do carro e correu até os jovens. 'O que diabos é isso atrás das jaquetas?', questionou ele. 'Vocês precisam crescer e agir de acordo com as suas idades...'. Os jovens, que, claro, eram fãs do Sabbath, ficaram completamente atônitos. Pararam ali, meio empolgados e meio desnorteados, enquanto Ozzy voltava para o carro e nós saíamos em disparada."

A grande farra com o Necromandus chegou ao fim com uma guerra de ovos e farinha na Casa de Campo das Atrocidades. Como sempre, o caos começou depois de uma noitada no Hand & Cleaver, Dave relembra: "Tínhamos nos reunido na cozinha para preparar alguma coisa para o jantar. Ozzy foi até o parapeito da janela ao lado da pia onde Thelma guardava os ovos. Dennis McCarten estava de costas para Ozzy, tagarelando sobre alguma coisa, quando Oz de repente quebrou um ovo na cabeça dele. Dennis ficou atordoado, parado com a gema escorrendo pelo rosto enquanto o restante de nós caíamos na gargalhada. Ozzy atingiu Frank Hall em cheio com o ovo seguinte, e de repente a coisa toda começou. Estávamos atirando sacos de farinha e arroz uns nos outros e, quando não tinha sobrado mais nada para jogarmos, fomos dormir. Ninguém pensou em limpar a sujeira.

"Thelma escolheu a manhã errada para voltar para casa. Ela entrou e encontrou rastros de ovos nas paredes e no chão da cozinha, que parecia ter sido atingida por uma nevasca, com quilos de farinha espalhados por toda parte. Ela deu uma olhada na devastação, nos disse que parecíamos um bando de crianças crescidas, mandou que 'Limpássemos aquela maldita bagunça antes de eu voltar', voltou para o carro e saiu de novo.

"Levamos o dia inteiro para restaurarmos a cozinha ao seu estado anterior e telefonamos para Thelma diversas vezes para nos desculparmos antes que ela decidisse voltar para casa."

Os artistas antigamente conhecidos como Necromandus se deram conta de que estava na hora de ir embora.

Graham e Les, enquanto isso, estavam vivendo os sonhos dos meninos que tinham crescido na década de 1950. Não tinham voltado para o Reino Unido com os outros quando as sessões de gravação em Miami tinham terminado. A próxima turnê do Sabbath estava marcada para começar nos Estados Unidos em outubro, três meses depois, e tinha sido decidido que Graham e Les iriam alugar um caminhão e levar o equipamento da banda para Los Angeles, onde os preparativos para a turnê já estavam em andamento e um palco totalmente novo estava sendo construído.

Tanto Graham quanto Les estavam animados com a perspectiva de uma viagem de 4.440 km. Eles tinham duas semanas tranquilas para completar a jornada e tinham planos empolgantes. Ao passarem pela fronteira do Texas, atravessarem o Novo México e entrarem no Arizona, tiveram o cuidado de não mencionarem o Black Sabbath nas paradas de caminhões, visto que estavam em território caipira e naqueles dias qualquer pessoa suspeita de adoração ao diabo, mesmo que remotamente, poderia ser pregada a uma cruz em chamas para a diversão da comunidade local. No mínimo, havia uma hostilidade em relação a hippies ingleses cabeludos que viajavam pelas estradas e rodovias da região conhecida como Cinturão da Bíblia.

No Arizona, a dupla fez um desvio inesquecível, como Graham explica: "Estávamos seguindo para Tucson, mas no caminho vimos uma placa para Tombstone e não conseguimos resistir a dar uma olhada. Aquele era o lar da estrebaria OK Corral, do xerife Wyatt Earp e do cemitério Boot Hill! Quando entramos na rua principal, nos demos conta de que tínhamos nos deparado com uma genuína cidade do Velho Oeste.

Estacionamos o caminhão, fizemos o check-in no velho Tombstone Hotel, deixamos nossas malas no quarto e fomos direto para o Golden Nugget Saloon. Era como estar em um filme antigo de faroeste. Não houve tiroteio no bar e, menos ainda, uma Mae West balançando seu corpo voluptuoso ao descer a escada, mas, depois de algumas bebidas, começamos uma conversa com duas garotas locais que ficaram muito felizes em nos mostrar as atrações turísticas, incluindo a cidade fronteiriça de Bisbee. O lugar tinha sido uma verdadeira cidade fantasma que agora era povoada por uma comunidade de hippies e artistas.

"Mais tarde, de volta ao hotel, descobrimos que nossas novas amigas eram parentes do xerife e do prefeito. Não tínhamos a intenção de sermos enforcados ao amanhecer, ou de sermos baleados, por quaisquer pequenos delitos que pudéssemos ou não ter cometido com as duas jovens, então andamos nas pontas dos pés até o caminhão escondidos pela escuridão da noite e partimos em disparada."

Ao chegarem em seu destino final em LA, sabiam que tinham sido pagos para fazer uma viagem única na vida.

Quando Graham voltou, foi recebido por uma casa vazia. Fields Farm estava deserta, visto que Malcolm Horton e seus amigos tinham se mudado para outras bandas durante sua ausência. Isso poderia ter criado grandes problemas financeiros para Graham, mas, para sua sorte, ele tinha amigos que queriam alugar os quartos vagos — Terry Lee, um projetista de iluminação de palcos em ascensão, e Keith "Evo" Evans, o roadie do Judas Priest. Eles passaram a redecorar e a fazer melhorias na casa de fazenda, expondo a madeira antiga. As festas que, em seguida, deram naquela casa se tornaram lendárias na região de Birmingham, com os quatro integrantes do Black Sabbath aparecendo por lá de tempos em tempos. Uma reunião memorável foi animada pela presença de duas garotas locais. Durante a festa, as moças começaram uma apresentação erótica no chão da sala de estar.

Graham: "De repente, apareceram bundas peludas por todos os lados quando alguns homens se juntaram a elas. Eles foram interrompidos quando Ranger, o labrador da fazenda, entrou correndo na sala e foi até o centro das atividades, onde começou a lamber as bundas que estavam à mostra. 'Ah', um dos convidados disse de brincadeira ao se virar para ver o que estava acontecendo. 'Isso é diferente. Até que gostei...'"

Outubro de 1976 foi um mês agitado. O lançamento de *Technical Ecstasy* marcou a volta da banda à gravadora Vertigo depois de saírem da Nems, que tinha lançado seus últimos dois discos no Reino Unido.

Também estava na hora de o Sabbath voltar para os Estados Unidos, com sua nova turnê marcada para começar em Tulsa, Oklahoma, no dia 22 de outubro. Foi necessário que a banda viajasse um pouco antes para os ensaios gerais em um antigo estúdio da gravadora Columbia em LA. Eles decidiram viajar de Concorde pela primeira vez. O jato supersônico, um triunfo da engenharia britânica e francesa, tinha entrado em serviço em janeiro daquele ano. Originalmente, ele voava apenas entre Londres e Bahrein, e Paris e Rio de Janeiro, mas em maio de 1976 foram introduzidos serviços conectando Londres e Paris ao Dulles International Airport em Washington. O Sabbath romperia a barreira do som a caminho de Washington e, então, pegaria um voo convencional para LA.

Ozzy estava bastante empolgado com a perspectiva dessa nova aventura e durante muitos dias só falou nisso. As pessoas que voavam de Concorde naquela época eram executivos endinheirados cujas aparências refletiam a riqueza e o nível social deles. Ozzy pretendia passar a própria mensagem — ele se vestiu mal para a ocasião com uma calça Levis e uma camisa salmão de mangas curtas que tinha uma marca de queimado na forma de ferro de passar nas costas, bem no meio das omoplatas.

Essa era uma turnê grande para a banda, em especial para Bill Ward, que agora era o orgulhoso e mais extravagante até então dono de sua plataforma para bateria. Era uma caixa enorme que continha uma gama poderosa de holofotes e efeitos com luzes estroboscópicas. Também embutido nela havia uma máquina de gelo seco, que podia ser controlada da lateral do palco. A plataforma da bateria ficava em cima de um pedestal com vitrais e acima dela pendia um lustre enorme com suportes para archotes em estilo gótico que ficariam acesos. O pano de fundo era pintado com desenhos da capa do álbum *Technical Ecstasy*, e o efeito como um todo era formidável. Bill estava encantado com seu novo brinquedinho.

Com bandas como Boston, Ted Nugent e Bob Seger and the Silver Bullet Band agendadas para abrirem para o Sabbath, os ingressos para a turnê estavam sendo vendidos bem depressa — ainda que *Technical Ecstasy* não estivesse. O disco alcançou a respeitável décima terceira posição na Grã-Bretanha, mas nos Estados Unidos ele se arrastou até parar pouco antes do top cinquenta. O Sabbath não ficou surpreso pelo disco ter sido massacrado pela imprensa, mas não tinha esperado vendas tão baixas. Os fãs mais ferrenhos do Sabbath ficaram desapontados com o álbum, visto que a banda tinha optado por uma abordagem mais experimental, incluindo teclados e cordas em detrimento de seu conhecido metal sombrio e sinistro.

Graham acredita que o álbum talvez tenha tido uma produção um pouco exagerada e não fosse tão bom quanto *Sabotage*, embora ainda goste dele. Dave concorda: "Foi uma grande mudança em relação a tudo que tinham feito no passado. Demorei um pouco para me acostumar com a modificação no som da banda, mas o disco tem algumas faixas muito boas, e consigo ouvir uma interação positiva entre Tony, Geezer e Gerald Woodroffe, que tocou teclado".

Os fãs do estilo mais tradicional não tiveram a mente tão aberta. Gerald, que se juntou à banda para a turnê, recebeu muitas críticas por ser considerado a pessoa responsável pelas tentativas da banda de criar uma diversidade maior. Quando a turnê chegou ao Reino Unido, um membro da plateia em um dos mezaninos jogou um saco de batatas fritas na cabeça de Gerald.

Dadas as complexidades das faixas que agora estavam incluindo nos shows, eles precisavam da ajuda de Gerald para tocá-las de maneira apropriada. No entanto, ele nunca foi convidado para ser um integrante permanente da banda, e seus teclados foram montados atrás das fileiras do sistema de som do lado direito, não em cima do palco, mas no chão.

Foi nessa turnê norte-americana que Bill Ward decidiu de uma vez por todas parar de viajar de avião de um show a outro. Bill não conseguia entrar em um avião sem uma sacola de calmantes, além de estar interessado em ver o interior do país e não para as nuvens acima delas. Ele viu muitas paisagens através das janelas do trailer Winnebago alugado, à medida que cruzava os estados por terra.

De muitas maneiras, essa foi uma época de grandes mudanças para o Black Sabbath.

CAPÍTULO 17
"TEMOS UM POSITIVO PARA A BOSTA!"

A incrível plataforma da bateria de Bill causou problemas logo de cara. O Sabbath tinha alugado um caminhão adicional para transportá-la, e o veículo pifou no caminho para o primeiro show em Tulsa. A equipe em pânico alugou um semirreboque para transportá-la até a casa de espetáculos para que a banda não perdesse o horário do show.

O próprio Bill não teve tais traumas, rodando pelas estradas no trailer Winnebago com o irmão de Mysti, Dave Strait, ao volante. Depois de três shows no Texas, Ozzy e Dave Tangye decidiram pegar uma carona com Bill pelo interior do país. Foram dois dias de uma viagem intensa para percorrerem os aproximados 1.126 km entre Dallas e Des Moines, Iowa, local do próximo show no dia 28 de outubro. Os dois Daves dividiram as responsabilidades ao volante, parando no meio do caminho para comprar provisões de fast-food e álcool para os passageiros, como Dave Tangye relembra: "Paramos em um lugar em Caipirolândia, EUA, e, de brincadeira, perguntamos se eles vendiam 'White Lightning'. Depois de olhar para nós com uma sobrancelha erguida, o vendedor nos perguntou de onde éramos. Ao ouvir 'Inglaterra', ele desapareceu nos fundos da loja e voltou com um vidro no formato de um pote de mel que discretamente nos entregou por cima do balcão. 'Não bebam tudo de uma vez', alertou ele. De volta ao Winnebago, Ozzy tirou a tampa do vidro, e eu juro que dava para ver o conteúdo evaporando diante dos seus olhos".

Os dois Daves deixaram os dois músicos cuidando da bebida, e podem com toda certeza dizer que Ozzy e Bill ficaram nas alturas pelo restante das doze horas de viagem.

Por fim, ao chegarem no Ramada Inn em Des Moines, todos estavam desesperados para dormir, mas o Exército norte-americano tinha outros planos. Uma hora depois de mergulhar em um sono bem-vindo, Dave Tangye foi acordado por um estrondo ensurdecedor. O hotel ficava bem ao lado de uma base da Aeronáutica, e os pilotos de caça estavam fazendo exercícios noturnos. O barulho era impressionante, e a cama de Dave de fato vibrava quando as aeronaves voavam rente ao telhado do hotel. Ele, pelo menos, não conseguiu descansar pelo resto daquela noite.

Independentemente das vendas inexpressíveis de *Technical Ecstasy*, os fãs fiéis afluíram aos shows aos milhares — como sempre. O Sabbath tinha fãs dedicados nos Estados Unidos, assim como na Europa. Então seguiram tocando até o Halloween, quando fizeram uma apresentação fascinante e testemunharam um elaborado desfile de fantasias no McNichol's Arena em Denver, Colorado. O público foi a verdadeira estrela do show. Eles se vestiram para a ocasião em uma variedade de fantasias macabras, grotescas e completamente bizarras. Muitas pessoas foram selecionadas para subir no palco e receber os aplausos adequados. Um zumbi que passava dos 2,10 m de altura segurava a cabeça embaixo do braço esquerdo. Outro concorrente subiu os degraus até o palco com uma jiboia enorme enrolada no pescoço, mas ninguém se atreveu a chegar perto o bastante para lhe dar um abraço de parabéns. O vencedor saltitou pelo palco com uma fantasia de pênis de 2,10 m, esguichando feito uma baleia. A plateia foi à loucura e permaneceu assim até as luzes terem sido apagadas após um show sensacional do Black Sabbath.

Mas não precisava ser Halloween para os esquisitões e as aberrações aparecerem nos shows do Sabbath, ainda mais nos Estados Unidos. Apesar de passar muito tempo afirmando que sua imagem "sombria" não era para ser levada a sério e de seus esforços genuínos para se distanciarem do oculto, isso era algo que voltava para assombrá-los de tempos em tempos. Muitas de suas músicas mais famosas — "War Pigs", "Paranoid", "Iron Man", "Snowblind", "Killing Yourself To Live" e "The Writ", para citar apenas algumas — tratam claramente de outros assuntos, e "After Forever" de Geezer é interpretada por muitos como tendo um tema cristão. Daquelas músicas que vagam pelos reinos do oculto, a maioria alerta sobre os perigos de se envolver com o satanismo. Apesar de tudo, o fato de demônios aparecerem em muitas de suas letras não significa que os integrantes da banda, na vida particular, ficassem correndo pelados em missas negras. Era mais provável que O Senhor do Obscuro Geezer Butler estivesse em uma partida de futebol.

As pessoas que escolhiam acreditar que os rapazes do Sabbath eram mensageiros saídos do inferno eram estranhamente obcecadas e gostavam de perseguir a banda. Ozzy certa vez saiu do elevador de um hotel em Atlanta e se deparou com diversas figuras vestidas com casacos pretos e chapéus pontudos, entoando cânticos e segurando velas pretas tremeluzentes. Com calma, ele caminhou entre eles, apagando cada vela pela qual passava, cantando uma versão animada de "Parabéns pra Você" antes de ir embora.

Em outra ocasião, a banda estava saindo de Houston, Texas, seguindo para próximo show, a 563 km de distância, quando eles perceberem que estavam sendo seguidos por um carro com três sujeitos no final da casa dos vinte anos ou começo dos trinta. Dave conta o resto da história: "Luke estava dirigindo, e Ozzy, Geezer e eu éramos seus passageiros. Paramos ao longo da Interestadual algumas vezes, só para ver se o outro carro também iria parar, o que ele fez.

"Depois de uma longa viagem, fizemos o check-in no hotel enquanto os sujeitos que nos seguiram permaneciam no estacionamento. Ficamos em nossos quartos, esperando a hora de sair para o show, e fomos até a casa de espetáculos em limusines. Quando o Sabbath terminou o show, corremos de volta ao hotel em direção ao bar antes que fechasse e nos sentimos muito inquietos ao ver que os três homens do carro ainda estavam à espreita. Albert Champan e eu abordamos um deles e lhe perguntamos o que ele queria. Ele queria um autógrafo? Uma camiseta? Queríamos saber por que ele e os amigos tinham nos seguido desde Houston. O sujeito estava completamente fora de si, mas não estava bêbado. Suas pupilas estavam dilatadas e ele parecia incapaz de entender o que estávamos lhe dizendo. Disse a ele que a banda não estava muito satisfeita com ele e seus amigos e sugeri que fossem embora. Ao ouvir isso, ele começou a gritar: 'Sabbath é o verdadeiro Messias! Satanás vive!'.

"Voltamos para o bar e continuamos bebendo até mais ou menos 1h30. Decidi ir dormir e, assim que me acomodei no quarto que estava dividindo com Ozzy, ouvi uma batida na porta. Mas não havia ninguém ali. Dez minutos depois, o telefone tocou e era Albert Chapman, me pedindo para ir até o quarto dele porque estava ouvindo murmúrios e cânticos no lado de fora do quarto. Ao me aproximar de lá, me deparei com nossos amigos de novo, mas, ao me verem, desapareceram por uma escadaria no fim do corredor. Albert e eu fomos atrás deles e fomos parar na recepção. Pedimos que o porteiro chamasse a polícia e pouco depois dois policiais chegaram. Contamos a eles que alguns hóspedes estavam sendo incomodados por um pessoal esquisito e perguntamos se tudo bem se nós mesmos déssemos um jeito neles caso voltassem. 'Sem problemas', disseram os policiais.

"Pouco depois, os sujeitos voltaram. Albert e eu os encurralamos e conversamos com eles no idioma universal que eles obviamente entenderam, visto que foram embora do hotel a toda velocidade e não voltaram a nos incomodar."

O Sabbath também recebeu atenção de pessoas do outro lado do espectro religioso. Graham relembra: "Uma noite, depois do show na região das montanhas Ozark, no Arkansas, estávamos no palco desmontando o equipamento quando de repente nos percebemos cercados por um grupo de pessoas brandindo Bíblias e cartazes acusando os integrantes do Sabbath de serem pecadores que deveriam se arrepender e ser salvos por Jesus. A banda já tinha ido embora, então, em vez dela, eles atanazaram a equipe, o que foi uma tremenda perda de tempo. Nós os expulsamos de lá bem depressa e com facilidade.

"Não éramos muito incomodados por fanáticos religiosos e, quando isso acontecia, costumava ser nos estados sulistas — o Cinturão da Bíblia — ou nos aeroportos. Às vezes, também éramos parados por seguidores de Krishna nesses lugares. Dave e eu não acreditávamos que tínhamos de nos defender ou entrar em discussões com estranhos, então, quando alguém perguntava se éramos membros da comitiva do Sabbath, apenas respondíamos que éramos soldadores, verificando os oleodutos que atravessavam os Estados Unidos."

Às vezes, os perseguidores não tinham nenhum objetivo religioso, mas ainda assim eram bastante inquietantes. Graham se lembra de uma figura particularmente estranha: "Um fã que tinha ido a todas as turnês norte-americanas entre 1975 e 1978 se parecia e se vestia como Tony Iommi e ficava perambulando pelo saguão do hotel onde a banda se hospedava. Ele não chegava a ser um estorvo, mas ficava ali à espreita com um sorriso desconcertante no rosto. Nós o batizamos de Gêmeo do Tony".

Dave diz: "Havia um casal que ia a todos os shows que o Sabbath fazia no estado de Nova York. Eles nunca abordavam ninguém nem anunciavam sua presença, mas sempre apareciam na área dos bastidores durante a tarde quando o palco estava sendo montado e só ficavam por lá sem fazer nada. A equipe se perguntava o que eles queriam ou o que ganhavam com aquela experiência silenciosa".

A turnê foi dividida em três partes. O primeiro trecho terminou em Seattle em meados de novembro, e a banda e grande parte da equipe voaram de volta para a Inglaterra para uma folga de dez dias. Graham e Dave decidiram ficar para umas curtas férias em LA e reservaram um apartamento de dois quartos no Grand View Hotel em Hermosa Beach. Era mais barato do que o Portofino e mais perto dos bares — ambos fatores importantes, visto que a dupla estava arcando com todas as despesas e estava determinada a aproveitar ao máximo seus dias de folga.

Eles se tornaram clientes regulares da Stan's Liquor Store, a única loja em Los Angeles onde era possível comprar cervejas inglesas importadas. Eles logo estocaram a geladeira com latas de Newcastle Brown Ale e optaram por passar as noites em um lugar chamado Shenanigans, um bar e clube com shows de bandas locais. Os rapazes da Obie's Lighting frequentavam o lugar e voltavam com Dave e Graham para seus apartamentos para mais algumas bebidas, então o aspecto social das coisas era tranquilo e alegre, diz Dave: "Em uma dessas noites no Shenanigans, estávamos bastante embriagados de mescal e quase não conseguimos nos arrastar de volta ao Grand View com um sujeito da Obie's chamado Dave Cavelli. Continuamos bebendo até de madrugada e então fomos dormir. Por volta das 5h, senti um tremor violento, me sentei de repente na cama e abri os olhos. A primeira coisa que vi foi a mesinha de canto; as latas de cerveja vazias estavam dançando em cima da mesa e caindo no chão. Lembro de dizer para mim mesmo 'Essa é a última vez que bebo tequila' antes de voltar ao coma induzido pelo álcool.

"Quando me levantei mais tarde naquele dia, Graham me contou que tinha visto a mesma coisa, mas mesmo assim continuamos achando que ambos tínhamos sonhado. Só mais tarde descobrimos pelos noticiários da tevê sobre o forte terremoto ocorrido na região de Santa Monica durante a noite, atingindo magnitude seis na escala Richter. Ele causou muitos danos pela vizinhança."

Dave Strait, irmão de Mysti, não pôde voltar para o segundo trecho da turnê por questões familiares. Então, quando o Sabbath retornou para a segunda torrente de shows, com início em Knoxville, Tennessee, no dia 23 de novembro, Bill estava acompanhado de seu irmão Jim, que assumiu as responsabilidades ao volante. Dessa vez, viajamos não em um Winnebago, mas em um trailer de primeira categoria, um GMC Palm Beach.

Jim esteve cuidando dos negócios de Bill na Inglaterra durante o verão e o outono. Tinha feito a colheita de framboesas de Bill e cuidado de seus cavalos, Snowy e Silver. Agora se deparava com um novo desafio. O clima estava se tornando bastante invernal com muita rapidez e as condições nas estradas eram perigosas.

Inúmeras coisas estavam dando errado. A banda chegou em Kalamazoo, Michigan, e descobriu que um de seus caminhões tinha pifado, o combustível tinha congelado nos canos que iam do tanque ao motor, no meio do nada — e os equipamentos de som e iluminação estavam nele. Seguiu-se uma corrida desesperada para alugar sistemas de som e iluminação de alguma empresa local para que, na maior das tradições do show business, o show pudesse continuar... de certa maneira. As luzes substitutas se pareciam com as usadas em um baile escolar.

O Sabbath e seus velhos amigos da Climax Blues Band subiram no palco naquela noite agasalhados como se estivessem partindo para uma expedição no Ártico. Bill se sentou à bateria com uma parca e Ozzy estava usando um par de luvas de lã que Dave tinha encontrado no camarim. Estava fazendo -34 ºC no lado de fora. E não estava muito melhor no lado de dentro, visto que o local era um ringue de patinação.

Todo o litoral leste estava sofrendo por causa do clima adverso, as autoridades começaram a fechar as estradas, e Jim jurou que nunca tinha visto nada tão assustador em todos os seus anos como motorista.

O pior ainda estava por vir. A privada entupiu e encheu o trailer com um fedor de revirar o estômago. Jim parou em um posto de gasolina para esvaziar a privada e puxou a alavanca de liberação. Ela não queria se mexer, não importava quantas vezes ele tentasse. Ao voltar ao assento do motorista, ele deu a partida enquanto Bill puxava a alavanca. Alguns segundos depois, Bill gritou alto: "Temos um positivo para a bosta!". Jim se virou e viu o irmão, o famoso baterista do Sabbath, parado junto à porta do trailer com o conteúdo da privada escorrendo pelas roupas. "Por que sou sempre eu que acaba na merda?", brincou Bill, com um bom humor extraordinário.

Depois de conseguir passar pelas condições congelantes nos estados do nordeste sem nenhum show cancelado, a turnê chegou à Grande Maçã — e a um dia de folga. Graham comprou um jornal e viu que o Dr. John ia fazer um show naquela noite em Greenwich Village. Ele perguntou se alguém gostaria de ir. Nenhum integrante da banda se manifestou, mas Graham deu um telefonema e providenciou para que os membros da equipe assistissem ao show: "Recebemos uma mesa na área VIP. Por ser um típico inglês, fui até o bar para pedir uma rodada de bebidas em vez de esperar pelo serviço de mesa. Enquanto esperava para ser servido, notei um sujeito sentado no banquinho ao meu lado. Ele parecia familiar e perguntei se era de Middlesbrough. Ele respondeu: 'Não, sou de Liverpool, mas fui uma vez para Middlesbrough'. Começamos a conversar e ele me contou que estava morando em Nova York. Ele tinha dado uma escapulida para ver o Dr. John e tomar algumas bebidas porque a patroa o estava deixando louco. Eu me despedi dele com um casual 'Até mais' antes de voltar para nossa mesa com as bebidas, e Spock logo veio para cima de mim: 'Como é que você conhece John Lennon?'. Fiquei me xingando, mas não tanto quanto Ozzy e Bill no dia seguinte. Lennon era um de seus grandes heróis".

O Madison Square Garden em Nova York sempre foi muito especial. O Sabbath tocou lá no dia 6 de dezembro, com Ted Nugent correndo pelo palco como Tarzan sob o efeito de anfetamina como banda de abertura.

O Sabbath foi apresentado pelo guitarrista, vocalista e satirista norte-americano Frank Zappa, que era amigo de Ozzy e grande fã da banda. A princípio, houve planos de Zappa fazer um dueto de guitarra com Tony Iommi e, embora o equipamento de Frank estivesse montado no palco, a ideia foi descartada. Eles afinavam suas guitarras de maneira diferente e não tinham certeza se conseguiriam encontrar uma maneira de soarem bem juntos.

Depois do show, o promotor levou a banda para o edifício Time Life para saborearem uma refeição deliciosa. Zappa os acompanhou com seu guarda-costas, um ex-fuzileiro naval chamado Smothers, que era um verdadeiro armário, como Dave relembra: "Smothers tinham um cassetete telescópico de metal escondido no colarinho da jaqueta. Ele era capaz de sacar esse cassetete telescópico em um piscar de olhos e tocar o seu nariz com a ponta dele antes de você ter tempo de piscar. Durante o jantar, um grupo de jogadores de futebol americano do New York Giants tentou entrar na festa. Eram rapazes grandes, mas não estavam à altura de Smothers e Albert Champman, que os convenceram a ir embora com uma palavrinha ao pé do ouvido.

Em um show em New Haven, Connecticut, no dia 11 de dezembro de 1976, o Sabbath ficou encantado de acrescentar um nome famoso à lista de convidados. Linda Blair, estrela do filme de terror cult *O Exorcista* de 1973, foi ver o show com o irmão, e Ozzy ficou meio caidinho por ela.

Eles se conheceram nos bastidores, onde foi hilário o modo como ele ficou babando pela Linda. Ele, é claro, estava atuando para as pessoas que estavam ao redor e fazendo todos darem boas risadas. Foi uma oportunidade perfeita para tirarem algumas fotos — o Príncipe das Trevas e o rosto da possessão demoníaca; uma verdadeira amizade infernal. Na verdade, toda a equipe tinha achado um pouco inquietante vê-la sentada do lado esquerdo do palco durante o show, visto que o filme ainda estava terrivelmente fresco na memória. Uma foto tirada nesse encontro mostra Ozzy segurando Linda nos braços, um braço apoiando as costas e o outro segurando as pernas. Durante muito tempo depois disso, ele costumava fazer sua imitação de *O Exorcista* em festas, proclamando com um rosnado gutural e demoníaco que "Sua mãe está tricotando meias no inferno!".

Essa era a típica atmosfera que pairava sob o Sabbath naquela época. Quaisquer preocupações ou insatisfações pessoais que pudessem estar nutrindo não estragavam a costumeira alegria de suas rotinas diárias, com todas as brincadeiras e pegadinhas.

"Tony Iommi e Albert Chapman tiveram seus momentos naquela turnê", declara Dave. "Em uma ocasião, estávamos todos bebendo no bar de um hotel que ficava separado da piscina por uma parede de vidro panorâmica. Dava para enxergar a água do outro lado. Tony e Albert se afastaram do grupo e o restante de nós continuamos enchendo a cara. Quase engasgamos com a cerveja quando olhamos para a piscina. Tony e Albert estavam nadando completamente pelados, em plena vista de todos no bar."

Depois de passarem o Natal na Inglaterra, os rapazes do Sabbath voltaram para o terceiro e último mês de shows, aterrissando em Boston, Massachusetts, no dia 15 de janeiro de 1977. Assim como Ozzy na viagem de Concorde, Bill Ward ostentou sua fama de uma maneira perversamente modesta, chegando nos Estados Unidos com seus pertences enfiados em duas sacolas do mercado Tesco. Sua bagagem se constituía apenas disso. Ele estava vestindo um velho casaco preto que tinha comprado em um brechó. Estava parecido com um mendigo, embora um que viajasse com classe pelo mundo.

Àquela altura, estava óbvio que o Sabbath tinha abandonado quaisquer esperanças de manter os shows pelos Estados Unidos a um mínimo, apesar de sua promessa anterior. Eles precisavam fazer um retorno substancial por lá. E, visto que estavam gerenciando a própria carreira, em conjunto com o representante executivo Mark Forster, estavam mais cientes de sua situação financeira e da necessidade de continuarem ganhando dinheiro.

A produção de palco estava mudando de novo, e eles não recorreram aos seus velhos aliados da Obie's e Tycobrahe de Los Angeles, mas a uma firma de Dallas chamada Showco que estava oferecendo um pacote do tipo tudo incluso: som, iluminação, caminhões e técnicos. É óbvio que isso era mais conveniente, otimizava a operação, e Forster sem dúvida tinha negociado um bom acordo com a Showco.

Os rapazes do Sabbath ensaiaram no teatro de uma faculdade perto do armazém e da fábrica da empresa, e então voltaram a cair na estrada, onde encontraram um homem que conhecia o Elvis.

Estavam em Memphis, Tennessee, no dia 27 de janeiro, conversando com o representante local da Warner Bros. — um sujeito chamado Mike, que tinha anteriormente trabalhado para Elvis Presley. Ele disse que "o Rei", por incrível que pareça, era fã do Black Sabbath e gostaria de receber um convite para ir ao show na noite seguinte no Mid-South Coliseum. Ele também declarou que, se a banda quisesse dar uma passada em Graceland na tarde anterior ao show, era provável que ele conseguisse arrumar um *meet and greet* com Elvis. Esse tipo de coisa não era do feitio de Tony Iommi; ele gostava de ficar na dele, e não era do tipo que ficava abobalhado na frente de estrelas. Bill Ward, por qualquer que tenha sido a razão, também não estava disponível para a viagem.

No entanto, Ozzy, Geezer, Albert e Dave Tangye ficaram incrivelmente empolgados com a ideia de conhecer uma das maiores lendas mundiais do rock e, no dia seguinte, partiram em uma limusine com destino a Graceland.

"Eram 16h quando estacionamos diante dos portões da mansão", relembra Dave. "Fomos recebidos por um guarda-costas que nos pediu para sair da limusine e entrar em um jipe militar. O motorista do jipe nos deu as más notícias: 'Elvis está dormindo e não está recebendo nenhuma visita agora'. Ficamos muito decepcionados e perguntei: 'Você não pode acordá-lo? Vim de Egremont só para vê-lo'. O sujeito só deu risada, mas nos levou em uma visita guiada pelo terreno como prêmio de consolação. Desnecessário dizer que Elvis não apareceu no show naquela noite."

A turnê seguiu em frente, e em Norfolk, Virginia, Mark Forster organizou um jantar especial para um contador norte-americano bem-sucedido chamado Donald Schaut. Ele queria conversar com Schaut sobre situação financeira da banda nos Estados Unidos. Dave retoma a história: "O sr. Schaut chegou ao hotel com a esposa, e todos nos sentamos no restaurante. Havia nove ou dez pessoas ao redor da mesa, e o encontro tinha uma atmosfera bastante cordial e informal. Em determinado momento, Bill fez uma pergunta particularmente ridícula. Ozzy chamou o sommelier, pediu um isqueiro, se inclinou para perto de Bill e usou o isqueiro para pôr fogo na barba dele. Foi como um arbusto em chamas. Enormes labaredas acobreadas dispararam do queixo de Bill antes que ele conseguisse conter o fogo. Ele então se reclinou para trás, inalou a fumaça e comentou de maneira casual: 'Nada mal fumar essa fumaça'.

"O sr. e a sra. Schaut ficaram perplexos, mas todos ao redor da mesa continuaram comendo e conversando como se nada tivesse acontecido. Ozzy desde então acusou Tony de ter sido o incendiário nessa ocasião, mas pode ter se confundido. Bill tinha sido incendiado mais de uma vez."

Fazer turnês não era tão fácil na década de 1970, antes da União Europeia. Elas eram um transtorno por conta de todos os tipos de burocracia em diversas fronteiras, e os ônibus de turnês, com suas mesas, abajures, salas de estar, beliches, cozinhas, banheiros, TVs, sistemas de som e vídeo ainda não faziam parte da vida na estrada. Carros e caminhões ainda eram os meios de transporte básicos, e o bufê no universo do rock 'n' roll era uma forma de arte em desenvolvimento. Na Alemanha, você tinha sorte se conseguisse que o promotor lhe desse uma linguiça *bratwurst* no almoço, e isso sempre causava problemas para Geezer, o vegetariano.

A corrida para encontrar comida costumava acontecer entre a passagem de som vespertina e a abertura das portas da casa de shows. Não havia problemas nas grandes cidades europeias onde a banda e a equipe já conheciam os restaurantes decentes e iam direto neles. As cidadezinhas alemãs eram mais problemáticas nos anos 1970, quando havia a tendência de servir pés de porco e outros pratos com carne. É incrível Geezer não ter morrido de fome. Ele parecia só comer batatas fritas.

O amor do Sabbath por tocar em grandes cidades britânicas como Glasgow, Birmingham e Newcastle não tinha diminuído, mas seus sentimentos a respeito da Europa tinham mudado bastante desde que eram jovens empolgados viajando de balsa pela primeira vez para tocar no Star Club em Hamburgo. Na Alemanha, eles podiam contar com os soldados norte-americanos para reagirem de modo enlouquecido, mas em outros lugares na Europa as plateias podiam dar trabalho. Os suíços eram bem--comportados ao extremo, os holandeses ficavam chapados demais e os franceses eram... bem, franceses. A banda com frequência se recusava a fazer alguns shows e, uma vez, cancelou as últimas poucas apresentações de uma turnê europeia para poderem voltar para casa.

No entanto, uma das maiores alegrias da turnê europeia de abril de 1977 foi a banda de abertura, o AC/DC. Desde o primeiro encontro do Sabbath com eles em 1974 na Austrália, os rapazes se mudaram para Londres e vinham trabalhando sem parar, dando duro em todos os pubs e clubes que estivessem dispostos a marcar seus shows. Diferentemente da maioria das bandas de rock britânicas que se apresentava vestindo seda e cetim com suas lindas madeixas cascateantes, o AC/DC subia no palco com jeans e camisetas do dia a dia — exceto o "aluno" precoce e gênio da guitarra Angus Young — e detonava como se não houvesse amanhã. O destaque de seu show era o momento em que o vocalista Bon Scott erguia Angus sobre os ombros e caminhava até a plateia com o guitarrista ainda tocando feito louco, fazendo caretas e mostrando a língua para o público.

Em uma tragédia, Bon morreu dois anos depois após uma bebedeira em Londres, e o vocalista Brian Johnson do Geordie assumiu o microfone. O álbum seguinte do AC/DC, *Back in Black*, foi lançado como um tributo a Bon. Esse disco os estabeleceu como uma grande potência, e eles ainda são uma das bandas de rock mais populares do mudo.

O AC/DC trabalhou sem parar durante aquela turnê europeia. Eles costumavam fazer dois shows por noite: um com o Sabbath e outro por conta própria em um clube aqui ou ali. Nos dias de folga do Sabbath, eles geralmente tocavam. Quando chegavam a ter uma folga, Bon Scott gostava de tomar uma bebida e jogar sinuca com a equipe. Ele era uma figura. Não era presunçoso, gostava de se divertir e era um ótimo artista.

Na Suíça, ocorreu um incidente entre Geezer Butler e o guitarrista-base do AC/DC, Malcolm Young. Foi algo insignificante, que começou e acabou em um piscar de olhos — até a imprensa exagerar tudo. De acordo com alguns relatos, Geezer tinha ameaçado esfaquear Malcolm com um canivete e o Sabbath em seguida tinha expulsado o AC/DC da turnê. Nada disso foi verdade. Uma pequena altercação aconteceu depois de um show no Zurich Volkshause no dia 14 de abril. As duas bandas e os membros das duas equipes estavam no bar do hotel, e Geezer estava brincando com um pente que tinha sido projetado para se parecer com um canivete. Malcolm pensou que fosse um canivete de verdade e ficou irritado com Geezer, gritando: "Não aponte essa coisa para mim!". Ele se acalmou quando percebeu que era um pente e que Geezer só estava de brincadeira. Não houve uma troca de socos e o incidente foi esquecido com a mesma rapidez com que tinha começado.

As duas bandas seguiram para a Escandinávia, encerrando a turnê na Suécia no dia 22 de abril. Voltaram juntas para a Inglaterra em uma balsa que partiu de Gotemburgo. Os membros das equipes decidiram dar uma festa de fim de turnê a bordo da balsa enquanto atravessavam o Mar do Norte. Apesar do mar agitado, a comemoração logo se transformou em uma verdadeira bebedeira. Todos ficaram bêbados feito gambás ao longo da viagem de 23 horas, e alguns rapazes contratados pela empresa de aluguel Colac foram trancafiados em uma cela da embarcação, sob ordens do capitão, para sua própria segurança e a de todos os outros.

Essa foi uma despedida apropriada para Dave Tangye. Ele estava prestes a deixar a banda porque ela viria a ficar longe da estrada pelo que acabou sendo mais de um ano. No começo, Ozzy pagava Dave do próprio bolso para ser seu braço direito, visto que o restante da banda não estava convencido de que o vocalista precisava de um gerente de turnês e de um assistente pessoal. Conforme o tempo foi passando e Dave provou seu valor a Ozzy e a todos do Sabbath, ele passou a fazer parte da folha de pagamento da banda.

Agora Mark Forster tinha decidido que, visto que não haveria mais nenhuma turnê por um longo período e talvez não houvesse muita coisa para Dave fazer, não seria mais rentável mantê-lo. Mark estava fazendo seu trabalho; estava economizando o dinheiro da banda. Ele explicou sua decisão a Dave por meio de uma carta, que também foi assinada pelos integrantes da banda. Ozzy não ficou feliz com isso, mas não se ofereceu para restabelecer o acordo original no qual ele pagava pelos serviços de Dave do próprio bolso.

Dave não ficou ofendido porque tinha começado a ver nuvens de tempestade pairando acima da banda, de Ozzy em particular, e, de qualquer maneira, estava considerando fazer algumas mudanças. "Tive um pressentimento de que as coisas simplesmente não estavam certas e uma sensação de que uma barragem estava prestes a se romper", ele relembra. "Não houve nenhuma discussão séria: a banda tinha estado junta desde que eles eram pouco mais do que crianças, eram como irmãos, e tinham passado tanto tempo na companhia uns dos outros que era mais provável que decidissem suprimir quaisquer problemas ou tensões do que se confrontarem ou fazer uma cena na frente de outras pessoas. Essa familiaridade íntima e relutância em fazer críticas talvez tenham sido o maior problema.

"Eu sabia que algum tipo de ruptura estava acontecendo. Podia sentir que as coisas já não eram mais tão divertidas, toda a atmosfera de diversão tinha desaparecido, as conversas estavam se tornando mais breves e Ozzy estava tendo mais momentos de depressão do que nunca. Ele tinha confidenciado a mim em algumas ocasiões que estava sendo deixado de lado em relação às grandes decisões que envolviam a música.

"Ninguém da equipe fazia perguntas. Só seguíamos em frente e fazíamos o que éramos pagos para fazer, da melhor forma que podíamos. Era ótimo trabalhar com os rapazes do Sabbath e eles sempre tinham criado uma atmosfera familiar, mas sabíamos qual era o nosso lugar — recebíamos salário..."

Dave estava certo — em pouco tempo os demônios de Ozzy iriam emergir com força total. Ele também sabia de outra coisa: "Se as coisas melhorassem para o Ozzy, ele iria me chamar de volta. Mantivemos contato e eu o visitava na Casa de Campo das Atrocidades quando estava em casa. Voltei a trabalhar com ele após um convite seu assim que montou a própria banda, Blizzard of Ozz".

Depois de descer cambaleando em Harwich após a festa na balsa, Dave passou alguns dias na Fields Farm com Graham antes de voltar a Egremont. Em um passeio de despedida, pelo menos temporariamente, eles foram gastar um pouco de dinheiro no hipódromo de Cheltenham no dia da Taça de Ouro. Por incrível que pareça, um dos cavalos na primeira corrida se chamava Black Sabbath. Seu dono era ninguém menos que Patrick Meehan. "Dave e eu consideramos isso um presságio", diz Graham, "visto que tínhamos acabado de sair de uma turnê com a banda, e nós dois apostamos na vitória do cavalo. Ele disparou com uma flecha na direção do primeiro obstáculo e se chocou contra ele."

O verdadeiro presságio, sem que Dave e Graham soubessem na época, era o da vida imitando o esporte. O Sabbath estava avançando em direção de sua própria colisão espetacular — mas pelo menos eles conseguiram ir muito mais além do primeiro obstáculo.

Algumas figuras famosas apareceram na Fields Farm nesse período. Com a Grã-Bretanha nas garras do punk e com a nova geração em guerra contra as grandes bandas de rock como o Sabbath, duas das pessoas mais agradáveis que visitaram a casa foram Joe Strummer e Mick Jones do The Clash. Eles eram amigos de Terry Lee, cuja nova empresa, Light and Sound Design, estava começando a decolar. Ele tinha cuidado da iluminação da infame turnê *Anarchy* do Sex Pistols e em seguida trabalhou com o The Clash na turnê *White Riot*.

Graham se lembra muito bem dessa visita: "Acordei certa manhã, olhei pela janela e avistei Mick Jones cutucando o cogumelo gigante que tínhamos plantado no jardim. Nós o tínhamos resgatado do cenário de *Terra de Gigantes* no Shepperton Studios durante os ensaios gerais para a turnê europeia com o AC/DC. Joe estava observando as galinhas que andavam soltas pelo terreno. Desci para a cozinha para preparar o café da manhã para todos nós. Joe estava despejando elogios sobre o interior e como ele gostava dali. Ele nos contou que uma de suas ambições era sair de Londres e comprar a própria casa de campo, o que, com o tempo, foi o que fez.

Joe e Mick ficaram alguns dias e foram hóspedes divertidos e atenciosos. Fiquei particularmente impressionado com a oferta de Joe para cortar nossa grama e fiquei muito triste ao ficar sabendo de sua morte devido a um ataque cardíaco aos cinquenta anos.

Outro visitante foi o guitarrista Angus Young do AC/DC. Ele tinha ido falar com Evo Evans, colega de casa de Graham, que na época estava trabalhando para a banda. Graham gostava muito de Angus. Eles se davam bem por causa de sua mútua paixão por arte e pintura. "Enquanto estava em Fields Farm, ele comentou que queria comprar uma nova calça jeans", conta Graham. "Eu o levei ao setor masculino de uma loja de departamentos na cidade próxima de Evesham. 'Por que você está me levando para esse lado?', indagou Angus, uma figura reconhecidamente pequena. 'Sempre compro minhas roupas no setor infantil.' Ele caminhou até as araras com roupas para crianças e escolheu um par de jeans. Claro, a calça serviu perfeitamente."

CAPÍTULO 18
CAMARADAS DE PEDIGREE

antiga casa do moinho ficava localizada ao lado de um riacho tranquilo onde Tony e Ozzy às vezes se sentavam em silêncio, pescando. O Sabbath tinha decidido relaxar por um tempo depois de turnês intensas pelos Estados Unidos e Europa, e estava de volta a Monmouth, País de Gales, a fim de ensaiar para o novo álbum.

Eles tinham ficado sabendo que o império Rockfield tinha sido recém-expandido com a aquisição da casa do moinho, convertida em um estúdio para ensaios com acomodações. Havia planos futuros para transformá-la em um estúdio de gravação. Na verdade, assim como o Monnow Valley Studios, ele há muito tempo é um dos centros de gravação mais populares e pitorescos do Reino Unido e foi vendido por Charles Ward poucos anos atrás. Ele fica a mais ou menos 800 m do complexo Rockfield, no fim de uma rua isolada, e o Sabbath gostava tanto de lá que o lugar se transformou em seu local de ensaios favorito.

Eles montaram o equipamento em uma grande sala com portas francesas que se abriam para os jardins nos fundos, e o alvo para dardos teve um lugar de honra na sala de jantar. Esse foi o local de muitas maratonas de dardos que se estenderam noite adentro. Tony Iommi era o melhor e mais entusiasmado jogador, e Bill Ward era o Jocky Wilson da banda — não porque conseguia atirar um dardo, mas porque gostava de beber enquanto o arremessava.

O contrato da casa do moinho não incluía pensão e, ainda que Ozzy e Graham cozinhassem pratos à base de curry muito saborosos, Oz às vezes levava as coisas longe demais. Ele gostava de se esgueirar até a cozinha e misturar vidros e mais vidros de vindalho apimentado no curry e depois pedia que Les experimentasse. Tony Iommi era pior, de acordo com

Graham: "Em certa ocasião, eu o peguei tirando o recheio das tortas de carne e o substituindo por ração de cachorro. Ele assistiu com muita atenção enquanto suas vítimas despercebidas atacavam suas tortas e ervilhas. Mais tarde, eu o encontrei no chão do estúdio, rindo feito louco".

As refeições eram o centro de muitas pegadinhas desse período, e logo todos aprenderam a tratar sua comida com cautela. Outros trotes eram planejados levando em conta o fator surpresa e, como sempre, Bill Ward era a vítima perfeita, Graham conta: "Uma noite, nos esgueiramos até o quarto de Bill enquanto ele dormia, acendemos uma vela ao lado da cama dele e seguramos um grande espelho a centímetros de seu rosto. Nós o acordamos com bastante calma. Ele semicerrou os olhos, soltou um grito aterrorizado e pareceu desmaiar logo depois. Fugimos do quarto e descemos correndo a escada.

"Na manhã seguinte, alguns de nós estávamos tomando café da manhã quando Bill entrou no cômodo balançando a cabeça e parecendo bastante pálido. Perguntamos se ele estava bem. Ele respondeu que durante a noite tinha tido o pior pesadelo de sua vida — o Diabo em pessoa estava pairando acima dele enquanto ele estava deitado. Ozzy quase se mijou de tanto rir."

Os rapazes tinham estacionado uma gama impressionante de carros no lado de fora da casa do moinho. Havia Mercedes, Rollers, Ferraris — e o Hillman Minx de Graham. Certo dia, depois de passar um fim de semana em casa, Les apareceu em uma Lamborghini Espada que tinha comprado com suas economias. Muitas cabeças se viravam quando Les levava Graham para cima e para baixo da rua principal de Monmouth em suas idas diárias às compras. O açougueiro local em particular ficou muito impressionado. Depois de algumas cervejas no pub local ao entardecer, Les lhe oferecia uma carona para casa. Em troca, Les ganhava uma grande torta de carne de porco. Ele tinha encontrado seu novo melhor amigo.

Muitos boatos circulavam pelo pub em Monmouth a respeito do que acontecia no estúdio. Certa vez, um helicóptero aterrissou em um campo ao lado do principal complexo de estúdios de Rockfield. A rede de fofocas logo ficou em polvorosa — com muita ajuda do Sabbath e sua equipe — e em poucos dias a cidade inteira estava convencida de que John Lennon tinha viajado para lá para trabalhar em seu próximo álbum. A verdade menos glamorosa era que o piloto do helicóptero tinha aterrissado para descansar um pouco no meio de um dia de trabalho sobrevoando plantações e borrifando pesticidas.

Foi nesse mesmo campo que Ozzy organizou uma partida de futebol que acabou em desastre para Graham. Certa noite, Ozzy tinha ficado chateado enquanto assistia a um programa musical na televisão. Meat Loaf estava fazendo uma apresentação antecipada na televisão britânica (seu álbum só seria lançado no ano seguinte) e alguém na sala brincou: "Essa banda também tem um vocalista gordo". Ozzy tinha consciência de seu peso. Ele era, afinal de contas, o frontman do Sabbath. Em certa ocasião, ele foi retratado nu da cintura para cima e exibindo uma pequena barriga na capa da revista *Sounds*. "Sabbath luta contra a flacidez", berrava a manchete, e isso levou Ozzy a iniciar uma de suas campanhas irregulares para se manter em forma. Elas não costumavam durar mais do que um ou dois dias, mas ele ficava bastante entusiasmado enquanto duravam.

No dia após o incidente do Meat Loaf, Ozzy anunciou que estava na hora de todo mundo entrar em forma, especialmente ele, e decidiu organizar uma partida de futebol. A comitiva marchou obediente até o campo e começou o jogo assim que as vacas foram arrebanhadas para longe. Eles colocaram jaquetas no chão para serem as traves dos gols, e Oz temporariamente substituiu seus costumeiros sapatos plataforma de pele de cobra por um par de botas com tachas nas solas que pegou emprestado às pressas com um fazendeiro local.

Bill com certeza não era do tipo esportivo e não queria correr o risco de sofrer algum ferimento que pudesse afetar sua habilidade de tocar bateria, portanto escolheu não participar do jogo. Mas entrou no espírito da ocasião como torcedor junto à linha lateral imaginária, e sua presença foi valorizada por Graham mais do que por qualquer outro: "Poucos minutos depois do pontapé inicial, escorreguei em um monte enorme de esterco e caí de cara em outro. Coberto de merda, tentei me levantar, só que percebi que tinha machucado o pé. Se estava torcido ou quebrado, eu não sabia. Bill se aproximou correndo com cuidado, para não derramar a

OZZY AMEAÇAVA SAIR DA BANDA FAZIA UM BOM TEMPO, MAS NINGUÉM ACREDITAVA QUE ELE FOSSE MESMO FAZER ISSO.

sidra. Depois de um trago prolongado, ele declarou que eu teria que ir ao médico. Bill e Les Martin me ajudaram a entrar no carro e me levaram para o hospital mais próximo.

"Ao chegarmos, fui posto em uma cadeira de rodas. Bill me empurrou na direção do pronto-socorro usando meu pé esticado e muito dolorido como aríete para abrir as portas vaivém. Meus gritos de dor não surtiam nenhum efeito em Bill, que apenas continuou a tomar goles de sua garrafa. Felizmente, fui resgatado por uma enfermeira, que assumiu o controle da cadeira de rodas e nos levou até uma sala para esperar o médico. Les passou o tempo falando sobre o hospital onde tinha trabalhado depois de terminar os estudos. Ao ver um termômetro despontando de um vidro em uma prateleira, anunciou que era especialista em tirar temperatura, apanhou o termômetro e o colocou sob a língua. Nesse momento, vi o rótulo na parte de trás do vidro e o apontei para Les. Ele dizia: 'Apenas para uso anal'. Les cuspiu o termômetro, que foi disparado pelo ar como um míssil de cruzeiro em miniatura e se partiu em pedacinhos ao bater na parede oposta. Ele então começou a tossir e a cuspir enquanto disparava até a pia para lavar a boca.

"Claro, o médico entrou nesse exato momento. Ao se deparar com Les tossindo na pia, com Bill encostado na parede em um estado deplorável de embriaguez e comigo deitado na cama morrendo de rir, o médico olhou ao redor e perguntou com calma: 'Quem é o primeiro?'. Algum tempo depois, ele concluiu que meu pé não estava quebrado. Fez um curativo, me deu alguns analgésicos e nós mandou embora. Esse foi o fim dos planos para entrarmos em forma."

Ozzy ameaçava sair da banda fazia um bom tempo, mas ninguém acreditava que ele fosse mesmo fazer isso. Como muitos piadistas, ele podia estar nas alturas de tão chapado em um minuto e no fundo do poço no seguinte, e foi sempre assim durante toda a sua carreira com o Sabbath.

Certo dia, depois dos ensaios na casa do moinho, ele anunciou que precisava dar um tempo, entrou em seu Mercedes e dirigiu de volta para casa — ilegalmente, visto que não tinha carteira de motorista. Ele não voltou a fazer a prova depois daquela primeira tentativa frustrada. Mais tarde telefonou para Bill para dizer que não voltaria para a banda. Ninguém levou isso muito a sério — eles achavam que Ozzy só estava aprontando das suas de novo, e Tony seguiu trabalhando nos novos riffs. Mas, à medida que os dias foram passando e o vocalista não voltou, os rapazes do Sabbath se deram conta de que estavam mesmo sem o Oz em Monmouth.

Tony, Geezer e Bill decidiram contratar um substituto. Pelo menos, teriam a oportunidade de descobrir como era trabalhar com um vocalista diferente. E se Ozzy estivesse mesmo falando sério sobre sair da banda, poderiam seguir trabalhando. Mas Graham, pelo menos, acredita que eles estavam pagando para ver se Ozzy estava mesmo falando sério. Dave Walker, um velho amigo de Bill e ex-integrante da banda de blues Savoy Brown, chegou na casa do moinho e, com hesitação, se juntou ao Black Sabbath como o novo vocalista. Ele estava acompanhado da esposa, que gostava de colocá-lo na cama às 23h. Desde o início, então, os alarmes estavam disparando. E, ainda que Dave Walker tenha contribuído com as composições e até mesmo gravado uma apresentação com o Sabbath para a BBC TV nos estúdios Pebble Mill em Birmingham, havia uma sensação geral dentro da banda de que aquilo era inútil.

Ozzy, enquanto isso, estava tentando chegar ao fundo de seus problemas. Ele não estava se sentindo bem consigo mesmo. Estava decepcionado e incomodado com a maneira como as coisas caminhavam com o Sabbath ao longo dos últimos dois anos, com uma queda nas vendas dos álbuns e os problemas com os empresários solapando sua ascensão anteriormente descomplicada. Também se sentia confuso, querendo seguir uma nova direção por conta própria, ao mesmo tempo em que não estava pronto para se separar do Sabbath.

Mas o problema maior era seu conflito musical com Tony Iommi. Ozzy acreditava apaixonadamente no estilo original do Sabbath, o heavy metal gigantesco, repetitivo e de dar arrepios na espinha que tinha lhes rendido fama. Estava se sentindo desolado com a direção que a música estava seguindo e não tinha gostado de *Technical Ecstasy*, visto que não estava — naquela época — interessado em experimentar ou explorar. Ozzy reclamou mais tarde: "Para mim, parece que os nomes Black Sabbath e *Technical Ecstasy* estavam diametralmente em lados opostos". Ele também estava incomodado com as sessões de ensaio para o próximo álbum, e sua reação tinha sido se afastar do processo criativo, alegando em seguida que tinha tido a impressão de que sua opinião não era importante.

Já Tony Iommi estava interessado em expandir o som do Sabbath e ficou exasperado com Ozzy, declarando que ele não estava fazendo sua parte. Tony na verdade desejava que Ozzy mudasse, o que é algo perigoso a se fazer em qualquer relacionamento. As pessoas mudam apenas porque querem. Ao mesmo tempo, Tony afirma que estava sentindo o estresse das responsabilidades depositadas sobre seus ombros pelos outros integrantes da banda, que em grande parte dependiam dele para ser o líder, aparecer com ideias para as músicas e representar seus interesses em estúdio.

Graham acredita que outra coisa estava deixando Ozzy extremamente preocupado: "Ele sempre dizia que estava ficando louco, e eu passei a pensar que John Osbourne de Aston estava cedendo à pressão de ter que ser Ozzy Osbourne, estrela do rock, Príncipe das Trevas".

Ozzy comentou sobre esse período de distanciamento: "Eu sentia falta da atmosfera familiar do Black Sabbath. Tive um descanso, mas sabia no fundo do coração que estava cometendo um erro e só queria voltar para lá". O restante da banda sentia o mesmo.

A experiência com Dave Walker não tinha dado muito certo, e ele saiu da banda sem muito estardalhaço. "Não houve gritaria nem xingamentos", diz Graham. "Ele simplesmente saiu. Ele estava lá um dia e no outro não estava mais. A partir do momento em que chegou, parecia que ele era mais um substituto do que uma alternativa para a vaga de Ozzy. Alguém pode ter tido uma conversinha com ele; não sei. Mas todos, incluindo Dave Walker, sabiam que Oz precisava voltar. Foi uma época muito estranha. Bill e Oz eram bons amigos, e tenho certeza de que deve ter sido Bill quem lhe telefonou para dizer: 'Por que você não tenta mais uma vez?'. Algum tempo depois, todos ficamos sabendo que ele estava voltando."

Pouco depois dessa reintegração, Ozzy descreveu sua ausência: "Foi como umas férias. Tive bastante tempo para pensar e, ainda que tenha tentado trabalhar com outros músicos, foi muito difícil. Depois de nove anos com as mesmas pessoas, você se acostuma com as coisas. Quando me telefonaram para perguntar se eu não queria voltar, eu sabia que tinha apenas uma resposta".

Graham se lembra de um elemento surpresa a respeito do retorno de Ozzy ao País de Gales: "Eram por volta das 10h30 na casa do moinho. Eu estava na cozinha e ouvi uma arma ser disparada. Pensei: 'Oz deve estar de volta'. Ele sabia que todos saberíamos que era ele. Ele esteve longe durante algumas semanas e agora estava anunciando seu retorno, atirando com sua espingarda do lado de fora do quarto do Bill, e de repente as coisas voltaram ao normal. Bill ainda estava na cama. Oz, depois de estacionar o carro e ver as cortinas do quarto do Bill fechadas, se postou embaixo da janela e disparou cinco vezes".

Todos ficaram contentes com seu retorno. Agora o Black Sabbath podia voltar ao trabalho de maneira apropriada. Ozzy também parecia feliz; ele disse que estava ansioso por um novo começo.

Explicou que tinha precisado de um tempo para colocar a cabeça no lugar, e a banda aceitou isso. Ele parecia ter recuperado seu entusiasmo, e a atmosfera entre Ozzy e o restante do Sabbath voltou a algo próximo do normal. Mas sempre havia a incômoda preocupação de que, algum dia, ele pudesse voltar a fazer aquilo.

Depois de voltar aos ensaios, Ozzy continuou a desaprovar a direção que as músicas estavam tomando. As canções não estavam fluindo do modo como costumavam. A veia criativa do Sabbath estava secando, e era apenas uma questão de tempo até que o instável vocalista saísse de novo, dessa vez para valer.

Dezembro de 1977 marcou o início do inverno de descontentamento do Sabbath. A banda deixou de ensaiar na casa do moinho em Monmouth e se mudou para um cômodo em Fields Farm, onde Graham estava morando. Com a bateria de Bill e os amplificadores de guitarra instalados, as coisas ficaram apertadas lá dentro. O fogão Aga na cozinha e a lareira na sala de estar estavam bem estocados para manter todo mundo aquecido, mas o Aga desenvolveu a tendência de expelir uma fumaça rançosa, e em pouco tempo a casa inteira passou a ficar cheia de uma névoa escura. Ozzy anunciou que tinha contraído uma nova doença, Aga na Garganta, e prescreveu um tratamento para si mesmo, um remédio líquido servido em copos no pub local.

Foi durante esse período que passaram na fazenda que o pai de Ozzy, Jack, faleceu após uma longa batalha contra o câncer. Os ensaios chegaram a um fim abrupto, e todos se sentiram mal por Oz, que ficou completamente desolado. Depois do enterro, Ozzy dirigiu direto para Fields Farm. Graham e seus colegas de casa, Terry Lee e Evo Evans, estavam em casa quando Ozzy entrou na sala de estar, tirou o terno e o jogou na lareira, declarando que precisava de uma bebida. "Dissemos que ele não podia ir a um pub só de cueca", conta Graham. "Dito isso, ele correu até a cozinha, apanhou um saco de lixo e o vestiu, abrindo buracos para a cabeça e os braços. Nos apertamos em um carro e fomos até o Dolphin, nosso pub local, onde ignoramos os olhares incrédulos que a presença de Ozzy atraiu e ficamos completamente bêbados. É óbvio que Ozzy estava muito chateado, mas fizemos o máximo para tentar alegrá-lo naquele velório improvisado para o falecido Jack Osbourne."

Na melhor das hipóteses, o frio que fazia em Toronto em janeiro era de rachar. Em 1978, o Canadá estava passando por um inverno particularmente severo. "Deve estar mais quente no Polo Norte", disse Ozzy amargamente.

A banda tinha escolhido o Sounds Interchange Studios para a gravação de seu próximo álbum, *Never Say Die!* Era uma instalação muito moderna, e o Sabbath também gostou de Toronto como cidade, ainda que teria sido muito mais agradável no verão. Alertas regulares sobre o clima eram transmitidos pela televisão, aconselhando as pessoas a não se aventurarem nas ruas porque as temperaturas estavam caindo para -50 ºC. Havia boatos de que os globos oculares das pessoas estavam congelando e urinar ao ar livre teria sido um convite a uma catástrofe. As nevascas que castigavam a cidade estavam empurrando as pessoas pela rua como se fossem folhas de papel. "Até o Nanook, o Esquimó, teria congelado as bolas neste lugar", bufou Ozzy. A banda toda odiou o clima.

O representante local da Warner Bros. providenciou para a banda a mudança do hotel para um prédio de apartamentos perto da Younge Street, uma via principal no centro de Toronto. Na esquina ficava o The Gasworks, um bar que se tornaria seu pub local. O prédio de apartamentos passou a se parecer com uma prisão. Era impossível sair para uma caminhada por causa do clima, mas, se você corresse, era possível chegar à porta do The Gasworks sem sofrer nenhuma queimadura causada pelo frio.

Ozzy passava mais tempo em seu quarto do que os outros integrantes da banda. Ele estava sendo perseguido por duas groupies especialmente persistentes chamadas Abracadabra e Silver. Ele se trancava em seu apartamento e fingia que não estava, porque elas, decidiu, "tinham a porra de alguns parafusos a menos". Elas eram doidas.

Antes do começo das gravações, o Sabbath passou mais tempo ensaiando em um antigo cinema gélido. Eles só podiam ensaiar pelas manhãs e tardes, e o poderoso som do Sabbath em ação costumava competir com uma senhora idosa que saía fazendo um barulhão pelo cinema com o aspirador de pó mais barulhento que alguém já tinha ouvido, limpando os pisos antes que a programação da noite começasse.

Outra inconveniência surgiu quando a banda foi para o Sounds Interchange Studios. Eles decidiram que a acústica da sala era muito "morta" e que teriam que customizar o estúdio. "Tivemos que tentar dar uma avivada nele", conta Graham, "então pegamos diversas placas de compensado para colocar nos pisos e cobrir o isolamento acústico das paredes."

À luz das baixas vendas de seus discos nos Estados Unidos, a banda estava tentando voltar ao básico em pelo menos algumas das faixas, mas muitos fãs reclamariam que eles não foram longe o suficiente. Em outras, eles novamente se aventuraram para além da fórmula testada e estabelecida do Sabbath, utilizando instrumentos decorativos como metais, gaitas e teclados, dessa vez tocados por Don Airey.

Graham comenta sobre as gravações: "Pessoalmente, achei que algumas das músicas não eram fortes o bastante, embora tenha gostado de outras. Mas eu teria preferido ouvir a banda voltar ao material mais pesado. O som que conseguiram nos primeiros álbuns como *Black Sabbath* e *Paranoid* era sua marca registrada. Achei que, com aquele álbum, eles talvez estivessem forçando muito a barra".

Mesmo assim, a banda parecia ter deixado para trás tudo o que tinha acontecido nos meses anteriores. Ozzy estava firme de volta ao seu posto, e o episódio com Dave Walker ficou no passado. O Sabbath nunca lavava a roupa suja em público, nem mesmo na frente da equipe. Nem Graham nem Dave chegaram a ouvir vozes alteradas ou qualquer tipo de discussão séria, e quaisquer disputas ou reclamações que talvez tenham existido entre os integrantes da banda eram expressas discretamente atrás de portas fechadas, se é que isso chegava a acontecer.

Então foi apenas mais tarde que as pessoas ficaram sabendo sobre a infelicidade nos bastidores em Toronto. Tony Iommi contou ao autor Steven Rosen que as sessões de gravação foram um pesadelo: "Todos estávamos fazendo joguinhos bobos... e estávamos bastante drogados... Íamos para as sessões e tínhamos que guardar tudo porque estávamos chapados demais. Ninguém conseguia tocar nada direito. Estávamos completamente perdidos. Cada integrante estava tocando uma coisa diferente. Para mim, foi muito difícil ter ideias e tentar organizá-las tão depressa".

Geezer Butler estava tendo uma experiência parecida com as letras, afirmando mais tarde: "Eu costumava odiar fazer isso mais para o fim da era Ozzy. Ele dizia: 'Não vou cantar isso'. Então eu tinha que repensar a coisa toda".

Bill Ward apenas se lembra de que: "Eu estava ficando cada vez mais doente com minha bebedeira".

E, quanto a Ozzy, ele mais tarde apresentou uma lista enorme de frustrações. A principal era que ele detestava as faixas que a banda estava gravando, afirmando que elas o deixavam envergonhado e que eram equivalentes "ao maior monte de merda que já fiz na vida". É claro que isso piorou as diferenças entre ele e Tony, o diretor musical.

Ozzy também era contra o uso de gravações multicanais e de outros efeitos de estúdio que faziam com que fosse impossível recriar as músicas ao vivo, foi sincero a respeito da enorme quantia gasta para manter a banda gravando em Toronto e argumentou que eles poderiam ter usado um produtor imparcial em vez de tentar de novo fazer o trabalho eles mesmos. Claro, Ozzy desde então revelou muitas coisas sobre seu abuso de drogas durante esse período.

Relatos diziam que Ozzy estava em desacordo com alguns roadies da equipe, com a exceção de Graham, que diz: "Estava ciente de que Ozzy não se sentia muito satisfeito com Albert Chapman, só porque ele era um dos melhores amigos de Tony dos tempos de escola. Ozzy achava que Albert sempre defendia Tony, e ele tirava um pouco de sarro do Ozzy. Les Martin também era muito amigo de Tony. Mas acho que nada disso foi relevante em relação aos problemas de Ozzy na época".

A verdadeira fonte da contínua insatisfação de Ozzy era a música, e isso, por sua vez, fez com que uma verdadeira reconciliação entre ele e Tony Iommi fosse impossível.

Alguns podem dizer que Ozzy tinha cometido um erro ao voltar para o Sabbath, mas ele conseguiu segurar as pontas por tempo suficiente para comemorar o décimo aniversário da banda com uma grande turnê mundial — o que na verdade apenas prolongou o sofrimento.

CAPÍTULO 19
VAN ALIEN!

A fresca primavera inglesa foi como um paraíso subtropical depois do frio intenso que tinham suportado em Toronto. A banda e a equipe tiraram duas semanas para descongelar antes da turnê de aniversário de dez anos, batizada com o mesmo nome do álbum vindouro, *Never Say Die!*

A turnê teve início no dia 16 de maio de 1978 em Sheffield, onde o Black Sabbath conheceu a banda que abriria para eles na maioria dos shows no Reino Unido e depois nos Estados Unidos e na Europa. O Van Halen era de Pasadena, Califórnia. Na época, ninguém no quartel-general do Sabbath sabia muita coisa sobre eles, só que recentemente tinham tido muito sucesso nos Estados Unidos com um cover do The Kinks, "You Really Got Me".

Os integrantes do Van Halen não eram os únicos recém-chegados ao círculo do Sabbath — um técnico de guitarra norte-americano chamado Barry tinha se juntado à equipe. Ele se sentava com Graham e Les enquanto eles se revezavam atrás do volante do caminhão de 7,5 toneladas que transportava o sistema de som de cidade em cidade, enquanto o resto do equipamento viajava em um caminhão articulado de 12 m. Barry era um ótimo sujeito, muito jovial. Aquela foi sua primeira visita ao Reino Unido e ele estava ansioso para ver um pouco do interior. À medida que a turnê avançava, em uma viagem de Sheffield para Glasgow, ele ficou admirado com a paisagem, de tão verde que era — mas a grama não era a única coisa verde, relembra Graham: "Estávamos seguindo pela A1 através de Northumberland quando percebemos até que ponto ia a ingenuidade de Barry. Ele estava pronto para sua iniciação — uma elaborada pegadinha. A 16 km da fronteira com a Escócia, perguntamos a ele se seu visto e permissão de trabalho estavam em ordem para entrar na Escócia para os próximos shows. Ele nos olhou cheio de medo: 'Permissão de trabalho? Visto?'. Depois de fingirmos consternação diante dessa desatenção, lhe informamos, com seriedade, que estava claro que o escritório em Londres tinha esquecido de providenciar a documentação, visto que costumávamos viajar com uma equipe só de ingleses que não precisavam de tais documentos para viajar pelo Reino Unido.

"Só havia um jeito de resolvermos aquilo, anunciamos. Teríamos que contrabandear Barry para dentro da Escócia. Paramos no acostamento e abrimos a traseira do caminhão. Barry entrou e nós o esprememos entre duas grandes caixas de som, explicando que tínhamos de fazer tudo o que podíamos para o esconder dos olhos de águia dos oficiais de fronteira escoceses.

"Enquanto partíamos de novo, Les e eu não conseguíamos nos olhar. Choramos de tanto rir, tanto que quase batemos o caminhão. Seguindo na direção de Berwick-upon-Tweed com nosso estrangeiro ilegal escondido com a carga, paramos em um pub para umas duas cervejas, uns pedaços de torta e batata frita como almoço. Comemos, bebemos e voltamos para o caminhão, conversando em voz bem alta com oficiais de fronteira imaginários e lhes assegurando de que não havia necessidade de inspecionar a traseira do caminhão visto que só estávamos transportando equipamentos musicais para o Black Sabbath.

"Ainda estávamos gargalhando quando atravessamos a fronteira escocesa. Avançamos por mais 5 km, só para nos recompor, paramos em outro acostamento e abrimos a traseira do caminhão. Contei ao Barry que agora estávamos a salvo na Escócia. 'Obrigado, pessoal', respondeu ele. 'Mas acho que deveria ficar aqui por mais alguns quilômetros, só por garantia'. Quando finalmente o tiramos de seu esconderijo, ele ficou radiante de ter conseguido atravessar a fronteira.

"Claro, tivemos que alertar Barry para tomar cuidado na Escócia. Ele não deveria mencionar sua aventura para ninguém que encontrasse, porque havia uma gorda recompensa para quem encontrasse estrangeiros ilegais por lá. Depois de concluirmos os shows na Escócia, nós o contrabandeamos de volta para a Inglaterra e, ao chegarmos para um show no Newcastle City Hall, ele logo contou a uma perplexa equipe nortista sobre suas proezas audaciosas. Os rapazes do Sabbath acharam a coisa toda hilária, mas esse não foi o fim da história.

Viajamos para o sul até Manchester, para o show que a banda faria no Apollo Theatre no dia 22 de maio, e, enquanto preparávamos as coisas na casa de espetáculos, o policial local nos fez uma visita. Nós o conhecíamos; ele costumava aparecer para tomar uma xícara de chá nos bastidores. Contamos tudo a ele sobre o trote e o convencemos a ir até o palco, onde Barry estava trabalhando, para o 'prender'. O policial avançou até Barry, pediu que confirmasse seu nome e declarou: 'Recebemos informações da polícia de Strathclyde de que você entrou ilegalmente na Escócia e, em seguida, foi contrabandeado ilegalmente de volta para a Inglaterra. Não tenho outra alternativa a não ser prender você por...

Barry logo entrou em pânico, declarando inocência e culpando todos em quem podia pensar por não terem providenciado para ele um visto ou uma permissão de trabalho, ou por sequer terem dito a ele que precisava dessas coisas. Infelizmente, o policial não conseguiu continuar com a farsa e logo confessou que a coisa toda era uma brincadeira. Barry correu atrás de mim por todo o Manchester Apollo gritando: 'Seus desgraçados!' — palavras que ele provavelmente repete até hoje quando pensa no Black Sabbath e em sua equipe de roadies."

O Apollo fica localizado no bairro de Ardwick, perto do centro da cidade. A equipe sempre gostava de trabalhar lá visto que havia um pub, o Aspley Cottage, ao lado da área de carga e descarga.

Naquela visita, eles tinham chegado mais cedo do que de costume para a montagem do equipamento porque o Sabbath tinha decidido fazer a própria passagem de som. Eles costumavam fazer uma no começo de cada turnê, depois deixavam isso a cargo da equipe. Mas em certas ocasiões, se a guitarra de Tony tivesse começado a zumbir, por exemplo, então todos tinham que colocar a mão na massa, conta Graham: "Era uma linda manhã ensolarada. Estávamos ocupados nos fundos da casa quando um sujeito em um macacão azul coberto de graxa apareceu na área de carga e descarga e disse: 'E aí, rapazes, estou com a porcaria de um transformador elétrico para um sujeito holandês chamado Van Haling ou algo parecido. Onde querem que eu coloque?'

"Posicionado na caçamba de sua caminhonete havia um imenso transformador industrial. Depois de muito pensarmos e resmungarmos 'Por cima, cara', esvaziamos uma área onde aquela geringonça enorme não atrapalharia. O homem de macacão usou um guindaste para tirá-lo da caminhonete e foi embora. Aquela era a primeira turnê europeia do Van Halen e, a julgar pelo tamanho do transformador que tinham acabado de entregar, eles estavam indo com tudo para impressionar."

A banda estava se mostrando tão entusiasmada quanto seu novo equipamento sugeria; eles mal conseguiam esperar para tocar, mesmo antes de as portas terem sido abertas. Quando o Sabbath terminou a passagem de som e se retirou para os camarins do Apollo, a equipe do Van Halen montou seu equipamento de som. Pouco depois, a banda foi para o palco e começou a tocar músicas do Sabbath. Essa foi sua maneira de homenagear o Sabbath, mas estranhamente Tony Iommi ficou irritado com isso. Ele pode ter interpretado mal o gesto como uma zombaria, o que com certeza não foi. Os rapazes do Van Halen estavam fascinados pelo Sabbath, e o engenhoso guitarrista Eddie Van Halen era um grande fã de Tony. Essa gafe involuntária logo foi esquecida. As duas bandas passaram a se dar muito bem. Alex Van Halen costumava se sentar ao lado de Graham atrás da bateria de Bill, observando-o e ouvindo-o tocar.

Os shows pelo Reino Unido foram um enorme sucesso. O público leal do Sabbath retornou em massa, todos os shows tiveram os ingressos esgotados e o Van Halen quebrou tudo. A banda tinha sido formada pelos irmãos Eddie e Alex Van Halen. Juntos com o baixista Michael Anthony e o exuberante frontman David Lee Roth, eles chegaram com tudo com uma nova abordagem para o metal, mas o Sabbath encarou o desafio, triunfando todas as noites com a merecida autoridade de uma atração principal. Sem dúvidas, o rock pesado estava bem vivo no verão de 1978.

A turnê foi longa e desordenada. Uma das decisões mais ilógicas envolveu um convite para o Sabbath se apresentar no programa *Top of the Pops* para promover o novo single, "Never Say Die", que foi lançado antes do álbum. A equipe ficou sabendo desse novo compromisso tarde da noite depois de um show no Glasgow Apollo, enquanto retirava o equipamento da casa de espetáculos. Eles de repente foram instruídos a viajar direto para Londres para a gravação nos estúdios da BBC TV em Shepherd's Bush.

Infelizmente, alguém tinha roubado a tampa do radiador do caminhão e a equipe precisou fazer paradas periódicas ao longo da viagem para encher o radiador de água, enfiando meias e qualquer outra coisa que estivesse à mão na boca do radiador para evitar que a água fervesse e vazasse. Para piorar as coisas, descobriram que não havia necessidade de o equipamento ter sido levado para Londres. A banda sabia que iria fazer playback, e a única explicação para essa corrida de última hora era que Bill simplesmente queria que os espectadores britânicos vissem sua bateria. Ele nem sequer levou a concha gigante.

Em seguida, o Sabbath e o Van Halen embarcaram no trecho norte-americano da turnê, como Graham relembra: "Estávamos em algum lugar no Centro-Oeste. Como sempre, pouco antes da hora marcada para a banda subir no palco, levei a caixa da bateria de Bill para o camarim e lhe entreguei um par de baquetas para que ele pudesse afiná-la. Eu precisava ir ao banheiro, então fui até o vestiário ali do lado e não pude deixar de ver um par de sapatos vermelhos de salto alto ao lado de um par de botas masculinas por baixo da porta de uma das cabines — todos os quais eu reconheci. Os sapatos pertenciam a uma groupie, que tinha ido ao show a convite da banda. As botas pertenciam a alguém que trabalhava para o promotor.

"Saí de fininho, corri de volta ao camarim e disse ao Oz: 'Você tem que ver isso'. Ozzy apanhou um enorme balde de gelo e nos esgueiramos até os banheiros, onde ele virou o conteúdo do balde por cima da porta da cabine. A dupla culpada saiu segundos depois parecendo ratos encharcados e a moça dos sapatos vermelhos saiu correndo aos berros. Nunca mais voltamos a vê-la."

Os shows tiveram ingressos esgotados em muitos lugares dos Estados Unidos. A presença do Van Halen foi uma grande influência na venda dos ingressos, visto que a banda era uma atração muito maior em casa do que no Reino Unido. A turnê teve início em Chicago no dia 14 de agosto de 1978, avançando pelo Centro-Oeste e pela Costa Leste antes de seguir para a Costa Oeste e terminar em Seattle no final de setembro.

Quando a turnê chegou na Califórnia, terra natal do Van Halen, eles fizeram o Sabbath suar — mesmo quando David Lee Roth deu as boas-vindas à plateia em Oakland, pouco depois de San Francisco, com o imortal "Olá, Los Angeles!". A plateia ficou em silêncio, mas no instante em que Eddie Van Halen tocou os primeiros acordes ensurdecedores em sua guitarra, tudo foi perdoado.

O Black Sabbath e o Van Halen viajaram dos Estados Unidos no final de setembro para uma série de shows na Europa, antes de começarem o segundo trecho da turnê norte-americana. Em uma noite memorável na Alemanha, o Sabbath foi obrigado a se esconder do próprio público. O dia foi um desastre desde o começo. Eles tinham achado que tocariam em Nuremberg naquela noite. A equipe acordou cedo e viajou até a cidade para montar o palco. Naquela época, os itinerários das turnês não eram as obras de arte detalhadas de hoje em dia; você tinha sorte se recebesse uma lista das cidades, quem dirá os nomes das casas de shows. Na maioria dos lugares, uma equipe experiente conhecia os locais de costume e se dirigia direto para lá. No entanto, em Nuremberg, a equipe descobriu que a banda não estava agendada para tocar em nenhum lugar.

Graham teve que dirigir pela cidade, esquadrinhando os edifícios à procura de pôsteres anunciando o show antes de enfim descobrir que o Sabbath na verdade tocaria em uma cidadezinha chamada Neunkirchen Am Brand, aninhada em uma floresta por volta de 48 km ao norte. O local era um ginásio esportivo de tamanho razoável — o Hemmerleinhalle. Graham relembra: "Enquanto montávamos o equipamento, percebemos muitos soldados do Exército norte-americano se reunindo no estacionamento ao lado do local do show. Foi incrível. Eles chegavam em carros blindados e em todos os tipos de veículo militar, até mesmo em helicópteros. A equipe local nos explicou que os soldados norte-americanos tinham acabado de concluir seis semanas de exercícios táticos e estavam querendo comemorar em grande estilo. O promotor alemão tinha feito a gentileza de vender mais ingressos do que a casa comportava, e, quando o Van Halen subiu no palco, o salão já estava apinhado de milhares de soldados extremamente chapados, bêbados e desordeiros, prontos para detonar.

O Van Halen teve uma recepção tumultuosa e, enquanto o público aguardava o Sabbath durante a troca de palco, todos começaram a soltar gritos estridentes e empolgados. Eles foram à loucura quando a banda por fim subiu no palco e começou a tocar os pesados acordes graves de "Black Sabbath". Mas, depois de três músicas, Tony Iommi deixou o palco enfurecido. Os amplificadores de sua guitarra estavam zumbindo, ele não conseguiu resolver o problema e não estava disposto a fazer uma apresentação abaixo dos padrões. Ele foi pisando duro até o camarim, embaixo do palco. Não era possível para o Sabbath continuar tocando sem seu guitarrista e, quando os outros viram que Tony não voltaria, pararam de tocar, deixaram o palco e juntaram a ele no camarim. Dez minutos depois, a equipe se trancou lá dentro com eles.

Ao se dar conta de que o Sabbath tinha mesmo abandonado o show, o Exército norte-americano entrou em batalha, instigando um tumulto no qual eles destruíram a casa e jogaram no palco garrafas e quaisquer outros mísseis que estivessem à mão. Algum tempo depois, fomos resgatados pela tropa de choque, que nos encontrou sitiados no camarim. A banda por fim conseguiu escapar depressa enquanto passamos o resto da noite atentos a qualquer perigo e levávamos o equipamento de volta para os caminhões.

Uma das paradas de costume no circuito de shows alemão era o Grand Hotel, em Nuremberg, que dava para a estação Hauptbahnhof e a praça da cidade. Esse não era o lugar favorito de Ozzy, Graham conta: "Na madrugada de um dia, Ozzy me telefonou e disse que não estava conseguindo dormir. Reclamou que sentia vibrações estranhas no quarto e me pediu para ir até lá e tomar uma cerveja. Ele estava hospedado em um quarto grande em um dos cantos do hotel com uma cama enorme e portas francesas que davam para uma sacada. Fui até lá e notei as marcas na alvenaria ao redor das portas. Diziam que, quando os norte-americanos tomaram posse de Nuremberg durante a guerra, eles atiraram a esmo contra aquele hotel e, especificamente, contra aquela sacada. 'Não é de se espantar que você não esteja conseguindo dormir, cara', comentei com Ozzy. 'Acho que te deram o antigo quarto de Hitler'."

Em seu lançamento em outubro de 1978, *Never Say Die!* foi recebido por resenhas indiferentes ou depreciativas, o que não era incomum, e, o que era mais grave, por um público que obviamente estava fazendo escolhas convenientes para seus bolsos. Como banda ao vivo, o Sabbath ainda era uma atração internacional de primeira, mas sua popularidade como banda de estúdio estava diminuindo. *Never Say Die!* rendeu a pior posição nas paradas norte-americanas, alcançando a posição de número sessenta e nove, ainda que tivesse obtido resultados melhores no Reino Unido, onde o disco chegou à décima segunda posição, uma acima de *Technical Ecstasy*.

Ainda assim, eles continuaram atacando os Estados Unidos, voltando em novembro para o segundo trecho da turnê. Ninguém que esteve com o Black Sabbath em Nashville, Tennessee, vai se esquecer dos eventos do dia 16 de novembro.

O Municipal Auditorium estava lotado, e o Van Halen estava apresentando o que sabia fazer de melhor diante de uma torrente de aplausos. Nos bastidores, o Sabbath estava chegando para o show. Bill e Geezer apareceram primeiro, seguidos de Tony, e estavam sentados no camarim quando Albert Chapman, agora o gerente de turnês oficial, entrou com notícias preocupantes.

Ele tinha ido buscar Ozzy em seu quarto de hotel, mas o vocalista não estava lá. Suas malas estavam empilhadas no chão sem terem sido abertas, a cama estava feita e o papel higiênico ainda estava no lugar em cima do vaso sanitário. Ozzy não tinha feito o check-in. Albert então fez uma busca pelo hotel — o Grand Hyatt Regency no centro de Nashville —, mas foi inútil. A princípio, o restante da banda permaneceu tranquilo, supondo que ele chegaria a qualquer momento. Mas o tempo foi passando e não havia nenhum sinal de Oz à medida que o Van Halen chegava ao fim de seu show.

Tony começou a afinar sua guitarra, Bill estava batucando na caixa de sua bateria em seu ritual pré-show, Geezer estava penteando o cabelo e Albert e o promotor estavam berrando: "Cadê o Ozzy, porra?".

Tomados pelo pânico, eles relataram seu desaparecimento para a polícia e entraram em contato com a estação de rádio local, que, de imediato, transmitiu um apelo ao povo de Nashville: "Se alguém estiver com Ozzy Osbourne, ou se o vir, por favor diga a ele para ir ao show, ou leve-o você mesmo se for necessário".

A hora do show do Sabbath chegou e passou, e os fãs começaram a ficar impacientes. O ânimo deles estava começando a esquentar. Nos bastidores, as especulações chegavam ao extremo. Ele foi sequestrado! Ele surtou de novo e voltou para casa! Ele está enfurnado em um bar em algum lugar, bêbado feito um gambá! Depois de uma hora, Tony, Geezer e Bill foram escoltados para fora da arena e de volta ao hotel, para longe do perigo. O promotor então anunciou que o Sabbath não iria se apresentar naquela noite. Como era de se esperar, o lugar virou um pandemônio e os fãs fizeram tudo o que puderam para destruir o Municipal Auditorium.

Muito mais tarde, o Sabbath e a equipe se reuniram no bar do hotel. Ozzy ainda estava na lista de desaparecidos, e parecia que o resto da turnê estava correndo sérios perigos, Graham relembra: "No dia seguinte, desci para tomar o café da manhã e encontrei o Albert. Ele não estava nem um pouco feliz. Tinha recebido um telefonema do Ozzy às 6h30: 'Oi, Albert, estou pronto para o show'. Albert ficou furioso. 'O que você está dizendo? Onde você esteve, porra?', questionou ele. Ozzy lhe contou que estava em sua cama. Tinha dormido o dia inteiro, acordado, visto que eram 6 horas e, pensando que ainda era a noite do dia anterior, tinha se preparado para o show. O mais incrível foi que ele estava no quarto errado".

Quando Ozzy chegou ao hotel em Nashville e foi para seu quarto, ele tirou a chave errada do bolso. Era a chave do quarto do último hotel onde tinha se hospedado — outro Hyatt. Lendo o número do quarto na chave que tinha na mão, ele foi procurá-lo. A porta estava aberta e uma camareira estava terminando de limpar. Ela então saiu e Ozzy, que estava exausto naquele dia, foi se deitar para tirar o cochilo mais longo de sua vida.

Tony, Geezer e Bill levaram tudo numa boa. Estavam irritados, mas não ficaram surpresos com a explicação de Ozzy e sentiram-se aliviados por nada de ruim ter acontecido a ele. Albert lhe disse: "Você é um imbecil", mas Ozzy levou tudo na brincadeira e então, com o tempo, todos fizeram o mesmo.

O show cancelado foi, por fim, realizado alguns dias depois. Foi marcado para um dia de viagem — um dia de folga para a banda, se não para a equipe — e o show aconteceu à tarde para que os caminhões pudessem ir embora com tempo suficiente para chegar ao local da apresentação seguinte. "A banda ficou puta da vida por perder o dia de folga", relembra

Graham. "Em especial porque a única pessoa que chegou a ter uma folga foi o Ozzy."

Quando a turnê chegou ao fim em Albuquerque, Novo México, no dia 11 de dezembro, o Sabbath tinha feito mais de cem shows com o Van Halen. É provável que o grupo norte-americano tenha se saído melhor em muitas das cidades dos Estados Unidos, mas sua jornada estava apenas começando. O Sabbath estava comemorando seu aniversário de dez anos. E, tendo feito isso, eles só voltariam a se apresentar ao vivo com Ozzy de novo dali a sete anos — ainda que ninguém soubesse disso na época.

O "Efeito Van Halen" obrigou o Sabbath a se mexer. A pura energia da jovem banda californiana tinha servido para enfatizar a perda da paixão e do propósito do Sabbath. Ao mesmo tempo, grupos britânicos como o Queen estavam levando a performance e o espetáculo a novos patamares vanguardistas com enormes produções de palco.

Para seu desconforto, o Sabbath também estava ciente de toda uma nova geração de heróis do punk rock liderados pelos Sex Pistols, The Clash e The Damned, que estiveram fugando em seus cangotes ao longo dos últimos dois anos, em especial no Reino Unido. Os punks e seu público se deleitavam em atacar a indústria musical estabelecida, com o Sabbath e seus contemporâneos sendo condenados como "dinossauros" e "velhotes entediantes".

A ironia era que, mesmo nesse clima de grandes extremos musicais, uma banda era bastante parecida com a outra, independentemente de idade ou preferências musicais. Por baixo disso tudo, eram apenas grupos de rapazes subindo no palco para fazer um show, e isso é entretenimento.

Todavia, em janeiro de 1979 o Sabbath analisava minuciosamente sua carreira: estava na hora de um recomeço e de um novo direcionamento. Após muitos anos tentando gerenciar a própria carreira, eles decidiram que tinham chegado ao limite. Anunciaram a assinatura de um contrato de empresariamento com o chefe da Jet Records, Don Arden. Eles vinham conversando com Arden de tempos em tempos e, dessa vez, o abordaram. Arden — cuja filha era uma garota chamada Sharon — jurou revitalizar a carreira da banda. Fizeram planos para a gravação de um álbum e para uma turnê, que iria contar com um palco novo e dinâmico.

O Sabbath ficou impressionado com a maneira como Arden gerenciava o Electric Light, colegas de Birmingham que estavam desfrutando de enorme sucesso tanto no Reino Unido quanto nos Estados Unidos com suas melodias e harmonias habilidosas e produções de palco extravagantes. Eles estavam dando o exemplo de sobrevivência em outro continente que o Sabbath esperava seguir.

A sede da Jet Records ficava em LA, e ficou decidido que a banda deveria alugar uma casa na cidade a fim de começar os ensaios para o disco seguinte. Todos estavam bastante animados com isso, visto que tinham lembranças felizes da mansão na Stradella Drive. No dia 3 de março de 1979, o Sabbath e a equipe viajaram para Hollywood e se mudaram para uma linda casa espaçosa nas colinas. Era localizada no exclusivo bairro residencial de Bel-Air, logo rebatizada, de maneira um pouco irreverente, como Bel-Fim.

CAPÍTULO 20
A CASA NA COLINA EM BEL-FIM

ntes da partida do Sabbath para os ensaios nos Estados Unidos, Ozzy tinha renovado sua amizade transatlântica com Frank Zappa. Em fevereiro de 1979, ele organizou uma ida a um dos dois shows que Zappa fez no Birmingham Odeon. Depois do show, Ozzy convidou Frank e sua esposa, uma mulher linda de origem japonesa, para jantarem em um restaurante bastante elogiado chamado Koh-I-Nor na Bristol Street. "Dava para ouvir um alfinete cair no chão quando os outros comensais perceberam que de repente havia estrelas entre eles", diz Graham. "Ozzy pediu o vindalho de sempre. Naquela época, restaurantes indianos também ofereciam opções inglesas no cardápio, e Frank optou pelo menos exótico *fish and chips*. Enquanto mastigava sua carne, Ozzy lhe perguntou: 'Qual é o gosto, Frank — de botas velhas?'. 'Não', foi a resposta. 'De botas novas.'"

O número 1950 da Bel-Air Road era um exemplo clássico das casas da região: pintada de branco e cercada de jardins com uma piscina grande e vistas panorâmicas do vale que desce até Beverly Hills e West Hollywood. Ela tinha oito quartos e uma sala de estar em conceito aberto. Para chegar até ela, era preciso passar pelas casas das estrelas de cinema e dos milionários de Los Angeles. Uma propriedade interessante era a mansão usada como locação para o seriado de comédia norte-americano *The Beverly Hillbillies* [*A Família Buscapé*, no Brasil]. Agora os Birmingham Hillbillies, os caipiras de Birmingham, estavam se mudando para aquela mesma rua.

BLACK SABBATH

Tudo era muito luxuoso, com funcionários que incluíam jardineiros, um limpador de piscinas e uma cozinheira, uma mulher adorável chamada Rachel que nos servia um verdadeiro cardápio norte-americano, bifes suculentos e batatas-doces com milho. Infelizmente, ela não ficou por muito tempo porque o Sabbath não era uma banda que fazia refeições em horários regulares; seus padrões de sono eram muito desregulados.

"Então estávamos lá em Bel-Air, ainda preparando nossas próprias refeições", Graham se diverte. "Costumávamos ir até o supermercado mais próximo e gastávamos por volta de cem dólares em comida para encher a enorme geladeira. Cozinhávamos os pratos à base de curry de sempre e as tradicionais comidas caseiras inglesas como a torta chamada *shepherd's pie*."

A banda logo converteu a garagem coberta em uma sala de ensaios, e tudo parecia perfeito. "Mas eu não conseguia evitar me perguntar se tudo seria mesmo um paraíso — ou um inferno", comenta Graham. Apesar do ambiente idílico da casa, o Sabbath estava a uma viagem de menos de cinco minutos das tentações da Sunset Strip, com o Rainbow, o Roxy, o Whisky A Go-Go e o Barney's Beanery entre as distrações em potencial.

O Rainbow Bar and Grill na Sunset Boulevard fica localizado no local do antigo restaurante Villa Nova, onde Marilyn Monroe teve o primeiro encontro com seu futuro marido, Joe DiMaggio, em 1953. Também foi o lugar onde Judy Garland ficou noiva de Vincente Minnelli, pai de Liza, em 1945. No início da década de 1970, o Rainbow se transformou no boteco preferido da comunidade roqueira. No andar superior havia um bar VIP, o Over The Rainbow, que tinha uma plataforma elevada com uma mesa e cadeiras. Conhecido como Toca da Raposa e que era alcançado por uma escada de madeira, era ali que John Lennon, Keith Moon, John Entwistle e Ozzy Osbourne se envolviam em suas lendárias sessões de bebedeira.

O Whisky A Go-Go, no número 8901 da Sunset, é famoso por ser uma casa de shows e um importante ponto de parada para bandas começando suas carreiras nos Estados Unidos. Em 1966, o The Doors era a banda da casa, e desde então dignitários como The Who, Led Zeppelin, Jimi Hendrix, AC/DC e Black Sabbath agraciaram seu palco. George Harrison, ao fazer uma visita ao Whisky com John Lennon no auge da Beatlemania, deixou a imprensa em polvorosa quando jogou um copo de água em cima da estrela hollywoodiana Mamie Van Doren. George, que estava tendo uma noite estressante por conta da atenção da imprensa, tinha na verdade tentado acertar um fotógrafo.

O Barney's Beanery, na Santa Monica Boulevard, tinha sido um local de encontro para figuras criativas desde os anos 1920, com escritores, artistas, atores, atrizes e estrelas do rock entre aqueles que costumavam passar por lá para comer um dos famosos pratos à base de chilli do restaurante, ou talvez apenas para tomar uma bebida ou jogar uma partida de sinuca. Janis Joplin bebeu os últimos drinks de sua vida — dois copos de vodca com suco de laranja — no Barney's.

Os hotéis de Hollywood eram, da mesma forma, um parque de diversões para bandas como o Black Sabbath. O Riot House aparece com regularidade em muitas de suas histórias, e eles também gostavam do Beverly Wilshire e do Sunset Marquis, construído ao redor de uma piscina. Bill, porém, preferia o Chateau Marmont, uma estrutura gótica grande e antiga que na época estava um pouco dilapidada e que sobrevivia com base em sua antiga glória. O ator John Belushi morreu ali anos depois por causa de uma overdose.

"Eu me lembro de Marty Feldman, o comediante britânico, sentado no bar do Rainbow certa noite", relembra Graham, "dizendo que tinha saído de seu quarto no Chateau porque estava cheio de pessoas que ele não conhecia. Ele estava filmando em Hollywood na época e supunha que o estúdio tinha organizado uma festa e contratado um grupo de figurantes para lhe fazer companhia."

No fim das contas, não seriam os bares, os clubes de rock ou os inferninhos na Strip que acabariam sendo a ruína do Sabbath: seria a própria banda.

A princípio, tudo durante a estadia do Sabbath em Los Angeles parecia estar indo muito bem. Os ensaios estavam avançando a todo vapor e a atmosfera era positiva.

"Lembro de Ozzy me pedindo para escrever algumas letras para ele", conta Graham. "Ele não sentiu vergonha por causa disso — todos sabiam que ele era disléxico. Ele estava trabalhando na faixa-título do álbum,

'Heaven And Hell'. Era bom ver o Oz se envolvendo na composição em vez de relaxar e deixar tudo nas mãos do Geezer."

Mas, depois de algumas semanas, todos começaram a perder a concentração. Esse seria seu nono álbum em dez anos, e era óbvio que a força criativa que outrora tinha feito com que gravassem três ótimos discos em dezoito meses tinha diminuído. Eles agora estavam com dificuldades em produzir um álbum ao longo de dois anos. Os anos que tinham passado trabalhando e vivendo na estrada estavam cobrando seu preço.

A banda começou a culpar as drogas e a bebida pela situação que se desenrolava na casa da colina em Bel-Fim. Mas, ainda que essas tentações nunca estivessem muito longe e que, sem dúvidas, houvesse momentos em que todos abusavam, individualmente ou em conjunto, estes não eram eventos diários. Apesar de seu status lendário, e não importa o quanto eles mesmos tenham contribuído para construí-lo, os integrantes do Sabbath sempre foram capazes de ficar sóbrios e de se endireitar durante longos períodos, em especial quando estavam ocupados. A verdadeira dificuldade, até onde Graham conseguia ver, era um caso grave de familiaridade gerando desprezo. Um abismo estava se abrindo entre Ozzy e o restante da banda, e estava se tornando maior a cada dia: "Todos podíamos sentir que a tensão entre Ozzy e Tony, em especial, estava chegando a um ponto de ruptura".

O problema fundamental entre o vocalista e o guitarrista não tinha desaparecido. Ozzy estava se sentindo frustrado pelas ambições musicais de Tony e pela sua vontade de passar longos períodos no estúdio. Ele acreditava que o Sabbath tinha perdido seu direcionamento, estava no caminho de se tornar outro Foreigner e precisava voltar à pureza, ao espírito e à espontaneidade do fogo e enxofre de seu heavy metal. Ele também se sentia menosprezado pelo contínuo descaso de Tony por seu ponto de vista. Iommi, no entanto, estava furioso por conta da apatia de Ozzy, por sua falta de dedicação e contribuição para o próximo álbum, o qual deveria ser um recomeço para o Sabbath.

Bill, como de costume, tentava ser o pacificador. Ele encorajava debates e todos conversavam sobre diversos problemas, mas Ozzy e Tony nunca pareciam chegar a um meio-termo. Como sempre, era só conversa. Não houve gritarias ou brigas, mas o ressentimento continuou a fervilhar logo abaixo da superfície. Geezer e Bill simplesmente ficaram sem ideias;

não sabiam como poderiam ter a esperança de consertar as coisas e colocar a banda de volta nos eixos.

Na vida particular, alguns integrantes do Sabbath tinham recentemente sofrido com perdas ou doenças — Bill tinha perdido o pai e a mãe em 1978, e Geezer estava preocupado com a saúde de alguns parentes. Três integrantes da banda também estavam passando por dificuldades no casamento. Tony tinha se separado da esposa, Sue, Geezer estava se separando de Georgina e, embora Ozzy ainda estivesse oficialmente com Thelma, parecia que seu relacionamento também estava passando por maus bocados. A banda sempre tinha colocado o Sabbath e a música antes de qualquer coisa em suas vidas, e eles quase nunca levavam as esposas para os shows, festas ou quaisquer outros eventos sociais. Agora, estavam pagando o preço. Por ironia do destino, a banda na qual eles tinham investido tudo também estava se desintegrando, de um modo quase inevitável, no número 1.950 da Bel-Air Road.

Alguma coisa, em algum lugar, estava fadada a se romper em breve. Mas, mesmo naqueles dias sombrios, o humor infantil que sempre tinha mantido a banda unida voltava à tona em breves momentos, como Graham relembra: "Dávamos boas risadas em Bel-Fim, o que foi uma grande válvula de escape. E é por isso que eu esperava e acreditava que o Sabbath conseguiria superar suas dificuldades no fim das contas. Certo dia, ficamos sabendo que Demis Roussos, o enorme cantor grego de cafetã, tinha uma hora marcada para visitar a casa. Ele estava procurando uma propriedade na região e, se gostasse dela, ficaria com o contrato de aluguel quando o Sabbath fosse embora.

Les Martin se parecia muito com Demis e, no dia da visita, vestiu um robe antes de abrir a porta. Demis ficou perplexo; foi impagável. Todos nós — incluindo os quatro integrantes do Sabbath — corremos para nos esconder em um cômodo, dando gargalhadas histéricas enquanto os dois cavalheiros caminhavam pela casa em seus longos robes. Nosso visitante foi embora parecendo confuso e balançando a cabeça; nunca chegamos a descobrir se ele gostou da mansão.

Em uma outra noite, a estrela de Hollywood Tony Curtis apareceu à porta com duas garotas, dizendo que estava lá para a festa. "O único problema era que não havia nenhuma festa naquela noite", conta Graham, "e

Tony Iommi e Les estavam altos demais para bater papo com uma celebridade do alto escalão. Então o mandei embora, insistindo que não fazia ideia de quem ele era, e ele parecia tão confuso quanto Demis Roussos enquanto ia embora em seu carro."

Uma visita mais bem-vinda foi Andy Gray, o jogador de futebol escocês que jogava no Aston Villa FC na época. Ele ficou amigo de Tony e Geezer, o fanático residente do Sabbath, e eles o tinham convidado para umas férias de luxo de duas semanas em Bel-Air após o encerramento da temporada do futebol inglês. "Andy se parecia com um peixe fora d'água", relembra Graham. "Houve dias doidos na casa na colina, mas estabelecemos uma espécie de rotina. Com muita frequência íamos até o Rainbow Bar and Grill para comer pizza e tomar algumas bebidas. Em uma noite, duas groupies foram se sentar conosco à mesa. Elas eram as típicas groupies de Hollywood, ficavam dando uma olhada nos recém-chegados na esperança de conseguir uma nova presa. Andy explicou que não era de uma banda; ele era jogador de futebol. Por incrível que pareça, elas chegaram à conclusão de que isso era impossível porque ele era pequeno demais. Eles costumam ser grandes por lá."

À medida que os ensaios iam diminuindo até quase pararem, os integrantes do Black Sabbath começaram a se evitar, e Tony Iommi foi hibernar em seu quarto. Ele quase não era visto. De tempos em tempos, ele descia à noite para cozinhar alguma coisa, geralmente um bife besuntado com molho inglês Lea & Perrins.

A atmosfera na casa estava terrível; dava para cortar a tensão com uma faca. O lugar estava uma zona. Os móveis foram retirados aos poucos, os jardineiros mexicanos desapareceram e o limpador da piscina não aparecia mais por lá. Don Arden, que tinha alugado a casa e estava pagando os funcionários, tinha se dado conta de que a banda estava prestes a se separar e estava cortando as despesas, apenas no caso de o pior acontecer. Como os eventos viriam a mostrar, ele não tinha nenhum interesse no Black Sabbath sem Ozzy Osbourne.

Então os roadies começaram a ir embora. Les Martin largou a banda, depois de todos aqueles anos, para ir morar com a namorada em Hermosa Beach. Roy Lemon, o mais recente técnico de guitarra de Tony, voou de volta para a Inglaterra. Deixado sozinho, Graham viu todo o castelo de cartas desmoronar ao seu redor: "Para fugir da casa, eu dirigia até Santa Monica e ia a um pub chamado King's Head. O dono era um camarada chamado Phil, de Birmingham, e o lugar se tornou um lar longe de casa para muitos britânicos expatriados. Muitos deles tinham viajado até lá no Skytrain de Freddie Laker, uma empresa aérea que oferecia voos baratos para os Estados Unidos nos anos 1970 e 1980; era possível voar de Londres para Los Angeles por 100 libras em uma época em que as grandes empresas aéreas cobravam valores absurdos pela mesma viagem.

"O King's Head era frequentado por todos os tipos de trabalhadores comuns — carpinteiros, estucadores e pedreiros — e era um alívio voltar à realidade na companhia daquelas pessoas, quando a vida com o Black Sabbath estava ficando cada vez mais surreal. As tripulações das linhas aéreas levavam os jornais ingleses diários para o King's Head, e o lugar servia o melhor *fish and chips* fora do norte da Inglaterra."

Era sexta-feira, 27 de abril de 1979, e os caipiras de Birmingham estavam na Bel-Air Road havia dois meses quando de repente aconteceu: Ozzy deixou a casa — e a banda. Graham ficou chocado: "Oz disse que Bill Ward tinha lhe dito que ele tinha sido mandado embora. A princípio, pensei que ele deveria ter entendido errado, porque Bill tinha sido o amigo mais íntimo de Ozzy na banda e tinha tentado ao máximo acalmar os ânimos. Eles eram verdadeiros irmãos. Demorei algum tempo para digerir essa notícia".

De sua parte, Bill confirma que tinha se oferecido para dar a notícia ao amigo, declarando: "Ozzy estava em péssimo estado na época. Não estávamos realizando muita coisa... com relutância me manifestei e concordei que precisávamos de outro vocalista... A coisa certa a se fazer era abordá-lo diretamente e conversar com ele".

Ozzy mais tarde descreveu seus últimos dias com a banda como "uma verdadeira confusão", uma época triste e deprimente que terminou com ele e Tony sem se falarem. Ele acrescentou: "O Black Sabbath estava tão negro quanto seu nome no fim das contas". Colocando grande parte da culpa nas drogas e no álcool como sempre, ele também reclamou que as antigas amizades e lealdades tinham se rompido, que o aspecto social da banda tinha desmoronado de um modo tão definitivo quanto sua unidade musical, que tinha se tornado "rancorosa e traiçoeira", e que ele não tinha gostado nem um pouco dos últimos dois ou três álbuns que gravou com o Sabbath, em especial *Never Say Die!*

Ozzy contou à revista *Circus*: "O Sabbath era um desastre ambulante, sabe. Tudo que tocávamos — de um lado era ouro e do outro era a mais pura merda". Afirmando que a banda tinha sido "explorada sem nenhuma compaixão" ao longo dos anos, ele disse: "Cheguei a um ponto onde não estava mais me dedicando de corpo e alma. Odiava fazer parte daquilo. Eu estava acabando com a banda, e a banda estava acabando comigo. Por fim, tive que tomar uma decisão pela minha própria vida".

No entanto, ele acrescentou: "Essa foi a melhor coisa da minha vida. O Sabbath foi a porra de um fenômeno. Nunca existirá outra banda como aquela outra vez. Não me interessa se você conseguir ressuscitar Elvis Presley. Eu me lembro da emoção que foi sair das ruas secundárias de Birmingham na Inglaterra e chegar no Madison Square Garden em Nova York... É como tocar em Marte. Isso não tem preço".

Tony Iommi, desde então, também rememora a era Ozzy com carinho, sugerindo que, por serem jovens, a banda acabava fazendo tempestade em copo d'água. Ele remonta suas próprias ações e reações à sua reclamação de sempre de que tinha sido colocado na posição impopular de líder da banda e que sempre estava sob pressão para aparecer com ideias para os álbuns — porque mais ninguém fazia isso.

Graham foi dominado pela tristeza: "Fiquei desolado quando Ozzy saiu. Mesmo depois de tudo o que tinha acontecido, não pude acreditar. Torcia para que fosse algo temporário e que ele voltasse. Não acho que, lá no fundo, o restante da banda queria se livrar dele. Contudo, eles talvez estivessem rezando por um milagre, que ele mudasse, o que em retrospecto é algo idiota e impossível. Mas acho que todos perceberam que daquela vez era diferente, que as coisas tinham ido longe demais para que Ozzy permanecesse no Sabbath. Todos ficaram muito tristes com isso, Bill e Geezer mais do que Tony, embora não tenham comentado nada disso perto de mim. Como sempre, mantiveram os assuntos particulares só entre eles. Apenas pareciam querer seguir em frente com as gravações de *Heaven and Hell*".

Antecipando a partida de Ozzy, os integrantes do Sabbath tinham recorrido aos serviços de um novo vocalista, o norte-americano Ronnie James Dio, que anteriormente tinha sido frontman do Rainbow e do Elf. Ele esperava nos bastidores antes mesmo da saída de Ozzy, pronto para assumir o microfone, diz Graham: "Acho que Ozzy deve ter ouvido que alguma coisa estava acontecendo. Tony tinha conhecido Ronnie Dio no passado, e alguém na Jet Records tinha sugerido esse novo arranjo. Não tinha existido nenhuma amizade especial entre ele e o Sabbath de que eu estivesse ciente.

"Poucos dias depois da saída do Oz, Ronnie chegou. A ideia daquele sujeito baixinho tendo que cantar "Iron Man' no palco me fazia encolher, e é provável que também fizesse Ronnie se encolher, ainda que ele tenha me contado que era um fã de longa data da banda. Ele queria mesmo fazer um bom trabalho para eles. Mas não podia esperar ser o Príncipe das Trevas, nem mesmo o Príncipe das Tolices, como costumávamos chamar o Ozzy. Ele tinha uma personalidade completamente diferente."

Ozzy fez um comentário sucinto: "Ronnie James Dio vai ter que usar um colete à prova de balas". Sem Ozzy, o Sabbath voltou a ensaiar com um entusiasmo renovado — ou foi o que pareceu.

Mas, do nada, outra bomba os atingiu: Geezer saiu da banda e voltou para a Inglaterra. Ele tinha sérias questões pessoais chegando a um ponto crítico, não menos importante o fato de estar finalmente se separando de sua esposa, Georgina, tendo se apaixonado por outra mulher — sua segunda esposa, Gloria — em St. Louis durante a turnê *Never Say Die*. Os traumas recentes no Sabbath sem dúvida tinham agravado seus problemas; em uma época de grandes mudanças, é provável que Geezer tenha chegado à conclusão de que aquele era o fim de uma era e o momento apropriado para se separar. Luke estava entre aqueles que ficaram chocados com o término do casamento de Geezer. Ele diz: "Eu imaginava Georgina e ele juntos para sempre".

Prático como sempre e sem ficar muito emotivo pela saída do baixista, Tony logo entrou em contato com um velho amigo de Birmingham, Geoff Nichols, e lhe pediu para viajar para se juntar à banda. Geoff chegou em LA pouco depois, mas, em vez de assumir o baixo, se tornou o tecladista — e ainda é. Como músico e braço direito de Iommi, ele nunca foi um integrante oficial da banda, embora suas contribuições tenham sido creditadas nos discos do Sabbath.

Quanto à vaga de baixista, essa ficou com um músico norte-americano indicado por Ronnie Dio. Craig Gruber era outro ex-integrante do Rainbow. A banda, para todos os efeitos, tinha se tornado Black Rainbow.

Logo após sua saída do Sabbath, Ozzy foi ficar na casa da namorada de um sujeito que trabalhava na Jet Records de Don Arden. Ela morava em San Fernando Valley, na zona norte de Hollywood Hills. Para fazer companhia a Oz estava um velho amigo chamado Geoff Sharpe, de Egremont, Cúmbria. Ele tinha sido muito próximo de Dave Tangye e dos rapazes do Necromandus, e permaneceu um amigo confiável, como Graham explica: "Geoff tinha viajado para passar as férias com alguns amigos na Filadélfia e me telefonou dizendo que gostaria de ir nos ver em LA, sem nem imaginar que encontraria a banda em um estado de tamanha confusão. Ozzy ficou muito feliz ao ficar sabendo de sua visita e nós dois fomos buscá-lo no aeroporto LAX.

"Ozzy e Geoff ficaram na casa dessa garota por algumas semanas e eu assumi o compromisso de visitá-los todos os dias. Apesar do fato de Oz estar bastante chateado com o que tinha acontecido com o Sabbath, ele não estava se sentindo todo pessimista. Sempre que estava em casa, algo hilário costumava acontecer: certo dia, a garota organizou uma recepção de casamento em sua casa para uma de suas amigas. Depois de algumas bebidas, os convidados foram instruídos a passarem para outro cômodo especialmente decorado onde havia uma mesa coberta de bandejas de comida dispostas em volta do bolo de casamento. Todos entraram e passaram a andar em volta da mesa, e ninguém pôde deixar de notar que o outrora magnífico ponto central, o bolo, estava espalhado em pedacinhos ao redor dela. Geoff tinha transado com uma das convidadas do casamento em cima da mesa. Ozzy ficou bastante chocado quando descobriu que Geoff era o culpado — no dia seguinte os dois se mudaram."

Eles alugaram apartamentos em um hotel chamado Le Parc, em Hollywood. Geoff voltou para a Inglaterra pouco depois, mas Ozzy ficou no Le Parc por um bom tempo, planejando o que faria a seguir. Ele desde então descreveu sua estadia no hotel; como ficou sentado, com pensamentos suicidas, sozinho em seu quarto com as cortinas fechadas durante semanas a fio, fumando sem parar e pedindo fast-food.

"Na verdade, depois que Geoff foi embora, a filha de Don Arden, Sharon, foi ver o Ozzy no Le Parc", conta Graham. "Seu dever em relação a Ozzy era cuidar dos aspectos administrativos de sua carreira solo em nome de Don. Ela fez isso com tanta eficácia que Ozzy mais tarde elogiou muito suas habilidades para os negócios e o encorajamento e respeito que ela demonstrou por ele."

Depois do término de seu casamento com Thelma, Ozzy recorreu a Sharon. Eles se casaram em 1982 e a história provou que ela vem cuidando muito bem de Ozzy desde essa época.

A experiência em Bel-Fim tinha terminado. O Sabbath se mudou para o Criteria Studios em Miami, local das sessões de gravação de *Technical Ecstasy*, e se hospedou no Coconut Grove Hotel.

Bill, como era de se esperar, tinha optado por não viajar de avião, então Graham alugou um caminhão, carregou todo o equipamento de som nele e levou Bill de uma costa a outra, de LA a Miami: "Eu era o único roadie que tinha sobrado àquela altura, e coube a mim cuidar de tudo. Foi difícil, mas Bill me deu uma ajuda. No caminho ao longo da Interstate 10, parei e telefonei para verificar se o restante da banda tinha chegado ao hotel em segurança. Descobri que um furacão violento tinha atingido Miami e os rapazes do Sabbath estavam literalmente presos no hotel, prisioneiros até a tempestade passar.

"Bill e eu, no entanto, tínhamos começado uma viagem de sete dias e, enquanto atravessávamos os muitos estados, sabíamos que estávamos deixando para trás o Sabbath que tínhamos conhecido e amado, e isso era insubstituível. Bill estava muito triste com a saída de Oz, nós dois estávamos preocupados com ele e torcíamos para que tivesse sucesso com sua própria banda — ou que talvez voltasse.

"A viagem por terra foi terapêutica tanto para Bill quanto para mim, e nós a aproveitamos ao máximo, fazendo paradas onde quer que sentíssemos vontade. Em San Antonio, Texas, um dos nossos lugares favoritos, fomos ao show dos rapazes de uma antiga banda de abertura do Sabbath, o Black Oak Arkansas, que ficaram surpresos em encontrar Bill Ward viajando pelo país em um caminhão."

Assim que Bill e Graham chegaram em segurança em Miami, o Sabbath e a equipe alugaram uma casa que pertencia a Barry Gibb do The Bee Gees. Duas semanas após o início das gravações, Geezer voltou à banda, como Graham relembra: "Todos na banda sentiam que ele voltaria assim que tivesse resolvido seus problemas pessoais. Houve menos drama em relação à sua saída do que em relação à saída do Ozzy. Da mesma forma, não foi nenhuma surpresa quando ele viajou para Miami para se juntar ao Sabbath, ainda que todos tivessem ficado muito felizes em vê-lo de volta. Não sei como Craig Gruber se sentiu. Em um minuto ele estava no Black Sabbath e no minuto seguinte não estava mais. Acredito que Ronnie Dio tenha conversado com ele sobre a situação com delicadeza".

As sessões de *Heaven and Hell* avançaram muito bem, com Martin Birch cuidando da produção. Lançado pela Vertigo em abril de 1980, o disco de certo modo restaurou o desempenho comercial do Sabbath, entrando no top 10 britânico e registrando uma encorajadora vigésima oitava posição nos Estados Unidos, um bom resultado que não obtinham naquele país fazia algum tempo. Não era um álbum clássico do Sabbath — nunca haveria outro álbum clássico do Sabbath —, mas era um disco de rock bom e sólido, apesar das opiniões de muitos resenhistas que não conseguiam aceitar a ausência de Ozzy.

As coisas tinham mudado para Bill Ward: "Depois que fiquei sóbrio, percebi que tinha mentido para Tony, Geezer, Ozzy e para mim mesmo. Eu não queria estar em uma banda sem o Ozzy".

Então Bill e Graham chegaram ao fim da linha com o Black Sabbath. O admirável mundo novo que tanto eles quanto Don Arden tinham visualizado quando assinaram na linha pontilhada do contrato com sua empresa de empresariamento não tinha se materializado.

No verão de 1980, o Black Sabbath já não estava mais trabalhando com Arden, que tinha escolhido ficar com Ozzy, tanto como empresário quanto como chefe de gravadora. O Sabbath assinou com o empresário do Blue Oyster Cult, Sandy Pearlman, e as duas bandas se viram em uma turnê conjunta como atrações principais pelos Estados Unidos, com o Sabbath promovendo *Heaven and Hell*, como Graham relembra: "As coisas não eram mais as mesmas. Quando se apresentavam ao vivo, eles eram muito bons, mas havia uma atmosfera diferente porque Ozzy não estava lá. Ronnie tinha chegado com muitas ideias e estava disposto a ir com tudo; todos na banda tinham assumido uma postura mais séria.

"Certa noite, eu tinha montado o equipamento na McNichol's Arena em Denver. O irmão de Bill, Jim Ward, tinha voltado, e eles ficaram viajando juntos em um trailer. Jim foi aos bastidores para contar que Bill estava lá fora no trailer, mas que estava decidido a não entrar para fazer o show. Ele tinha chegado ao limite. Eu saí para conversar com ele no trailer e vi um homem relativamente jovem, muito cansado, muito bêbado e muito confuso, mas que mesmo assim estava certo de uma única coisa: ele queria sair da banda e foi o que fez, ali mesmo. Tentei convencê-lo a ficar, mas não adiantou de nada. Ele foi morar em Seal Beach, LA, e mora lá desde essa época."

Com o que pareceu uma pressa indecente, em um intervalo de poucos dias, o Black Sabbath tinha encontrado um substituto para Bill e estava de volta aos palcos no Aloha Stadium, Havaí, com Vinnie Appice na bateria. Isso foi demais para Graham. Ele ficou tempo suficiente para receber seu pagamento e voltou para LA.

CAPÍTULO 21
EPÍLOGO

zzy Osbourne por fim saiu do apartamento no Le Parc para iniciar uma bem-sucedida carreira solo, auxiliado e instigado por uma miríade de diferentes músicos ao longo dos anos. Entre eles, houve os memoráveis ases da guitarra Randy Rhoads, que morreu de maneira trágica em um desastre de avião em 1982, e Zakk Wylde, que chegou no final daquela década.

Ele se casou com Sharon em uma praia do Havaí no dia 4 de julho de 1982. Ela gerencia a carreira de Ozzy até hoje e é mãe de seus três filhos, Aimee, Kelly e Jack. Em 1996, Ozzy reinventou de maneira brilhante sua carreira quando criou o Ozzfest, se apresentando como atração principal em uma série de festivais de heavy metal, que também contava com as novas bandas mais descoladas e modernas do gênero.

Hoje, ele é um nome conhecido ao redor do mundo, tendo exposto sua personalidade única para o grande público com o reality show *The Osbournes*, idealizado por Sharon. Ozzy continua com sua vida desorganizada no caos familiar de sua mansão em Hollywood.

O Black Sabbath seguiu em frente com uma variedade de formações com Tony Iommi no comando, mas nenhum dos discos que lançaram ao longo das décadas de 1980 e 1990 rendeu as mesmas recompensas que a banda tinha obtido com Ozzy ao microfone.

Em 1985, a formação original do Sabbath se reuniu para se apresentar no palco da Filadélfia do evento beneficente *Live Aid*. Foi ótimo vê-los juntos de novo, e milhões de espectadores devem ter torcido para que eles tivessem enterrado os problemas do passado. Infelizmente, não tinham. Ozzy confessou que só fez parte da reunião porque, se não tivesse, teria sido criticado por não ter ajudado os esforços do *Live Aid*. Ele mais tarde insistiu: "Eu nunca vou voltar ao Black Sabbath", e em outro comentário a respeito de uma reunião ele afirmou que: "Essa nuvem negra nos seguiu de novo... o cimento foi derramado em cima da porra do caixão".

Não existe nenhum relato que confirme que Ozzy tenha desejado ajudar milhões de pessoas passando fome na Etiópia ao tocar "Food Glorious Food"[20] — mas isso parece muito com seu senso de humor.

Geezer Butler fez as pazes com Ozzy em 1988, quando tocou baixo em uma das turnês de Oz.

Felizmente, em 1992, o Sabbath realizou o que pareceu ser uma genuína reunião ao se apresentar no final de um show solo de Ozzy Osbourne na Califórnia. Eles voltaram a se reunir para o Ozzfest de 1997 e desde essa época fizeram diversos shows e turnês, provando que os antigos vínculos entre eles podem ter sido testados, mas nunca foram, de fato, quebrados.

Ozzy mais tarde disse: "Demos espaço e respeito uns aos outros, e funcionou. Todos os insultos, críticas e invejas insignificantes e infantis finalmente se foram... Existe a porra de uma magia invisível que simplesmente acontece quando estamos no palco".

Seu antigo inimigo, Tony Iommi, acrescentou: "Foi ótimo nos reunirmos de novo. Estávamos todos no mesmo estado de espírito... Temos um som único que nenhum de nós conseguiu recriar com outros músicos".

Bill Ward comentou que se sentia "incrível" a respeito das turnês, e Geezer simplesmente fez uma homenagem a Ozzy ao afirmar que ele é "a pessoa mais louca que já conheci".

Geezer ainda vive nas cercanias de Birmingham, acompanha de perto os altos e baixos do Aston Villa FC e trabalha em diversos projetos musicais. Tony Iommi não mora muito longe de Geezer, ainda toca guitarra e dirige seus carros esportivos por aí. Bill continua na Costa Oeste dos Estados Unidos, ao sul de Los Angeles, e lançou diversos álbuns solo.

---

20 Uma das músicas do musical *Oliver!*, baseado na obra de Charles Dickens *Oliver Twist*, que em tradução livre ficaria *Comida Gloriosa Comida*. (NT)

Dave Tangye voltou a ter uma "vida normal" depois de parar de trabalhar com o Black Sabbath em 1977: "Decidi voltar ao emprego que tinha antes de minha excursão pelo mundo do heavy metal. Achei que o súbito choque iria me ajudar a voltar a pôr os pés no chão depois de voar tão alto durante meus anos com o Sabbath, e com certeza deu certo.

"Contudo, essa pausa acabou sendo curta; logo voltei ao circo do rock 'n' roll. Mantive contato com meu antigo chefe, Ozzy Osbourne, fazendo várias viagens para visitá-lo em sua casa de fazenda, e ele, por sua vez, vinha para a Cúmbria me ver. No final de 1979, ele estava procurando músicos para sua carreira solo e pediu a minha ajuda. Queria que eu procurasse pessoas que pudessem ser adequadas para sua banda. Em seguida, me convidou para cuidar da segurança em sua primeira excursão britânica, a turnê *Blizzard of Ozz*, em setembro de 1980, e em seguida nos shows norte-americanos em 1981. Eu estava presente quando ele gravou *Blizzard of Ozz* e *Diary of a Madman*, possivelmente os dois discos mais criativos de sua carreira solo.

"Esse foi um emprego de curto prazo para mim. Parei de trabalhar com a banda que gravou Blizzard of Ozz em 1981, depois que decidi voltar a me dedicar à minha profissão na engenharia e na construção civil. Os dias dourados do rock 'n' roll ficaram para trás. Eu não sentia mais a empolgação da indústria musical. Estive lá, vi tudo e tenho a camiseta para provar.

"Ao longo dos últimos vinte anos, mais ou menos, trabalhei em diversas partes do mundo. Com o crescimento da indústria da construção nos anos 1980, em especial nos campos nucleares, petroquímicos e farmacêuticos, trabalhei em muitos projetos de âmbito mundial de alta remuneração.

"Ao lembrar dos meus dias com o Black Sabbath, e com Ozzy em particular, minha lembrança mais afetuosa é da camaradagem, do jeito que todos eram unidos, mesmo quando as coisas estavam difíceis. Tenho certeza de que o vínculo da amizade entre eles de alguma forma sobreviveu a tudo o que a vida lançou contra eles."

Dave criou um site sobre o Sabbath em: www.blacksabbath.co.uk.

Graham Wright voltou para LA depois de deixar a equipe do Sabbath e se estabeleceu em Laurel Canyon, onde alugou uma antiga garagem e a transformou em um estúdio de artes. Ficou por lá durante alguns anos pintando telas de grandes proporções e desfrutou de algum sucesso exibindo e vendendo suas obras.

As fotos de Graham podem ser vistas em: https://facebook.com/Graham-Frank-Wright-Photography-1555414498103017/

Em 1982, ele voltou para North Yorkshire e organizou exposições na York City Art Gallery e na Middlesbrough Art Gallery, mas a arte não era tudo o que a vida tinha lhe reservado: "Pensei que tinha largado a indústria musical para sempre até encontrar Ozzy e Sharon em Londres. Depois de acompanhá-los em uma viagem hilária para a Irlanda, me vi na turnê 'Speak of the Devil' do Ozzy como técnico de baixo. Ao voltar para a indústria, voltei a me reunir com Les Martin. Viajamos em turnê com uma banda de Birmingham chamada Shy quando eles abriram para Gary Moore e Twisted Sister pela Europa e, em seguida, fui trabalhar com o UFO. Em turnê com eles em 1986, conheci minha futura esposa, Mikki, em Austin, Texas, e fiquei lá com ela por seis meses. Casamos em janeiro de 1988 e agora temos dois filhos, Daniel e Bryan.

"Fui montador de palco para a banda do Dio, depois Scorpions e Tina Turner, entre outros. De volta às minhas raízes, voltei a me sentar ao volante de caminhões, transportando equipamentos de gente como The Rolling Stones ao queridinho das donas de casa, Julio Iglesias. Em anos mais recentes, tirei um tempo de folga para escrever este livro com Dave, mas consegui encaixar turnês com AC/DC, Kylie Minogue, Jamiroquai, Gomez e aqueles roqueiros incansáveis do The Tweenies[21].

"Ao pensar na minha vida e carreira, posso ver como foi um privilégio incrível ter passado grande parte dos anos 1970 trabalhando para o Black

---

21 *The Tweenies* era um programa infantil britânico com atores vestindo fantasias e representando crianças em idade pré-escolar que cantavam, tocavam e dançavam. (NT)

Sabbath, ou Slack Haddock, como os chamávamos. O rock pesado estava em um período de desenvolvimento, e não seria exagero nos considerarmos os pioneiros, preparando o terreno para os enormes shows em arenas que se tornaram uma parte vital do itinerário do rock nos anos 1980.

"Converso com Bill Ward algumas vezes por ano, e Dave e eu nos encontramos com os quatro integrantes originais do Black Sabbath quando eles tocaram no Ozzfest em Milton Keynes em 2001. Fomos recebidos nos bastidores, onde conversamos com Ozzy, Tony, Geezer e Bill como se fizesse apenas um dia desde que tínhamos estado juntos na estrada."

Dave retoma a história: "Nos sentamos ao sol na área de convivência ao lado do trailer de Ozzy. Em determinado momento, Ozzy saiu e me chamou até seu palácio sobre rodas. Ele me convidou para entrar, me indicou um elegante sofá de couro preto e tocou para mim seu novo álbum, *Down to Earth*, que ainda não tinha sido lançado. Compartilhamos algumas lembranças durante algum tempo, e contei a Ozzy que Graham e eu pretendíamos escrever este livro. 'Ótima ideia', disse ele entusiasmado, dando sua bênção sem demora.

"Enquanto estava sentado com Ozzy ouvindo as faixas do disco, uma sensação de *déjà vu* tomou conta de mim, mas o encanto foi quebrado pela entrada de seu braço direito, Tony Dennis. 'Está na hora do show, Oz', anunciou ele, conduzindo um médico que tinha chegado no local para dar ao vocalista uma injeção de vitaminas. Na minha época, era mel, uma garrafa de água mineral e spray para dor de garganta Chloraseptic.

"Sim, algumas coisas tinham mudado, mas outras nunca vão mudar. Minutos depois, o Príncipe das Trevas estava no palco com Tony, Geezer e Bill, e o Sabbath soava tão sombrio quanto antigamente."

CAPÍTULO 22
O FIM

A história do Black Sabbath pode ter tido alguns finais falsos, mas o anúncio da banda sobre a *The End Tour* em 2016 de fato marcou o último capítulo. Graham Wright fez parte de tudo isso, pela última vez. "Em 2016 eu me juntei à turnê *The End* como motorista do ônibus, e começamos o trecho europeu em Budapeste, ainda que 2013 tenha sido o ano em que eu de fato tenha voltado a trabalhar com o Black Sabbath como motorista do caminhão de equipamentos na turnê europeia de promoção de seu disco novo, *13*.

A turnê começou em Helsinque, Finlândia. Eu estava dirigindo um dos caminhões de equipamentos para meu principal empregador, a Transam Trucking, e não sabia ao certo como seria recebido pela banda. Fazia anos que eu não os via e fiquei agradavelmente surpreso quando Ozzy pediu para me ver, e segundos depois de nos encontrarmos estávamos rindo e conversando sobre os velhos tempos.

Fui me encontrar com Tony e Geezer no palco durante a passagem de som e de novo o encontro foi bom. Por ser o antigo roadie de bateria de Bill Ward, foi meio estranho ver uma bateria diferente sendo montada e não ver Bill ali, e é triste como as coisas se desenrolaram. Não quero me demorar sobre os motivos que levaram Bill e a banda a tomarem essa decisão.

A banda, com Tommy Clufetos na bateria, estava tocando muito bem, se apresentando em arenas com ingressos esgotados ao redor da Europa. É incrível estarmos todos na casa dos sessenta anos e ainda fazendo turnês. Eu também estive em turnês com U2, Roger Waters, AC/DC, The Stones e muitas outras bandas em anos anteriores, mas foi bom estar de volta com o Sabbath. Eles tinham lançado um álbum de sucesso que alcançou a primeira posição nas paradas de muitos países e a turnê também foi um sucesso. O último show foi diante de 50 mil pessoas no Hyde Park, no centro de Londres. Lemmy também se apresentou com sua banda, o Motörhead, no show em Hyde Park pela última vez. Ele era amigo da banda e também tinha composto algumas músicas com o Ozzy. Eu me lembro dele em 1972, quando o vi bebendo e jogando nos caça-níqueis dos pubs da The Portobello Road em Notting Hill, Londres."

Dois anos depois, Graham recebeu um convite um tanto diferente relacionado ao Ozzy: "Em 2015, eu estava trabalhando em diversas turnês pela Transam quando recebi um e-mail de Sharon Osbourne me perguntando se eu poderia ajudar Ozzy e a ela. O Birmingham Children's Hospital, na Inglaterra, estava envolvido com a instituição de caridade Wild in Art e tinha perguntado se Ozzy poderia pintar uma estátua de uma coruja de 1,80 m de altura que seria leiloada para levantar fundos para o hospital. Seu primeiro filho, Louis, tinha sido tratado lá quando criança, e Ozzy nunca se esqueceu disso. Como Ozzy estava em LA e não podia pintá-la, eles me pediram para fazer isso. Eu tinha uma semana de folga entre turnês, corri até Birmingham e pedi que a coruja fosse entregue na oficina da Total Fabrications, em Birmingham, com a ajuda de meus velhos amigos Chris e Karen Cronin. Eu sinceramente não fazia ideia do projeto ou com o que iria pintá-la enquanto fazia a viagem de carro até lá. Demorei três dias para terminar e a batizei de *Coruja do Ozzy*, e ela ficou em exibição no meio da New Street, no centro da cidade de Birmingham durante algumas semanas e o público a adorou, sendo vendida algum tempo depois em um leilão por 12.500 libras."

Então para o fim definitivo e absoluto do Black Sabbath. Enquanto se sentava ao volante de seu caminhão mais uma vez, Graham estava ansioso para testemunhar os últimos bramidos ensurdecedores quando a banda deixasse o palco pela última vez. "Em 2016, a banda anunciou que estava encerrando as atividades, que faria uma última turnê mundial e que iria chamá-la de *The End Tour*. Tony Iommi esteve lutando contra um câncer e estava achando difícil fazer turnês como fazíamos nos velhos tempos, mas felizmente seu câncer entrou em remissão. Eu me vi de volta na estrada com eles, dirigindo meu caminhão, começando em Budapeste e atravessando a Europa, tocando em arenas e festivais, e por fim encerrando minha parte na turnê em Moscou. Os russos amam o Sabbath!

CAPÍTULO 23
O FIM DO FIM
GRAHAM WRIGHT

m janeiro de 2017, voltei a trabalhar com o Black Sabbath no trecho final da The End Tour. Começamos em Koln, Alemanha, no Lanxess Arena. Foi bom estar de volta na estrada e todos estavam bastante animados.

Então o show seguinte foi em Dublin, Irlanda, um dos meus lugares favoritos porque a cidade é ótima e eu já trabalhei para diversas bandas irlandesas no passado: o U2 tendo sido a maior. Foi nesse show, no The Three Arena, que fiz uma refeição com Ozzy e Sharon no restaurante que servia o bufê da turnê. Ozzy estava em ótima forma, contando piadas como sempre. Foi estranho pensar que aquela poderia ser a última ceia.

Voltamos para o Reino Unido e tocamos em Manchester, Glasgow, Leeds, Londres e então seguimos para Birmingham e para os últimos shows que eles fariam diante do público de sua cidade natal, onde tinham começado tantos anos antes, em 1968. Antes dos shows, o fã-clube da banda, o The Black Sabbath World Fan Club Convention, organizou uma festa em um antigo pub em Black Country, Birmingham. Fãs de diversas partes do mundo estavam presentes, assim como a equipe de roadies do Sabbath. Todos se divertiram bastante.

Os dois últimos shows aconteceram no Genting Arena, localizado no complexo NEC, nos arredores de Birmigham. Os bastidores estavam cheios de amigos e familiares, e equipes de filmagem registravam tudo para o documentário *The End*.

A plateia foi à loucura, e foi muito estranho pensar que aquele seria o último show desde que os vi pela primeira vez no início da década de 1970. Mas não foi!

Depois do último show, carreguei o caminhão com todo o equipamento do Black Sabbath e dirigi até um estúdio de gravação localizado em um celeiro convertido atrás de uma casa de campo no interior de Oxfordshire. A equipe chegou no dia seguinte junto com a equipe de filmagem.

A banda apareceu no dia seguinte e tocou e gravou cinco músicas. Então os poucos de nós que estavam ali testemunharam o verdadeiro último show. Foi bom ver os integrantes da banda interagirem uns com os outros, e seu senso de humor lendário esteve presente até o fim.

O ano de 2016 foi o mais agitado da carreira do Black Sabbath em termos de turnês, começando em janeiro nos Estados Unidos e no Canadá, em seguida indo para a Austrália. Então em junho eu me juntei à turnê em Budapeste para começar a turnê de verão pela Europa e terminando em Moscou, Rússia.

A princípio, a banda usava uma pequena van Ford Transit para carregar o equipamento e os rapazes se espremiam dentro dela. Agora estavam usando uma frota de caminhões semirreboques e jatinhos particulares para fazer uma turnê mundial. No começo dos anos 1970, a Europa era dividida pela Cortina de Ferro e eu nunca sonhei que veria o Black Sabbath tocar no Olympic Stadium em Moscou com todos os ingressos esgotados. O rock pesado, em especial a música do Sabbath, atravessa todas as fronteiras, e os fãs ao redor do mundo os amam.

Novembro os viu em turnê pela América do Sul e fazendo quatro shows no Brasil. A banda adorava tocar para os fãs brasileiros. Com o Rival Sons outra vez como banda de abertura, eles fizeram shows em Porto Alegre, Curitiba, Rio de Janeiro e São Paulo. No fim da *The End Tour*, a banda tinha feito 81 shows ao redor do mundo. Depois de cinquenta anos, esse foi um feito e tanto.

De novo, minha história não acabou ali. Em maio de 2019, viajei para Los Angeles para a cerimônia de entrega do Prêmio Grammy de Contribuição em Vida. O Black Sabbath recebeu o prêmio no Dolby Theatre em Hollywood. Bill, Tony e Geezer estiveram presentes, mas infelizmente Ozzy não estava bem o bastante para comparecer. Sinto orgulho de ter trabalhado para eles ao longo dos anos.

Eu tive a chance de passar um dia com Bill Ward em seu estúdio e nós tivemos boas conversas sobre os velhos tempos. Fiquei apenas uma semana em Los Angeles porque tinha que voltar à Inglaterra e ao trabalho.

Em junho de 2019 houve uma exibição no Grand Birmingham Art Gallery dedicada ao Black Sabbath chamada Home of Metal. Eu fui à pré-estreia, e Tony Iommi e Geezer estavam presentes. Foi uma homenagem adequada aos pais do heavy metal.

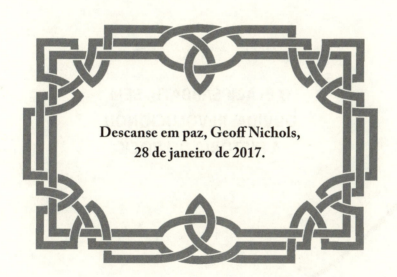

Descanse em paz, Geoff Nichols,
28 de janeiro de 2017.